Online durch die Pandemie

Wie sich Glauben und Leben verändern

Herausgeber:
Evangelisches Missionswerk in Deutschland e. V. (EMW)

Redaktionsteam des Jahrbuches:
Dr. Michael Biehl (EMW), Dr. Bernd Brandl, Dr. Traugott Farnbacher, Dr. Martin Frank, Beate Heßler, Markus Nietzke und Dr. Marco Moerschbacher (für die Konferenz Weltkirche und Mission der Deutschen Bischofskonferenz)

Bibliografische Information der Deutschen Bibliothek
Die Deutsche Bibliothek verzeichnet diese Publikation in der Deutschen Nationalbibliografie, detaillierte bibliografische Daten sind im Internet über http://dnb.ddb.de abrufbar.

Redaktion:	Bettina von Clausewitz
Schlussredaktion:	Corinna Waltz, Dr. Michael Biehl
Korrektorat:	Birgit Regge
Titelbild:	Chris Montgomery/unsplash
Gestaltung und Druck:	MHD Druck, Hermannsburg

Missionshilfe Verlag, Hamburg 2021
ISBN 978-3-946426-28-8
ISSN 0931-248X

Inhalt

EDITORIAL

THEOLOGISCHE INTERPRETATIONEN

VERORTUNGEN – LERNPROZESSE

VERÄNDERUNGEN – AUFBRÜCHE

REZENSIONEN

WELTMISSION, ÖKUMENE, THEOLOGIE

EDITORIAL

BETTINA VON CLAUSEWITZ

Online durch die Pandemie

Wie sich Glauben und Leben verändern

Das gab's noch nie! Seit März 2020 hat sich die deutsche Sprache in nur einem Jahr um rund 1.230 Wörter erweitert. Darunter anschauliche Begriffe wie Nacktnase, Schnutenpulli oder Hybridgottesdienst, aber auch semiwissenschaftliche wie Virusfront oder Superspreader. Und mit jeder neuen Phase der Pandemie kommen neue Begriffe hinzu, hat das Leibniz-Institut für Deutsche Sprache in Mannheim festgestellt, jetzt etwa Impfdrängler oder Corona-Blues. Die Pandemie, die bis in die verborgenen Winkel unseres Lebens reicht, hat ganz nebenbei auch kreative Kraft freigesetzt – eine von vielen Bewältigungsstrategien.

Glauben und Leben verändern sich, die Sprache ist ein Indiz dafür. Die weltweite Pandemie wirkt wie ein Katalysator, der zahlreiche neue Entwicklungen und Erkenntnisse angestoßen hat. Ein vielfach schmerzhafter Prozess, denn er kostet unzählige Menschenleben und Existenzen, viele verlieren nicht nur ihre Liebsten, ihre Nachbarn und Freundinnen, sondern auch Arbeit, Einkommen und ihr Zuhause. Die indische Schriftstellerin Arundhati Roy sagt: „Historisch gesehen haben Pandemien die Menschen immer gezwungen, mit der Vergangenheit zu brechen und die Welt neu zu erfinden. Auch diese Pandemie ist nicht anders: Sie ist eine Pforte, ein Verbindungstor zwischen der gegenwärtigen und der kommenden Welt."

Das klingt nach der Poesie biblischer Psalmen und davon erzählt auch dieses Jahrbuch Mission 2021 – von den Veränderungen in Glauben und Leben. Wie gewohnt mit Blick auf Kirche, Mission und die ökumenische Gemeinschaft weltweit. Denn anders als andere „Katastrophen" sind wir alle von Covid-19 betroffen. Nicht alle gleichermaßen und existenzbedrohend, und doch ist fast überall im globalen Süden und Norden das gewohnte Alltagsleben zumindest zeitweise zum Erliegen gekommen: Gottesdienste und Gemeindeleben in Miniaturformat, Geschäfte sind geschlossen, Kitas, Schulen und Unis ebenso, jede Umarmung ein Infektionsrisiko – was für eine Welt! Und Reisen gibt's auch nicht mehr, dafür unzählige neue digitale Formate wie Zoom-Konferenzen oder WhatsApp-Predigten: **Online durch die Pandemie.**

„Mission und Kommunikation in Post-Corona-Zeiten", haben wir im Mai 2020 bei einer Präsenzsitzung der Redaktion im niedersächsischen Hermannsburg noch hoffnungsvoll als Arbeitstitel für das Jahrbuch 2021 formuliert. „Post-Corona" – Wunschtraum und Wirklichkeit, ein schöner Traum – naiv, wie wir heute wissen. Stattdessen ist dieses Jahrbuch ein Kompendium von gut 20 Artikeln aus aller Welt, in denen es in doppelter Hinsicht um Veränderung geht: um die, die wir teils aktiv, teils passiv bisher erlebt haben, und um zukünftige Veränderungen, die es mit den bisherigen Erfahrungen aktiv zu gestalten gilt. „Grenzen sind unsere Lehrerinnen. Gerade die Endlichkeit lässt nach dem fragen, was unendlich ist, was über uns hinaus reicht und uns heilig sein will," schreibt die Autorin Christina Brudereck in ihrem Essay zur Eröffnung des Jahrbuchs.

„Theologische Interpretationen", das ist der Schwerpunkt des 1. Kapitels. Darin beschreibt Michael Biehl, wie die Pandemie mit ihren gravierenden Einschränkungen auch die Mission als Atem und Herzschlag der Kirche verändert hat und Martin Frank lässt seine Leser*innen daran teilhaben, wie die fehlende Mobilität an den Fundamenten ökumenischer Partnerschaftsarbeit rüttelt. Außerdem geht es um klassische theologische Diskussionen, die in der Krise unversehens neue Relevanz bekommen haben: So geht der südafrikanische Theologe Ernst M. Conradie der Frage nach: „Warum gibt es tödliche Viren?" und rührt damit an die Theodizee-Frage nach dem Leid in der Welt. Der international neu aufgekommene Verschwörungsglaube, demzufolge die Pandemie von dunklen Mächten angezettelt oder gar als Strafe Gottes zu verstehen ist, wird aus zwei unterschiedlichen Perspektiven behandelt: von dem tansanischen Bischof Abednego Keshomshahara und dem bayerischen Weltanschauungsbeauftragten Matthias Pöhlmann.

„Verortungen und Lernprozesse" sind Thema des 2. Kapitels. Hier beschreibt Claudia Währisch-Oblau den Umgang mit Covid-19 in den zumeist problemerprobten afrikanischen und asiatischen Mitgliedskirchen der Vereinten Evangelischen Mission (VEM), bei denen sie eine größere Gelassenheit beobachtet als bei den deutschen. Bewegende Süd-Nord-Erfahrungen vermitteln auch die Artikel von zwei jungen Freiwilligen, die bei Ausbruch der Pandemie im März 2020 Hals über Kopf in ihre jeweiligen Heimatländer zurückkehren mussten: John V. Urassa von Deutschland nach Tansania und Johanna von Gayl in umgekehrter Richtung; für beide nahezu traumatische Erfahrungen, die bis heute nachwirken. Die Partnerschaftsbeauftragte Naomi Kisting aus Namibia dagegen sieht für die Zukunft auch Chancen auf eine Neuausrichtung und ein klimafreundlicheres Miteinander in der Ökumene: mehr Digitalisierung etwa ermögliche weniger Konferenzen und weniger Reisen.

Drei weitere Artikel werfen Schlaglichter auf kulturell ganz andere Umgangsformen mit der Pandemie als bei uns. Im indischen Bundesstaat Mizoram etwa hat sich die gemeinschaftsorientierte Lebensweise der dortigen Tribals im Lockdown und der Abgeschiedenheit einmal mehr bewährt, wie die Theologin Marina Ngursangzeli Behera veranschaulicht. Und der Mediziner Isaac Muyonga nimmt seine Leser*innen mit in seine seit Jahrzehnten von Krieg, Konflikten, HIV/Aids und Ebola geplagte Heimat im Ostkongo. Dort ist Covid-19 eine von vielen weiteren schlimmen Plagen und die Menschen haben notgedrungen gelernt, mit Leid und Tod zu leben. In Tansania wiederum machen sich viele Christ*innen über die spirituelle Bedeutung der Pandemie Gedanken, wie Jörg Zehelein mit einer Umfrage belegt, auch wenn Covid-19 öffentlich lange Zeit tabuisiert wurde.

„Veränderungen und Aufbrüche“ infolge der Krise sind das Thema des 3. Kapitels. Darin analysiert der Wachstumskritiker Niko Paech die Corona-Krise als Ausdruck einer Wachstumskrise und wendet sich entschieden gegen die von vielen gerade erst entdeckte Digitalisierung: sie sei nicht Teil der Lösung, sondern des Problems. Sara Speicher und Philip Lee von der Weltvereinigung für Christliche Kommunikation (WACC) in London dagegen sehen in der Digitalisierung Chance und Gefahr zugleich, vor allem, wenn sie zur Ausgrenzung von Ländern und armen Bevölkerungen führt.

Redaktionssitzung im Mai 2020 in Hermannsburg zur Planung des Jahrbuchs 2021 (vlnr): Traugott Farnbacher, Markus Nietzke, Bettina v. Clausewitz, Beate Hessler, Martin Frank, Michael Biehl, Wilhelm Richebächer Foto: EMW

Die Chancen der Digitalisierung, die den Radius auch in eher kirchenferne Kreise hinein erweitern kann, beleuchtet Anna-Nicole Heinrich mit ihrem Bericht über den ersten ökumenischen Hackathon 2020 mit dem Titel #glaubengemeinsam; dabei entwickelten junge Leute an nur einem Wochenende 50 neue, innovative Projekte. Neuland haben auch die rund 140 internationalen Gemeinden in Rheinland und Westfalen betreten, von denen IKK-Geschäftsführer Mike Lee erzählt; seit Corona haben sie neue transregionale und transkulturelle Gemeinschaften gebildet. Und auch das traditionsreiche evangelische Jugendhaus Weigle-Haus in Essen nutzt den Lockdown zur Entwicklung innovativer digitaler Jugendprogramme und Formate für die Gemeindearbeit, berichtet Pfarrer Rolf Zwick: die Krise als Experimentierfeld.

Gleichzeitig hat sich der gesellschaftliche Umgang mit Tod und Sterben verändert, wie die langjährige Hamburger Notfallseelsorgerin Erneli Martens analysiert, sie können nicht länger aus dem Alltag verdrängt werden. Wegen der Corona-Pandemie hätten viele Menschen die gewohnte Komfortzone verlassen müssen, Gottvertrauen und tröstliche Nähe müssten neu gelernt werden.

Ob die Pandemie eine Zeitenwende markiert, ob sie als globaler „Weckruf Gottes“ gehört wird, der die Welt besser und gerechter macht, wie die Allafrikanische Kirchenkonferenz (AACC) hofft, oder ob es letztlich bei den alten machtpolitischen Strukturen bleibt, nur mit neuen Akteur*innen, das kann derzeit niemand voraussagen. Sicher aber ist, dass sie fundamentale Veränderungsprozesse in Gang gesetzt hat und damit auch Diskussionen und Erfahrungen, die zeigen: Eine andere Welt ist möglich. Und wir können und sollen sie gestalten! Davon erzählt dieses Jahrbuch: ein globaler Lernprozess, der gerade erst begonnen hat.

Dabei lohnt es sich, auf jede Stimme zu hören. Auch auf eine Witwe namens Ikoka aus dem fernen Basankusu zum Beispiel, einem Städtchen im äußersten Norden der Demokratischen Republik Kongo. Dorthin kommt man nur über eine lange Flussfahrt, erst auf dem Kongo, dann auf dem Lulonga – 18 Stunden. Auch hier hat die Pandemie ihre Spuren hinterlassen, deshalb meint Ikoka:

> *„Gott ist den Menschen böse und hat ihnen mit den Masken den Mund zugemacht. Aber die Ohren hat er offengelassen, damit sie endlich anfangen, darauf zu hören, ob er denn auch mal was sagen will. Alle reden und jammern wie das Volk Israel in der Wüste und machen Gott Vorschläge, was er besser machen soll. Aber keiner lässt ihn einfach mal selbst zu Wort kommen, um zu hören, was er vielleicht vorhaben könnte.“ (aufgezeichnet von Hans-Peter Gohl)*

Die Pandemie als ein Instrument Gottes, das uns sensibler für sein Wirken und für Veränderungen machen soll – auch wenn diese Idee dem europäischen Denken des 21. Jahrhunderts eher fremd ist, bedenkenswert ist sie allemal. Denn ähnliche Erfahrung machen auch bei uns zurzeit viele Menschen, egal ob religiös oder nicht: „Grenzen sind unsere Lehrerinnen“ und Veränderungen bergen neben Verlusten auch Chancen.

Bettina v. Clausewitz ist freie Journalistin
und Redakteurin des Jahrbuchs Mission,
Essen im April 2021

THEOLOGISCHE INTERPRETATIONEN

CHRISTINA BRUDERECK

Wie zerbrechlich das Leben ist

Poetin Christina Brudereck zieht Bilanz 2020

Wir lernen. Und haben schon so viel gelernt: Wie zerbrechlich das Leben ist. Wie heilsam die Natur. Und wie tragend Rituale. Dass systemrelevant gemeinwohldienend bedeutet. Wir haben uns an neue Worte gewöhnt und an Schutzmasken. Umarmungen fühlen sich anders an. Einkaufen. Reisen. Überhaupt Begegnungen. Und wie wir über Kranksein und Gesundheit denken. Wir erleben Verbundenheit und Abstand. Vermissen. Unsicherheit. Die Hoffnung auf einen Impfstoff. Wir üben, mit dem Unverfügbaren zu leben. Vieles ist neu, anders. Vieles ist belastend. Und es gibt Hoffnung. Der Reihe nach …

Das Leben ist zerbrechlich. Wir wussten das schon vor der Covid-19-Pandemie. Wir lebten vorher und werden weiter damit leben, dass wir endlich sind. Die schlimmste Diagnose, ein Unfall, ein Infarkt können uns das Leben kosten. Schon vor der Pandemie sind Menschen verhungert, ertrunken, erschossen worden. Auch der Klimawandel fordert ständig Lebensraum und Menschenleben. Und Rassismus, Armut, Menschenrechtsverletzungen, Einsamkeit und Gleichgültigkeit. Die Liste ist lang.

Auch die Liste der Toten des Jahres 2020 ist lang. Wir erleben die Zerbrechlichkeit zurzeit noch einmal neu. Vor dem Virus sind alle gleich. Aber natürlich traf und trifft die Pandemie nicht (!) alle gleich. Sie deckt vielmehr die Ungerechtigkeit unserer Welt auf. Besonders schwer betroffen sind: Die Flüchtlinge. Die Alten. Die Ärmsten und Armgemachten. Kinder. Obdachlose. Alleinerziehende. Chronisch Kranke. Immunschwache. Plötzlich wurde nicht nur in den Ländern des Südens gestorben, sondern in New York und mitten in Europa. Überrascht mussten wir lernen, dass auch junge Menschen an Corona sterben. Und wir lernten, dass wir persönlich zum Risiko für andere werden können. Wir sind angreifbar. Sterblich. Verwundbar. Der Tod ist mit der Pandemie ständig präsent. Mischt sich in alle Nachrichtensendungen und Gespräche ein. Wir erleben, er macht Angst. Gleichzeitig bewirkt er auch Achtsamkeit. Er macht Menschen wertschätzig für das Glück, zu leben. Zeigt uns unsere Verantwortung.

Ich denke immer wieder an ein uraltes Gebet. „Lehre uns, unsere Tage zu zählen, damit wir ein weises Herz erlangen." So betet eine Person im 90. Psalm der Bibel. Grenzen sind unsere Lehrerinnen. Gerade die Endlichkeit lässt nach dem fragen, was unendlich ist, was über uns hinaus reicht und uns heilig sein will.

Das kluge Journal der Publizistin Carolin Ehmcke in der Süddeutschen Zeitung hat mich während der Pandemie oft inspiriert. Ich erinnere an eine für mich ganz schöne Mutmaßung von ihr:

> *„Vielleicht sind es diejenigen, die ohnehin geübt darin sind, das Unverfügbare zu denken, weil sie mit einer Krankheit oder Behinderung leben müssen, weil sie gläubig oder fromm sind, vielleicht sind diejenigen, die wissen, dass das Leben nicht in unserer Hand liegt, weil sie Krieg und Vertreibung überlebt haben oder eine Naturkatastrophe – die am ruhigsten durch diese Krise kommen."*

Heilsame Natur: Sie liebt uns

Viele gingen und gehen in die Natur und erlebten: Sie liebt uns. Ohne unser CO_2. Ohne unsere Flugzeuge und Autos. Mit unseren Fahrrädern und Spaziergängen. Mit unserem kleinen, sanften Fußabdruck. Weil der Schiffsverkehr so stark abnahm, kehrten die Delfine zurück, in den Bosporus, ins Adriatische Meer, in die Gewässer rund um Hongkong. Wer E-Bikes verkaufte, konnte in der Pandemie Gewinne machen. Die Natur hat uns willkommen geheißen. Mit ihrer wärmenden Sonne und wohltuendem Regen. Mit Wind, der nicht alles wegfegt, uns aber streichelt und durchpustet. Mit dem Duft nach Blättern und Blüten, nach Herbst und einer Ahnung von Schnee. Die Natur half uns, beweglich zu bleiben. Tief durchzuatmen. Uns lebendig zu fühlen.

In Italien gab es zwei Monate lang die strengsten Ausgangssperren. Die Vorstellung, nicht spazieren gehen zu dürfen, zeigt mir einmal mehr, wie wichtig es für mich war. Ich wollte, ich will raus. Durch den Wald laufen. Jeden Tag. Immer mal wieder auch verabredet mit einer anderen. Im Park bei mir nebenan trafen sich Yoga-Gruppen. Freundinnen mit Kaffeebechern. Großeltern mit ihren Enkelkindern. Im Sommer bot meine lokale Gemeinde einen Podcast an, mit dem wir einzeln meditierend spazierengehen konnten, um uns am Ende draußen zu treffen. Weihnachten werden viele Kirchen unter freiem Himmel feiern. Die Natur heißt uns willkommen. Die frische Luft beschenkt die gestresste Lunge, den Körper und die wunde Seele.

Tragende Rituale: Ihr Trotz ist stärker

Es gab Applaus von Balkonen. Für Alltagsheld*innen und überarbeitete Fachkräfte. Einige machten abends um sieben Uhr Musik. Sangen Lieder, spielten Posaune. Sprachen Gebete wie Gedichte. Viele stellten Kerzen ins Fenster. Kleine, verbindende Zeichen gegen die Dunkelheit. Rituale sind heilige Unterbrechungen. Atemholen im Alltag. Der kleine, besondere Moment im Sowieso. Rituale überlisten uns auch. Denn nicht immer steht uns der Sinn nach Dank. Das Ritual feiert, glaubt und hofft für uns mit. Der Trotz des Rituals ist stärker. Wir neigen zur Vergesslichkeit, das Ritual erinnert uns. Die Pandemie zeigte die Kraft der verabredeten Geste, der gemeinsamen Zeichen. Eine Rabbinerin wurde bekannt mit einem Segen fürs Händewaschen. Viele Enkelkinder telefonierten viel häufiger als sonst mit ihren Großeltern.

Ich persönlich liebe Rituale. Auch mir ist längst nicht immer danach zumute. Genau deshalb brauche ich sie ja. Ich weiß ihr treues Geleit sehr zu schätzen. Die Verlässlichkeit des Sonntags. Die Trotzkraft der Festtage. Die Treue des Morgen- und Abendsegens. Seit Beginn der Pandemie poste ich jeden Morgen auf Instagram einen Vers, ein Zitat mit Bild, das mir selber guttut und im Teilen erlebe ich nochmal Zuspruch. Auch das schwerste Jahr besteht nicht nur aus abgesagten Terminen, sondern erlebt den heiligen Rhythmus des Gedenkens. Ich lasse mich unterbrechen und erinnern. Die Lyrikerin Naomi Replansky beendete ein Interview in der New York Times mit dem Satz: „Es kommen wieder andere Tage.“ Das klingt lapidar, aus dem Mund einer 102-jährigen Jüdin allerdings doch beindruckend zuversichtlich. Es sind solche Beispiele, die mir Stärke verleihen.

Systemrelevant ist gemeinwohldienend

Wir lernten, dass wir andere dringend brauchen. Mehr denn je. Andere, die für uns arbeiten. Oft unsichtbar. Oft schlecht bezahlt. Andere, die die Hände unserer Sterbenden halten. Unsere Kranken behandeln und pflegen. Unsere Kinder betreuen. Weiter Busse fahren. Müll entsorgen. Im Supermarkt an der Kasse sitzen. Im Gesundheitsamt arbeiten. In der Jugendhilfe. Viele wurden dankbar für Krankenhäuser und Labore. Für die Presse, unabhängige Journalist*innen. Für die Regierung sogar. Für engagierte Erzieher*innen, Lehrer*innen, Apotheker*innen, Hausärzt*innen. Ja, andere bringen sich selbst in Gefahr und geben ihr Bestes, um Leben zu retten. Unsere Gesellschaft lebt von denen, die menschenrelevant sind.

Ich bin Künstlerin. Bin ich systemrelevant? Ich erlebe: In dieser belastenden Zeit brauchen wir die Trostkraft der Kunst. Wenn wir viel zu Hause sind, andere Ablenkungen wie ein Restaurant-, Konzert- oder Kinobesuch nicht möglich sind, sind sie da: Die Musik, Lieder, Bücher, Worte, Geschichten und Bilder. Kunst kann auch aufwühlen, mahnen, den Finger in die Wunde legen, den Horizont erweitern. Sie ist daher wohl eher systemkritisch als systemrelevant. Aber sie kann eben auch trösten. Von Hoffnung erzählen. Uns verbinden über Zeiten und Grenzen hinweg. Sie ist lebensrelevant.

Intensivbetten und Wissenschafts-Podcasts

Wir lernten neue Worte. Sprechen jetzt ganz selbstverständlich von humoraler Abwehr, Aerosolen und Epidemiologie. Wurden täglich informiert über Intensivbetten, Beatmungsgeräte und die Entwicklung eines Impfstoffs. Hatten plötzlich Lieblingsvirolog*innen. Ich hörte auf einmal Wissenschafts-Podcasts. Am Liebsten MaiLab mit Mai Thi Nguyen-Kim. Ich dachte über die Krankenhäuser in meiner Nähe nach. Ich checke immer noch jeden Morgen den R-Wert, die Zahl der Neuinfektionen für meine Stadt.

Und dann merkte ich irgendwann: Ich will vernünftig sein und informiert, aber ich möchte nicht den ganzen Tag lang über Corona nachdenken. Ich will das Virus sehr ernst nehmen, aber ich werde es nicht verehren. Der weise Theologe Fulbert Steffensky schrieb im Herbst dieses Jahres: „Das Virus hat ein Gottesprädikat, es ist allgegenwärtig. Es beherrscht uns. Ist diktatorisch gegenwärtig. Corona verlangt, was alle Götzen verlangen, nämlich dass man Angst vor ihnen hat." Und er schlägt vor, Corona „zu fasten". Corona soll nicht am Morgen das erste und am Abend das letzte Wort haben. In diesem Sinne will ich das Virus nicht anbeten. Mir nicht mein Wünschen und Leben vom Virus diktieren lassen. Sondern ihm einen Platz geben unter anderen.

Und wir erlebten ja auch: Viele haben Brot gebacken. Marmelade eingekocht. Geschichten vorgelesen. Bilder gemalt. Gekocht. Gespielt. Blumen gepflanzt. Neues Geschirr gekauft. Das Zuhause schön gemacht.

Umarmungen, Verbundenheit und Abstand

Wir zeigen unsere Verbundenheit, indem wir Abstand zueinander halten. Gemeinschaft braucht eigentlich Nähe, Austausch, Begegnung. Auch Hoffnung stärkt sich mit Erfahrungen von Zusammengehörigkeit. Zurzeit braucht sie, um Leben zu schützen, unsere Distanz. Kontaktbeschränkungen sind notwendig. Dabei merken wir, dass sie ihren Preis haben: Die soziale Energie schwindet. Haben viele in den ersten Wochen der Pandemie noch begeistert auch privat gezoomt oder im Freundeskreis ein Glas Wein via Skype getrunken, nahm die Begeisterung über diese Möglichkeiten im Laufe der Zeit immer mehr ab. Der Soziologe Hartmut Rosa beschreibt das Phänomen als „Mehltau", der uns nicht nur als Einzelne, sondern die Gesellschaft insgesamt überzieht.

Ich finde mich wieder in diesem Bild vom Mehltau. Und frage mich, wie wir die soziale Energie zurückerobern. Wenn die Pandemie vorbei ist – entweder medizinisch mit Immunität und Impfstoff oder sozial, weil wir lernen, mit der Krankheit zu leben – dann wird hoffentlich die Sehnsucht nach Umarmungen, Konzerten, Tagungen, Gottesdiensten groß sein. Für die Kirche glaube ich, dass es neu mit denen weitergeht, die sie sehnsüchtig vermisst haben. Dazu, und das ist ein persönliches Vertrauen, werden wir vielleicht Unterstützung von außen, aus der Anderswelt bekommen. Marienkäfer zum Beispiel ernähren sich von Mehltau. Es mag in Zukunft auch kleine Glücksboten geben, die uns helfen, den gemeinschaftlichen Burn-Out zu vertilgen.

Und! Auch das ist ja soziale Energie: Es gab Gabenzäune mit Lebensmitteltüten für Obdachlose und Bedürftige, oft ein Ersatz für die Arbeit der Tafeln. Kirchengemeinden, Jugendgruppen und andere Initiativen übernahmen Einkäufe für Ältere. Es gab eine große Solidarität mit der BlackLivesMatter-Bewegung. Es wurde viel telefoniert. Postkarten wurden geschrieben. Großzügig Geld gespendet.

Belastungen, Hoffnung, Dankbarkeit

Besonders belastend für viele ist, dass es eine kleine, aber laute Gruppe Menschen gibt, die mit Hass, Herablassung und gewaltigem Protest reagiert. Besonders auf die Regierung, die versucht, Menschenleben zu retten. Und auf alle, die die Maßnahmen und Regeln unterstützen.

Hoffnung kommt mit der Aussicht auf einen Impfstoff. Auf einen anderen Herbst und Advent als 2020. Ein paar Mal schon war die Pandemie jetzt nicht die erste Nachricht. Fünf Teenager-Mädchen aus einem Forschungsteam in Herat, Afghanistan, erfanden ein preiswertes Beatmungsgerät. Neuseelands Premierministerin Jacinda Ardern berief ein ausgesprochen buntes Kabinett. Das Wort „Rasse“ wird aus dem Grundgesetz gestrichen. Auch das Klima ist endlich wieder Thema. Und Moria oder andere Flüchtlingslager. Papst Franziskus machte sich stark für Homosexuelle. Und Trump wurde abgewählt. Gesundheitsminister Jens Spahn sagte bei einer der vielen Pressekonferenzen zur Pandemie: „In ein paar Monaten werden wir einander wahrscheinlich viel verzeihen müssen.“ Es ist eben unsere erste Pandemie. Wir haben viel gelernt, üben und brauchen eine große Fehlertoleranz.

Ich fühle mich verletzlich. Ganz ehrlich, bin ich oft traurig. Das Jahr 2020 war harte Arbeit. Mein normales Leben fehlt mir. Noch mehr aber bin ich dankbar. Für alle Engagierten, die vielen Vernünftigen, alle Solidarität, staatlich und privat. Und für die Trotzkraft meiner Tradition. Den Trost meiner Erzählgemeinschaft. Die alten Texte, Geschichten, Gebete, Lieder, die mein Herz mit Hoffnung füttern.

Christina Brudereck ist evangelische Theologin, Autorin und Schriftstellerin, sie schreibt Romane, Gedichte, Biografien und Gebete, in denen es um Spiritualität und Menschenrechtsfragen und um die Poesie des Lebens geht, in Deutschland und weltweit, in Indien und Südafrika, in Myanmar oder Israel. Sie lebt in Essen in einer christlichen Kommunität und bildet gemeinsam mit dem Pianisten Benjamin Seipel das Duo „2Flügel", das mit Konzerten und Lesungen bundesweit unterwegs ist.

Im Internet: https://christinabrudereck.de

Lesetipp: Christina Brudereck: Die Teetrinkerin (Roman). 2Flügel Verlag, Essen 2019, 495 Seiten, 22 Euro

Eine grüne Teeplantage in den südindischen Nilgiris. Hier ist Yashi Bhandari Zuhause. Aber es gibt auch die Großstadt am Fuß der Berge. Die knallharten Gesetze der Textilindustrie. Hier arbeitet Yashi als Menschenrechtsanwältin. Und dann bekommt sie die Chance, ihre Energie noch weit wirkungsvoller einzusetzen: Bei der UNO in New York.

MICHAEL BIEHL

„Es war einmal …"

Reflexionen zur Neuausrichtung von Mission

„Es war einmal …", das scheint eine Grundmelodie des Jahres 2020 zu sein. Dieser Text ist um die Jahreswende 2021 entstanden, zu einer Zeit, in der wir auf eine Welt zurückblicken, wie sie uns vor Corona vertraut war. Bei allen Anstrengungen zur Bekämpfung des Virus, um zu einer verloren geglaubten Normalität zurückzukehren, wissen wir nicht, wann oder ob wir in diese Welt zurückfinden werden.

Für die einen ist diese Unsicherheit eine Bedrohung, weil sie gut mit genau den Strukturen gelebt haben, die zur Verbreitung des Virus beigetragen haben: Globale Reisen, feinabgestimmte Lieferketten für alltägliche Güter und überhaupt mit einem Lebensstil, der auf vielfältigen Kontakten im öffentlichen Raum angelegt war: Sport, Konzerte, Restaurants, Großveranstaltungen, zu denen auch die Kirchentage zählten. Andere verbinden die Zwangspause mit der Hoffnung, dass eine andere Welt möglich wird, etwa durch veränderte Wirtschaftsweisen oder eine Reduktion des Klimawandels. Dazu kommen gute Gründe anzunehmen, dass wir, wenn dieses Jahrbuch im Frühjahr 2021 vorliegt, in eine andere Welt aufgebrochen sein könnten.

Die Maßnahmen zur Eindämmung werfen lange Schatten, und diese Auswirkungen sind wegen der hochkomplexen und teilweise globalen Vernetzungen so vieler betroffener gesellschaftlicher Bereiche schwer abzuschätzen. Dabei ist nicht nur an die Wirtschaft zu denken, die die Gefahr einer weltweiten Rezession beschwört, sondern auch an Langzeitfolgen, gesellschaftlich, gesundheitlich und psychologisch: Was wird das Virus verursacht haben, wenn die erforderlichen Unterbrechungen, die Isolation und Reduktion bei einigen schon jetzt deutliche Folgen haben oder Widerstand hervorrufen?

Virus als Lackmustest globaler Verknüpfungen

Solche Fragen stellen sich ja nicht nur für uns in Deutschland, sondern in vielen Ländern, auch im Globalen Süden. Das Virus hat wie in einem Lackmustest komplexe Verknüpfungen zu Tage treten lassen. Der Impfbeginn 2021 ermöglicht einen anderen Umgang mit der Pandemie, dennoch wird sie noch Monate andauern. Für die Zukunft wird erwartet, dass die Nutzung von internetbasierten Kommunikationsformen in unterschiedlichen Bereichen zumindest teilweise bestehen bleibt. Gegenwärtig ist aber trotz aller Studien nicht abzusehen, wie sich zum Beispiel der Gottesdienstbesuch nach der virtuellen Phase und dem ganz anderen Weihnachten 2020 mittelfristig entwickeln wird.

„Es war einmal ...“, ursprünglich hatte die Redaktion ein Jahrbuch zum weiten Themenbereich Mission und Ökumene geplant. Der Gedanke v. C. (hier: vor Corona) war, auf Mission als weltweite Kommunikation des Evangeliums in einer Welt zu schauen, in der das Digitale eine globale Vernetzung schafft und andere Verkündigungsformen und Medien immer präsenter werden. Die lokale Kirche ist nicht mehr die einzige Verkündigerin und längst geht es nicht mehr nur um die Predigt des Wortes von der Kanzel. In vielen Medien und Online-Foren wird über Gott und die Welt gestritten, um Glauben gerungen, missioniert – alles im komplexen Feld von Kopräsenzen der Religionsgemeinschaften, physisch und digital.

Nicht alles davon dient der Wahrheitsfindung, doch die Kommunikationsbedingungen dafür, was „das Evangelium“ für bestimmte Menschengruppen sein könnte, haben sich mit der Digitalisierung nachhaltig verändert. Als Redaktion dachten wir vor allem an Soziale Medien und Online-Plattformen. Sie bieten potenziell jedem und jeder Einzelnen die Möglichkeit, eigene Überzeugungen zugänglich zu machen und damit eine eigene Mission zu verfolgen: Sei es als Influencer*in für etwas zu werben, sei es, für etwas einzustehen, das in der Aufmerksamkeitsgesellschaft überhört zu werden droht, oder sei es, um sich über andere auszulassen, sie ungefiltert zu beschimpfen und dafür Likes zu sammeln.

Weltweit betroffen von derselben Attacke

In der vermehrt digitalen Kommunikation und in den Debatten über die Reichweite der Pandemie oder ihre Leugnung ging es zum Beispiel neu darum, die Macht zu verstehen, die aus gegenseitiger Verstärkung beim Weiterleiten und Liken erwächst und die aus Meinungen der einen Fakten für andere werden lassen kann. Ebenso geht es um die Macht der Algorithmen, die durch Gewichtungen und Ausblendungen Trends erzeugen, verstärken oder verbergen und Filterblasen stärken können. In wie vielen Bereichen das bereits geschieht, ohne dass wir Einblick haben, was und wie der Algorithmus wertet, ist in Zeiten von Big Data zwar gegenwärtig, aber nicht wirklich transparent. Diese Algorithmen sind teilweise geschütztes Wissen von Firmen, obwohl sie dadurch nie gekannte Macht in der Meinungsbildung konzentrieren können. Andere bedienen sich ihrer gezielt, wie wir es in Fällen von massivem Datenmissbrauch und Wahlbeeinflussung mit negativen Folgen gesehen haben.

„Es war einmal …" Nicht, dass diese Überlegungen der Redaktion unwichtig wurden. Doch die Folgen der Pandemie haben die Bedingungen für Kommunikation verändert, auch für das Evangelium. Sie haben vor allen Dingen vorhandene Bruchlinien und Entwicklungen ans Tageslicht gebracht, von denen wir durchaus wussten oder wissen konnten, wie sie unsere Welt prägen – nur dass wir nicht immer darauf geachtet haben. Etwa darauf, wie unterschiedlich nicht nur Regierungen, sondern ganze Gesellschaften organisiert sind und wie sich das auf die Bewältigung der Pandemie auswirkt, oder wie weitreichend einseitig verteilte globale Abhängigkeiten wirken und wie ungleich die Verwundbarkeit durch das Virus oder die Lockdown-Maßnahmen weltweit ist.

Die Pandemie ist so global wie digitale Medien und die damit gesetzten Prozesse, so dass es naheliegt, danach auch bei kirchlichen Partnern in anderen Regionen der Welt zu fragen. Es ist wohl das erste Mal, dass sie davon ausgehen konnten, dass wir in Deutschland von derselben Attacke betroffen sind wie sie.

Evangelium als ein Geschehen für heute

Welches Umfeld stellt dies nun für das Nachdenken über Mission und Ökumene als Kommunikation des Evangeliums bereit? Zunächst ist neu unübersehbar geworden, wie sehr das, was „das Evangelium" ist oder für Menschen jeweils sein kann, von der Situation abhängt, in die es hineinspricht oder in der es gehört wird. Manche argumentieren, dass es „das Evangelium" als eine klare Botschaft gibt, für die sich nur die Frage stellt, wie es angemessen verkündigt wird. Etwa, wenn wir vom Evangelium von Jesus Christus, von Kreuz und Auferstehung oder lutherisch von „Rechtfertigung allein aus Glauben" sprechen. Doch angesichts der veränderten Situation wird erneut deutlich, wie sehr diese möglichen Bestimmungen des Evangeliums kontextuell und für die betreffenden Menschen ausgelegt werden müssen.

„Es war einmal...", das Evangelium kam in die Welt, als Gott selbst sich neu auf das eingelassen hat, was hier auf Erden an Liebe und Mitmenschlichkeit, aber auch an Not und Hoffnungslosigkeit herrschte. Das Evangelium ist damit ein Geschehen, es erzählt von jemandem, der sein Leben und Handeln immer wieder neu ausgelegt hat, je nachdem, wer ihm begegnete. Ein Geschehen, das aller Kreatur und der ganzen Erde gilt, nicht nur den Menschen, wie wir angesichts der Klimakrise wieder neu entdecken.

Der Kirchenreformer Ernst Lange (1927 -1974), auf den die Formulierung von der „Kommunikation des Evangeliums" zurückgeht, wollte mit ihr unterstreichen, dass sich die Interpretation dieses Geschehens gerade auch jenseits seiner Verkündigung von der Kanzel und vor allem dialogisch vollzieht. Er bestimmte es als ein „Wort" für alle, weil es seiner Ansicht nach die Mitmenschlichkeit des Menschen in allen seinen Bezügen betrifft. Dieses Evangelium verbindet alle und macht uns einander als Nächste verbindlich.

Mission als gemeinsame Suche und als Risiko

Fast 60 Jahre nach Lange ist sein Verständnis erneut eine treffliche Annäherung an das, was die gegenwärtige Situation erfordert. Unser

Anspruch auf das Ausleben unserer Individualität wird gegenwärtig gerade dadurch begrenzt, dass wir aufgefordert sind, uns als Nächste verbindlich zu verhalten. Weltweit und im unmittelbaren Umfeld soll unser Verhalten verhindern, dass Menschen sich anstecken. Natürlich sollen wir uns selbst schützen – doch im Lockdown und bei allen Kontaktbeschränkungen geht es darum, niemanden anzustecken und mögliche Übertragungsketten zu unterbrechen.

Unser Verhalten soll auch davon bestimmt sein, was wir und andere an Hinhören, Zuwendung, Unterstützung, an Solidarität brauchen – und was wir davon jeweils geben können. Mission ist nicht die Ansage, was der oder die andere hören muss – es ist das Hinhören und Hinschauen, die gemeinsame Suche danach, was sich hier und jetzt im Licht der Menschwerdung Gottes als Evangelium entbergen könnte. Evangelium wird zu Kommunikation und Mission zu einem Risiko, denn wir wissen nicht immer von vornherein und mit Sicherheit, was das genau sein könnte, hier und jetzt. Dieses Risiko des Unerwarteten ist dem Evangelium, wie es uns in, unter und mit den Erzählungen über den Kommunikator und handelnden Jesus begegnet, nicht fremd. Die gegenwärtige Situation kann dazu verhelfen, das Situative, Momenthafte und auf konkrete Menschen Bezogene des Evangeliums neu zu entdecken und damit allzu verfestigte Vorstellungen von Mission aufzubrechen.

Diese Perspektive lässt sich auch auf Maßnahmen anwenden, die zur Eindämmung der Pandemie ergriffen werden. Wir entdecken im Lockdown, dass diese Maßnahmen großflächig getroffen werden müssen – aber je nach Gruppe und Betroffenen unterschiedliche Auswirkungen haben. Das Evangelium könnte uns in dieser Situation die Mission anvertrauen, eine Ethik des Risikos zu leben: Wir könnten für unser gemeinschaftliches Verhalten von der Annahme einer schlimmeren anzunehmenden Möglichkeit ausgehen, auch wenn das Auswirkungen hat, die angesichts der im Moment gegebenen Wahrscheinlichkeit hart erscheinen mögen. Denn sollte die schlimmere Möglichkeit eintreten, trotz ihrer ursprünglich geringeren Wahrscheinlichkeit, werden die negativen Auswirkungen viel dramatischere Konsequenzen haben, die wir als Gesellschaft nur noch schwer bewältigen könnten.

Die Kirchen, weltweit und in Deutschland, könnten eine solche Botschaft als Ausrichtung an die Verwundbarsten verkünden und sie mit der Botschaft der Hoffnung verbinden, dass Gott neue Wege öffnet. Auch als Einzelne oder kleinere Gruppe können wir so differenzierte und unterschiedliche Antworten wagen, je nachdem, mit wem und für wen wir herausfinden wollen, was hier und jetzt Evangelium bedeuten könnte.

Manches davon ist in der Art und Weise zu entdecken, wie auf die Schließung der Kirchengebäude und anderer Ritualräume reagiert wurde. Gemeinschaft ist wichtig für das Glaubensleben, doch unter missionarischem Gesichtspunkt betrachtet waren die vielfältigen Online-Angebote für die Kommunikation des Evangeliums keine Einschränkung. Sie haben mehr und teilweise neue Möglichkeiten eröffnet, unterschiedliche Menschen einzubinden. Dabei erfahren Gemeinschaft und Präsenz eine neue Auslegung und eröffnen neue Erfahrungsräume. Zum Beispiel, was Kommunikation des Evangeliums bedeutet, wenn mit der Kirche die Agentur, der das zugeschrieben wird, als nicht systemrelevant bestimmt wird, und sie eine ihrer symbolträchtigsten Veranstaltungen, den Gottesdienst, großflächig ins Netz verlegen muss.

Mission als Atem und Herzschlag der Kirche

Dabei entspricht es dem Gedanken des Momenthaften und des Risikos der Mission, dass sich manches in diesem überbordenden Ausprobieren der letzten Monate rasch überlebt hat – doch immerhin wurde es gewagt. Welche Trends werden sich durchsetzen und welche schnell wieder in der Versenkung verschwinden? Wird der Gottesdienst im Digitalen dauerhaft neue Heimat und neue Beteiligte finden? Was verändert sich, wenn aus der Kommunikation im Moment und dem, was ich im physisch erlebten Gottesdienst gehört habe und mitnehme, ein Video- oder Audio-Clip wird? Dessen Hören und Wahrnehmung verändert sich, weil er nun an wechselnden Orten und immer wieder gehört werden kann. Aus der Kommunikation in Präsenz wird die Präsenz des Wortes und des Mediums, die nach Ernst Lange große Auswirkungen auf die Orte, Räume und die Verkündigung des Evangeliums als lebensdienlich hat.

Was bedeutet dies, wenn wir es auf das Nachdenken während der vergangenen Synoden der evangelischen Landeskirchen beziehen, die Mission attraktiver machen wollten? Mission ist Atem und Herzschlag der Kirche, sagte Gerhard Ebeling bei der EKD-Synode 1999. „Mission heißt zeigen, was man liebt", formulierte Fulbert Steffensky einige Jahre später. Dieses Werben für eine Werbung fordert auf zu fragen: Was heißt das jetzt, in dieser Situation? Für diejenigen, die gefährdet sind zu erkranken oder langsam oder gar nicht gesunden? Für diejenigen, deren Leben auf unabsehbare Zeit völlig aus der Bahn geworfen wurden, weil sie ihren Beruf und ihr Einkommen verloren haben? Und für diejenigen, die gut mit der Situation zurechtkommen, weil sich ihr angenehmes Leben kaum verändert hat?

Das Aufregende und gleichzeitig Beschwerliche an diesen Überlegungen ist, dass kaum etwas davon so richtig neu ist. Vieles von dem, was jetzt in Mission und Ökumene nach vorne tritt, gab es bereits. Das Evangelium war normalisiert und eingehegt, und daher ist vielleicht neu, als wie sperrig es sich wieder erweist. Es gibt keine einfachen Antworten und keine, die für alle und überall gelten, das zeigt auch der Austausch mit Kirchen und der Mission in der weiten Welt. Das Evangelium eröffnet einen veränderten Blick auf das Leben und die gesellschaftlichen Umstände und bringt dabei die grellen Unterströmungen ans Licht. Immer wieder orientiert es nicht auf das hin, was im Allgemeinen richtig sein könnte, sondern was in diesem besonderen Moment für Menschen existenziell und lebensdienlich ist. Hier, und in der ganzen Welt, betroffen von der Pandemie, verbunden durch das Evangelium und gemeinsam unterwegs in der Kommunikation des Evangeliums.

Dr. Michael Biehl ist Theologischer Referent bei der Evangelischen Mission Weltweit (EMW) in Hamburg.

MARTIN FRANK

Can you see me?

Ökumenische Partnerschaften in Pandemie-Zeiten

„Ohne echte Begegnung funktioniert Partnerschaft nicht", darüber sind sich viele Ehrenamtliche in ökumenischen Partnerschaftsgruppen und Hauptamtliche in Missions- und Hilfswerken einig. Die Pandemie rüttelt an den Grundfesten weltweiter ökumenischer Partnerschaftsarbeit. In einem persönlichen Essay lotet Martin Frank, Afrikareferent beim Berliner Missionswerk, die Chancen und Untiefen eines fragilen kirchlichen Netzwerks in digitalen Zeiten aus, das von teils jahrzehntelangen persönlichen Beziehungen lebt.

Seit meiner Kindheit fasziniert mich der Roman „Der 35. Mai" von Erich Kästner. Dort spaziert der Apotheker Ringelhuth mit seinem Neffen Konrad und einem Pferd auf Rollschuhen durch einen Dielenschrank und kommt in der Südsee wieder heraus. Waren wir nicht seit Erscheinen des Romans im Jahre 1931 dieser schnellen und bequemen Form des Reisens immer nähergekommen? Corona hat nun den Schrank auf lange Zeit vernagelt und uns stattdessen einen Computer mit Bildschirm in unsere Homeoffices gestellt. Von dort aus fantasieren wir über die Welt, aber kommen beim Reisen nicht mehr aus der Wohnung hinaus.

Notgedrungen sind wir nun zu Stubenhocker*innen geworden, da nützt es nichts, die rasant wachsende Kommunikation über unsere Bildschirme schönzufärben. Es schmerzt mich, dass wir uns, während diese Pandemie andauert, nicht mehr gegenseitig besuchen können. Ich vermisse das Glücksgefühl, mit meinen Gastgebenden zum Beispiel mitten in einem Dorf in Südtansania zu sitzen und mit den vorbeischlendernden Jugendlichen ins Gespräch zu kommen, während der Pick-up repariert wird. Ich sehne mich nach der Warmherzigkeit der Partner. Da kommt einer extra mit dem Motorrad in meiner kleinen Absteige irgendwo in Ostafrika vorbei, um mir einen Nescafé mit Kanne und Zuckerdose im Weidenkorb vorbeizubringen.

Mir fehlen die vertrauten Gespräche, während wir etwa in den äthiopischen Bergen unterwegs sind. Und ich brauche umgekehrt die Kommentare der Gäste aus Übersee und ihren unbefangenen Blick, wenn wir hier bei uns in der Bernauer Straße vor den Resten der Berliner Mauer stehen oder auf ihren Wunsch hin vergeblich das Gebäude suchen, in dem die sogenannte Kongokonferenz 1884/85 tagte, die die Aufteilung Afrikas in Kolonien besiegelte. Wie wohltuend irritierend ist so ein Gottesdienst in Wedding, in dem der Gast aus Südafrika den Predigttext nicht psychosozial auslegt, sondern schlicht die Wundertaten Jesu preist.

Kurzum, die partnerschaftlichen Begegnungen, die wir mittlerweile hilflos „face to face" oder „physisch" nennen, sind durch nichts zu ersetzen. Unser Partnerschaftsbeauftragter im Berliner Missionswerk, Uwe Zimmermann, der seit 30 Jahren im Geschäft ist, konstatiert lapidar: „Ohne Begegnung funktioniert Partnerschaft nicht."

Und nun wird geimpft. Aber ein Ende der Pandemie ist noch nicht abzusehen. Die internationalen Handels- und Reisewege sind wahrscheinlich über Jahre hinweg empfindlich gestört, ganz zu schweigen von den unermesslichen ökonomischen Folgen. Die internationale Ökumene hat sich im vergangenen Jahr nach Kräften bemüht, sich auf das Virus einzustellen. Ich habe diese Anpassung in verschiedenen Phasen erlebt.

Eine Katastrophe „endlich einmal" – weltweit

Vielerorts waren die Folgen der teils strengen und mancherorts völlig unverhältnismäßigen Lockdowns (wie in Südafrika) für die Bevölkerung anfangs weitaus schlimmer als die Pandemie selbst. Viele Partnerkirchen verloren durch die verminderte oder ganz ausfallende Kollekte ihre Haupteinnahmequelle. Die Gehälter für kirchliches Personal in Kirchen und Schulen konnten nicht mehr gezahlt werden. Alle nördlichen Missionswerke reagierten in dieser ersten Zeit auf die Not der Partnerkirchen mit schnell eingerichteten Notfonds, unbürokratischen Hilfen und rückten selber zusammen. So konnten etwa in Äthiopien Masken verteilt werden, Desinfektionsmittelspender wurden an den Kirchentüren installiert, Lautsprecherwagen fuhren durch die Stadt, manchmal wurden auch vorübergehend Gehälter gezahlt. Es war auch stärkend, wie wir die Nothilfe für die 26 Diözesen der Lutherischen Kirche in Tansania (ELCT) gemeinsam koordiniert haben, keine Selbstverständlichkeit in einer Projektelandschaft, in der sich die deutschen Missionswerke selten gegenseitig in die Karten schauen lassen und die Kirchen im Süden ihrerseits oft eifersüchtig ihre bilateralen Beziehungen in den Norden pflegen.

In einer zweiten Phase folgte die Freude, dass digitale Techniken wie Zoom oder Skype ein gewisses Maß an Begegnung zwischen uns ermöglichten. Auch die kirchliche Mittelschicht in Äthiopien oder im Südlichen Afrika saß im Homeoffice. Wir sahen staunend in fremde Büros oder Wohnzimmer und intensivierten unseren Austausch und das Beten füreinander: „Wie geht es Euch in Berlin? Wie kommt Ihr klar?“ Wir erlebten, dass wir auch im Norden verwundbar sind und vielfach ratloser als unsere Geschwister im Süden, ob und wie wir die Pandemie besiegen können.

Zumindest der afrikanische Kontinent scheint bis jetzt die Krise besser gemeistert zu haben: „Afrika ist von der Hauptlast der Pandemie verschont geblieben, was diejenigen enttäuscht, die glauben, dass alle Katastrophen immer entweder in Afrika beginnen oder Afrika definitiv am schlimmsten treffen müssen“, schrieb Fidon Mwombeki, Generalsekretär der Allafrikanischen Kirchenkonferenz (AACC). Die Katastrophe geschah – ich bin versucht zu sagen „endlich einmal“ – weltweit, nicht nur auf den Süden begrenzt, auch wenn wir natürlich je nach Land, Einkommensverhältnissen und Versicherungssystem sehr unterschiedlich betroffen sind.

Schnelle Ernüchterung bei der digitalen Begegnung

Spätestens bei der zweiten Welle der Pandemie im dunklen europäischen Herbst und Winter folgte unter uns schließlich die Phase der Ernüchterung. Finanziell stehen wir nun alle, ob im Süden, Norden oder Osten, unter noch höherem Druck. Die Kirchen im Norden müssen sowieso erhebliche Einsparungen vornehmen, die durch Corona noch verstärkt werden und auch die Missionswerke und Gemeindepartnerschaften schon erreicht haben. Sie betreffen zumindest unsere Entwicklungszusammenarbeit unmittelbar, auch wenn wir in den ersten Monaten der Pandemie eine große Spendenbereitschaft erlebten.

Kann uns die gepriesene digitale Technik, die nun die Begegnung in den Partnerschaften ersetzt, auf Dauer nutzen? Für kleinere Treffen ist die Erfahrung durchaus erfreulich, dass diejenigen unter uns, die aus den Städten kommen oder einen guten Handyvertrag haben, ohne viel Aufwand mit am elektronischen Tisch sitzen. Das ist ein großer Sprung, der uns hilft, die „lange Unterredung" (wie die beiden Anthropologen Jean und John Comaroff missionarische Begegnungen seit Beginn des 19. Jahrhunderts nennen), bei allem interessengeleiteten Dialog zu demokratisieren – das bedeutet Partnerschaft. Aber Zoom-Meetings ermöglichen – zumindest bei großen Konferenzen – kein echtes ökumenisches Beisammensein, denn das besteht im Grunde doch vor allem aus den vertrauten Gesprächen zwischendurch.

Ich finde die virtuellen Treffen, bei denen man sich nun seit mehr als einem Jahr aus kleinen Bilderrahmen heraus steif anschaut, zermürbend. Wie seltsam, dem Gesprächspartner dabei zuzuschauen, wenn er am Bildschirm wieder einmal einfriert, weil die Verbindung zusammengebrochen ist. Und die hybride Form – einige sind präsent, andere digital dabei – tötet Kommunikation manchmal sogar ab. Zum Beispiel: Erst als ich einen der im Raum Anwesenden per WhatsApp fragte „Can you see me?", bekam ich heraus, dass ich beim Jahrestreffen der Kirchenleitung vor allen tansanischen Bischöfen auf einer großen Leinwand zu sehen war. Leider aber war dort im Saal in Arusha das Kabel so kurz, dass nicht einmal das Rednerpult in meinem Blickwinkel lag. Ich selbst sah keinen der südlichen Gesprächspartner, aber alle sahen mich.

Klischees von Bedürftigkeit in Notzeiten eher verfestigt

Genug geklagt! Es spielt auf Dauer keine Rolle, wie erfolgreich die neuen Medien uns dabei helfen, fehlende Begegnungen in Pandemiezeiten zu kompensieren. Möglicherweise leiden die meisten ökumenischen Partnerschaften unter dem fehlenden direkten Austausch gar nicht so übermäßig, wie ich mir das vorstelle. Ich widerspreche dem Theologen Günter Thomas jedenfalls, der in einem klugen Aufsatz über Corona meinte: „Gegenläufig zu den Träumen der politischen, kulturellen und religiösen Kosmopoliten macht die Krise leider unbarmherzig klar: Solidargemeinschaften sind begrenzte Gemeinschaften."

Nein, Partnerschaften sind als Solidargemeinschaften nicht unbedingt begrenzt und egoistisch. Die fernen Nächsten sind uns schon lange bekannt, Corona hin oder her. Ich habe viel Kreativität beobachtet, mit der wir als weltweite kirchliche Gemeinschaft in Krisenzeiten wie dieser solidarisch agiert haben. Wir haben ja schließlich eine gemeinsame Geschichte, die oft Jahrhunderte zurückreicht und bis heute versucht, aus der unheiligen Verstrickung der Missionsarbeit mit Kolonialismus und Imperialismus herauszuwachsen. Die bekannten Probleme jeder Partnerschaftsarbeit wie das fortwährende Machtgefälle zwischen uns, die Besserwisserei oder die einseitige Konzentration auf Projektarbeit haben sich durch die Katastrophe nicht aufgelöst, vielleicht im Zuge der Nothilfe sogar verfestigt. Denn die enge Allianz zwischen „Afrika" und unseren fortwährenden Hilfsprogrammen wird besonders in Notzeiten als alternativlos dargestellt; so bestätigt sich einmal mehr unser altes Klischee vom bedürftigen Kontinent.

Die Humboldt-Universität (HU) in Berlin hatte im Rahmen eines Forschungsprogramms "On Religious Communities and Sustainable Development" (Über religiöse Gemeinschaften und nachhaltige Entwicklung) Mitte 2020 religiöse Leiterinnen und Leiter aus Europa, dem Mittleren Osten und Afrika befragt, wie Corona ihre Gemeinden betroffen hat und wie sie versucht haben, darauf zu reagieren. Über 200 Reaktionen kamen aus 27 Ländern, darunter knapp 60 aus afrikanischen Ländern. Die drängendste Herausforderung durch die Pandemie sahen alle Regionen in wirtschaftlichen Belangen. Die Bedrohung durch Armut wurde allerdings in afrikanischen und nahöstlichen Gemeinschaften als viel gravierender angesehen als in Europa. Die europäischen Befragten ihrerseits stuften psychosoziale Herausforderungen inklusive der Gefahr, den Glauben zu verlieren, höher ein. Bei der Frage „Wie habt ihr auf die Pandemie reagiert?", waren sich alle religiösen Gemeinschaften in den drei Regionen, wenn auch mit regionalen Abweichungen, einig: „preach, pray, feed, pay" (predigen, beten, ernähren, zahlen).

Andere Vorurteile haben sich wohltuend verschoben

Corona hat manche Vorurteile in Nord und Süd durcheinandergebracht. Vielleicht hat sich die Wahrnehmung, was Kirche ausmacht, in manchen Partnerschaften durch sie wohltuend verschoben. Aber warum sollte diese Krise bei den Partnern im Süden stärker zu Glaubensverlust führen als all die Pandemien, die Armut in den Townships und die Gewalt in den Häusern, die es schon vor Corona gab? Einsamkeit dagegen war und ist mehr ein großes Problem unserer postindustriellen Gesellschaften im Norden. Sie ist der Grund, warum meine Gesprächspartner*innen mich nicht darum beneiden, in Berlin in einer Stadtgesellschaft zu leben, in der die Mehrheit in Einzimmerappartements wohnt.

Die drängendste Herausforderung aber besteht nach wie vor darin, für uns alle Zukunft zu sichern. Was für uns und unsere Geschwister gemeinsam relevant ist und sich in dringenden Aufgaben niederschlägt, drückt die Berliner Studie in ihrem Resümee sachlich aus: Es sei die „Hoffnung auf wachsende soziale und ökonomische Gerechtigkeit, auf internationale Kooperation und auf die Erneuerung der Schöpfung nach der Pandemie". An dieser Hoffnung hat sich nichts geändert, sie bestimmt seit Jahrzehnten die ökumenische Bewegung.

Im Redaktionsteam für dieses Jahrbuch waren wir uns einig, die Pandemie als Katalysator zu verstehen. Katalysator bedeutet wörtlich Auflösung, der Duden präzisiert mit „Herbeiführung, Beschleunigung oder Verlangsamung einer Stoffumsetzung". Wir haben durch die Pandemie den digitalen ökumenischen Austausch herbeigeführt. Vor einem Jahr hätte ich zum Beispiel nicht damit gerechnet, dass durch Digitalisierung eine neue Partnerschaft zwischen einer Pop-Akademie in Berlin und der School of (Jazz-) Music der Mekane Yesus Kirche in Addis Adeba entsteht, bei der ein Gesangsprofessor aus Berlin Stimmübungen mit äthiopischen Studierenden auf der Leinwand macht und die Kolleg*innenschaft sich über Lehrmethoden austauscht.

Schon auf einer Tübinger Konferenz 1964 entwickelten Mitglieder der ökumenischen Weltgemeinschaft Grundsätze eines gemeinsamen christlichen Heilungs- und Entwicklungsauftrags, darauf wies die

Bochumer Professorin Claudia Jahnel kürzlich hin. Sie sahen die große kirchliche Aufgabe für die Zukunft des Planeten im Spannungsfeld zwischen „Heil und Heilung“. Heilung wurde dabei nicht auf körperliche Prozesse beschränkt, sondern als relationales Geschehen gesehen, das soziale Beziehungen und das solidarische Einstehen füreinander umfasst. Heilung wurde laut Jahnel damit als Aufgabe von Gemeinde und Gesellschaft verstanden und nicht von dafür bestimmten Expert*innen, „lokal, global, grenzüberschreitend und dezentrierend, weil es um die Vulnerabilität der Einen Welt“ gehe.

Die Pandemie hat unseren Auftrag verdichtet, uns mit unseren Partnern auf allen kirchlichen Ebenen für eine gemeinsame (keine westliche!) Zukunft einzusetzen, die beides umfasst: die unverfügbare Sehnsucht nach Heil und die gemeinsame Verantwortung für Heilung auf dieser so ungeheuer verletzlichen Erde.

Und ja, ich bin hin- und hergerissen: Einerseits kann ich es kaum erwarten, wieder reisen zu dürfen. Der Schrank, der wie bei Kästner in die direkte Begegnung führt, ist vernagelt. Die Unsicherheit beim Reisen wird noch lange bleiben. Andererseits merke ich, dass ich mich mit den Geschwistern im Süden mehr und mehr im Digitalen einrichte. Wir sind durch die Pandemie notgedrungen im virtuellen Raum unterwegs. Richten wir uns angesichts unserer Verletzlichkeit mehr im Digitalen ein, als uns lieb ist? Der Stoff aber, den wir, durch die Pandemie katalytisch beschleunigt, umsetzen müssen, ist sicher gleichgeblieben: Es ist der Stoff, gemeinsam Zukunft zu schaffen.

Dr. Martin Frank ist seit 2017 Afrikareferent im Berliner Missionswerk (BMW). Zuvor hat er neun Jahre lang den Dienst für Mission, Ökumene und Entwicklung (DiMOE) der Evangelischen Landeskirche in Württemberg geleitet und war zuletzt Gemeindepfarrer im württembergischen Sindelfingen. Von 1999 bis 2004 war Martin Frank mit seiner Familie im Auftrag des Stuttgarter Missionswerks Evangelische Mission in Solidarität (EMS) als Pfarrer in der Presbyterian Church of Ghana (PCG) und für Deutschsprachige in Ghana zuständig.

ERNST M. CONRADIE

Warum gibt es tödliche Viren?

Antworten auf die Theodizee-Frage in der Krise

„Covid-19 ist wie eine Linse, durch die wir die Bruchlinien in unserer heutigen Welt erkennen können", meint der südafrikanische Theologe Ernst M. Conradie auf der Suche nach Gottes Handeln in der Gegenwart. Soziale Missstände und Klimawandel seien zwar wichtige Faktoren, um die Ursachen der Pandemie zu begreifen, aber nicht die einzigen. Ebenso wie die Allafrikanische Kirchenkonferenz (AACC) in einem viel beachteten Thesenpapier versteht Conradie die Krise auch als Weckruf an die weltweite Kirche.

Im Mai 2020 hat die Allafrikanische Kirchenkonferenz (AACC) „Zehn theologische Thesen zu Covid-19 in Afrika" veröffentlicht. Die Thesen befassen sich mit kirchlichen Bedürfnissen im afrikanischen Kontext. Die 1. These widersetzt sich zu Recht theologischen Interpretationen von Covid-19 als einem Zeichen der Endzeit oder als Gottes Gericht über die Welt für alle Formen der Sünde – von Sexualität bis zum Klimawandel. Alle Ansprüche auf ein prophetisches Urteil müssten daher geprüft werden, fordert die 2. These. Stattdessen bekräftigt die AACC mit der 4. These: „Auch im Leiden und im Tod wissen wir, dass Gott verspricht, mit uns zu sein." Und in der 6. These heißt es, Covid-19 erinnere an die Berufung der Kirche, „uns mit den Armen und Schwachen zu solidarisieren".

Dies ist eindeutig eine angemessene pastorale Antwort, aber sie entbindet uns nicht davon, eine gründliche theologische Reflexion vorzunehmen. Und es bleibt die schwierigste Frage: Was ist Gottes Absicht in einer Zeit wie dieser? Um eine Antwort darauf zu vermeiden, ist es keine theologische Option, Gott im Zusammenhang mit Covid-19 einfach nicht zu berücksichtigen. Weiter werde ich auf die andere grundlegende Frage eingehen, warum es in Gottes guter Schöpfung solche tödlichen Viren gibt?

Dies wirft grundsätzliche Fragen darüber auf, wie soziale Missstände und das, was mitunter als natürliches „Übel" bezeichnet wird, zusammenspielen. Letzteres bezieht sich gewöhnlich auf Erdbeben, Vulkane, Stürme und Dürreperioden, aber auch auf Raubtiere, Schädlinge, natürliche Auslese, den begrenzten Lebenszyklus von Zellen, Krankheiten, Alterung und Tod. Und, so können wir ergänzen, auf Bakterien und tödliche Viren. Hat Gott auch diese für gut erklärt? Oder sind sie eher als Folge der Sünde in die Welt gekommen? Wird Böses durch Sünde verursacht oder wird Sünde durch Böses verursacht? Im afrikanischen Kontext gibt es kaum Zweifel daran, dass die Sünden des Kolonialismus großes Übel verursacht haben. Die traditionelle afrikanische Religion (und der Neopentekostalismus) hingegen erkennen auch an, dass Sünde durch Kräfte außerhalb der eigenen Kontrolle hervorgerufen werden kann.

Wissenschaft hat lange vor Virenausbreitung gewarnt

Diese Spannung ist offensichtlich relevant, wenn man über Krankheiten nachdenkt. Es besteht eindeutig ein gewisser Zusammenhang zwischen Krankheit und Sünde. Sünde kann die eigene Gesundheit oder die der Menschen im näheren Umfeld beeinträchtigen. Doch die biblischen Zeugen (vgl. Johannes 9,1) legen nahe, dass es sich nicht um einen direkten Zusammenhang handelt. Es ist nicht so, dass alle Krankheiten das Ergebnis von Sünde sind. Es würde jedoch auch nicht helfen, Patient*innen nur als unschuldige Opfer zu behandeln, wenn die Ursachen ihrer Krankheit mit sozialen Missständen zusammenhängen.

Das Zusammenspiel zwischen sozialen Missständen und dem so genannten natürlichen Übel zeigt sich im Fall von Covid-19 klar und deutlich:

- Wissenschaften vom Erdsystem haben seit langem vorausgesagt, dass solche Viren auftauchen würden, weil der Lebensraum und damit die biologische Vielfalt abnimmt. Es kommt zu Instabilitäten innerhalb der Biosphäre und zur Migration von Wildtieren. Diese dringen in neue Lebensräume ein und es gibt Interaktionen mit Arten, denen sie bisher nicht begegnet sind. Dadurch erhöht sich das Risiko, dass Krankheiten sich verbreiten.

- In einer globalisierten Wirtschaft scheint der Ursprung von Covid-19 im illegalen Handel mit Produkten gefährdeter Tierarten zu liegen. Dadurch besteht ein höheres Risiko, dass sich Krankheiten von Tieren auf Menschen übertragen.
- Das Virus hat sich – zumindest anfangs – durch internationale Reisen von Menschen verbreitet, die über entsprechende finanzielle Mittel verfügten. Dadurch wurden auch diejenigen betroffen, die sich solche Reisen nicht leisten konnten.
- Abstandhalten ist in einigen Fällen wegen der beengten Wohnverhältnisse unmöglich und für ältere Menschen normalerweise auch höchst traumatisch. Ebenso setzt das Händewaschen den Zugang zu sauberem Wasser voraus.
- Nach der Ansteckung werden die Auswirkungen der Krankheit durch medizinische Grunderkrankungen, sogenannte Komorbiditäten, beeinflusst. Diese hängen mit dem sozioökonomischen Profil und der Lebensweise zusammen.
- Die Gesundheitsversorgung der Infizierten und Betroffenen ist innerhalb eines Landes und von Land zu Land nach wie vor sehr unterschiedlich.
- Die wirtschaftlichen Auswirkungen von Covid-19 in Bezug auf Armut, Arbeitslosigkeit und Ungleichheit sind schwerwiegend sowie ungleich verteilt. Diese Auswirkungen verdeutlichen auch die Anfälligkeit der gegenwärtigen globalen Wirtschaftsordnung, die von Handel und Verkehr abhängig ist.
- Die Pandemie schafft eine enorme Bedrohung der Ernährungssicherheit, insbesondere in Afrika – was wiederum ein Faktor wirtschaftlicher Ungleichheit ist.
- Die Herausforderungen, die sich aus Covid-19 ergeben, zeigen widersprüchliche Zukunftsszenarien: vom Wiederankurbeln des Wirtschaftswachstums bis hin zur Annahme, dass dies nur ein Testlauf für viel gravierendere Probleme ist, die noch vor uns liegen, vor allem in Bezug auf den Klimawandel.

Die Pandemie veranschaulicht, dass die seit langem verfolgten ökumenischen Anliegen nicht voneinander zu trennen sind: Gerechtigkeit, Frieden und Bewahrung der Schöpfung beziehungsweise wirtschaftliche Ungleichheit, gewaltsame Konflikte sowie Gesundheit und ökologische Zerstörung.

Es ist daher einleuchtend, dass soziale Missstände das Auftreten tödlicher Viren, die als eine Form des natürlichen „Übels“ angesehen werden können, enorm verschlimmern. Aus theologischer Sicht entsteht das Problem durch die todbringenden Folgen der Sünde, nicht durch Gottes unzulängliches Schöpfungswerk. Inmitten dieser Pandemie sollte man sich daher auf die Botschaft der Erlösung von der Sünde in allen Dimensionen konzentrieren, zum Beispiel auf Heilung in all ihren Dimensionen. Man wird vergeblich versuchen, das Theodizee-Problem zu lösen, indem man zum Beispiel fragt: Warum lässt Gott das Leiden zu? Konzentriert man sich jedoch ausschließlich auf die Heilsbotschaft, besteht die Gefahr, dass der Glaube an Gott als Erlöser dann vom Glauben an Gott als Schöpfer – oder als Vollender aller Dinge – getrennt wird. Wenn Covid-19 mit dem Klimawandel zusammenhängt und vielleicht sogar eine Generalprobe für den Klimawandel ist, ist dies kein geeigneter Weg nach vorn.

Lissabon, Auschwitz und Antarktis als Symbole

Für eine angemessene theologische Antwort auf Covid-19 ist es am besten, die Tiefen des theologischen Problems zu erkennen. Ich werde in diesem Zusammenhang auf drei Kernsymbole eingehen, nämlich Lissabon, Auschwitz und die Westantarktis.

Schon das berühmte Erdbeben von Lissabon am 1. November 1755 warf das Theodizee-Problem auf: Warum ließ Gott zu, dass so etwas am Allerheiligenfest geschah und so viele Gläubige umkamen, die in der Kirche versammelt waren? Die Antwort, dass dies Gottes Strafe für die Sünden des Volkes in Lissabon sei, wurde von allen wichtigen Denkern der Aufklärung jener Zeit zurückgewiesen. Sie meinten stattdessen, dass dies als ein Naturereignis zu verstehen war, das nichts mit sozialen Missständen zu tun hatte. Dadurch entfernte man göttliches Handeln aus der Welt der Natur. Man beschränkte Gottes Wirkungskreis auf menschliche Gesellschaften und insbesondere darauf, den moralischen Zusammenhalt zu fördern.

Auschwitz ist zu einem Symbol des sozialen Bösen geworden, aller Schrecken des 20. Jahrhunderts. Die von den Gläubigen aufgeworfene Frage lautete erneut: Warum lässt Gott zu, dass „Christen“ den Juden so etwas antun? Warum greift Gott nicht ein, um der Unterdrückung und dem Leid, ja dem Völkermord ein Ende zu setzen? Diese Frage stellt sich seither in der ganzen Welt immer wieder, sobald soziale Missstände auftreten. Die Unterscheidung zwischen sozialen Missständen und dem natürlichen „Übel" bleibt erhalten. Es wurden sogar natürliche Kategorien wie Rasse als ideologische Legitimation für soziale Missstände herangezogen. Die säkularisierende Wirkung eines so unfassbaren Übels bestand jedoch darin, dass nun auch nicht mehr klar war, wie Gott in der menschlichen Geschichte handelt. Wenn nicht sichtbar ist, dass Gott etwas gegen Auschwitz unternimmt, tut Gott dann überhaupt etwas?

Der Eisschild in der Westantarktis ist Sinnbild der Angst um die langfristige Zukunft über das 21. Jahrhundert hinaus – oder er sollte es zumindest sein. Wenn sich dieser Eisschild auflöst, wird der Meeresspiegel um mehr als drei Meter ansteigen. In ihrem unterhaltsamen Buch „The Collapse of Western Civilization" bieten Naomi Oreskes und Eric Conway „einen Blick aus der Zukunft" im Jahr 2393 unter der „realistischen" Annahme, dass dieser „Große Kollaps" im Jahr 2093 stattgefunden haben wird. Wenn ich mir eine persönliche Bemerkung erlauben darf: Meine Tochter könnte dann 90 Jahre alt sein.

Die Zerbrechlichkeit der Weltwirtschaft hat sich jetzt auch durch Covid-19 offenbart, als riesige Sektoren praktisch zum Erliegen kamen. Was wären dann die wirtschaftlichen Auswirkungen eines solchen „Großen Kollapses"? Welche theologischen Fragen würde das aufwerfen? Wie sollten wir unsere Zeit in diesem Licht verstehen? Eine klare Trennung von natürlichem Übel und sozialen Missständen wird nicht ausreichen, obwohl eine Unterscheidung zwischen natürlichem und vom Menschen verursachtem Klimawandel nach wie vor notwendig ist!

Covid-19 als Weckruf für die Kirche

Ich habe den Eindruck, dass die AACC mit ihrer 5. These auf dem richtigen Weg ist: „Covid-19 ist ein Weckruf für die Kirche." Sie erklärt, dass „Kirche und Gesellschaft herausgefordert sind, unsere Lebensweise und unsere Zusammenarbeit zu überdenken und unsere

Verantwortung in der Welt zu abzuwägen". Bemerkenswerterweise steht dies im Einklang mit einer der klassischen Antworten auf das Theodizee-Problem. Sie wird oft mit einem Kirchenvater aus dem 2. Jahrhundert, Irenäus von Lyon, in Verbindung gebracht und besagt, dass Leiden eine Form göttlicher Pädagogik sei. Wenn dem so ist, dann dient Covid-19 als Generalprobe, aus der wir im Interesse der Zukunft einige Lehren ziehen müssen. Freilich gibt es auch hier gravierende Unstimmigkeiten. Welcher göttliche Elternteil würde seinen Kindern so viel Leid zufügen, um ihnen eine dringend nötige Lektion zu erteilen?

Lissabon und Auschwitz haben uns in der Tat eine weitere Lektion erteilt: sich nicht mit einfachen Antworten zufrieden zu geben. Immerhin ist klar, dass Covid-19 wie eine Linse ist, durch die wir die Bruchlinien in unserer heutigen Welt erkennen können. Christ*innen müssen sich an einem solchen Prozess beteiligen, bestenfalls um die befreienden Gegenbewegungen des Heiligen Geistes in unserer Zeit zu erkennen. Dies ist eine ökumenische Aufgabe.

In ihrer 7. These über die Bedeutung eines Lebens im Überfluss zeigt die AACC eine gewisse Richtung auf. Sie widersetzt sich dem Wohlstandsevangelium und stellt fest, dass das andauernde Streben nach Reichtum mit einem Machtmissbrauch durch Führungskräfte einhergeht. Darüber hinaus „hat der Ausbruch von Covid-19 die Menschheit gelehrt, dass die Dinge, die wir am meisten suchen, doch nicht so wertvoll sind". Stattdessen meint die AACC, dass „ein Leben im Überfluss nur möglich ist, wenn es für alle ist, nicht nur für einige wenige Privilegierte". Angesichts herrschender Ungleichheiten ist dies eine tiefgreifende moralische Vision. Covid-19 hat uns auch geholfen, uns auf das schwächste Glied zu konzentrieren, weil die Erkrankung eines Menschen uns alle betreffen kann.

Diese moralische Vision ist jedoch nicht als selbstverständlich anzusehen. Vielmehr besteht die reale Gefahr, dass Covid-19 zu einer Politik des verstärkten Militarismus, der Überwachung, der Fremdenfeindlichkeit, des Rassismus und der polizeilichen Repression führt. Die industrialisierten Volkswirtschaften werden sich dann in Festungsinseln relativer Stabilität inmitten eines Meeres von Chaos verwandeln. Eine solche Gefahr wird durch den Klimawandel noch verschärft, der zu einem „bewaffneten Rettungsboot“ in einer Welt des Hungers, der Krankheit, der Kriminalität und des sozialen Zusammenbruchs führt. Deshalb ist es wichtig, wie wir auf Covid-19 reagieren, im globalen Norden wie im globalen Süden.

Ernst M. Conradie ist leitender Professor in der Abteilung für Religion und Theologie an der University of the Western Cape in Kapstadt/Südafrika, er lehrt Systematische Theologie und Ethik. Seine jüngste Veröffentlichung (Lexington Books, 2020) trägt den Titel „Secular Discourse on Sin in the Anthropocene: What’s Wrong with the World?“ (Säkularer Diskurs über die Sünde im Anthropozän: Was stimmt nicht mit der Welt?).

Übersetzung aus dem Englischen: **Cornelia Kabus**

Literatur:
In der Reihe „Studien zu Religion und Umwelt“ sind im LIT Verlag Münster/Berlin/Wien/Zürich mehrere Bücher von Conradie erschienen:
www.lit-verlag.de/search?sSearch=Ernst+M.+Conradie

Im Internet:
Die 10 theologischen Thesen des AACC zu Covid-19 in Afrika im Wortlaut (englisch):
https://mission-weltweit.de/de/themen-schwerpunkte/theologie-im-kontext/

MATTHIAS PÖHLMANN

Misstrauen und dunkle Drahtzieher

Verschwörungsglaube I: Kontext in Deutschland

Mit Beginn der Corona-Pandemie und den Maßnahmen zu ihrer Eindämmung haben sich Verschwörungserzählungen und Falschmeldungen auch in Deutschland verbreitet, vor allem in sozialen Medien, auf Videoplattformen und durch Messenger-Dienste. Die folgende Darstellung des bayerischen Sekten- und Weltanschauungsbeauftragten Matthias Pöhlmann versteht sich als Momentaufnahme einer Pandemie, deren Ende noch nicht absehbar ist. Im Fokus stehen Verbreitung, Hintergründe und Formen des Verschwörungsglaubens – die er bewusst nicht „Theorien" nennt – sowie eine Einschätzung dazu aus christlicher Perspektive.

Verschwörungserzählungen und Verschwörungsglaube

Werden Fakten von Interessensgruppen bewusst verschleiert oder gar unterdrückt? Wer sind die heimlichen Drahtzieher*innen des Weltgeschehens? Verschwörungserzählungen dienen als Mittel zur Komplexitätsreduktion. Sie sind eine Reaktion auf den mit der Pandemie verbundenen Kontrollverlust sowie Ausdruck eines grundlegenden Misstrauens gegenüber der Politik, der Wissenschaft, den Medien und den Kirchen. In der gegenwärtigen wissenschaftlichen Diskussion wird versucht, das Misstrauensphänomen mit unterschiedlichen Begriffen zu kennzeichnen. Der Begriff „Verschwörungstheorie" ist zwar populär, aber zu Recht problematisiert worden.

Ist der Glaube an Verschwörungserzählungen eine „Verweltlichung eines religiösen Aberglaubens" (Karl Popper)? Offenbart sich in ihm eine „Paranoia-Haltung" (Daniel Pipes), oder ist er als Versuch einer Komplexitätsreduktion beziehungsweise als Ausdruck diffuser Ängste zu begreifen? Verschwörungserzählungen deuten letztlich aktuelle oder historische Ereignisse, kollektive Erfahrungen oder die Entwicklung einer Gesellschaft insgesamt als Folge eines gezielten Verschwörungshandelns dunkler Drahtzieher*innen.

Der Begriff Verschwörungsglaube eignet sich besonders, um die in Verschwörungserzählungen sinnstiftenden und religionsartigen Funktionen markieren zu können. Letztlich will ein Verschwörungsglaube menschliches Erleben und Handeln mit Sinn versehen. Mit Sinnstiftung, Komplexitätsreduktion und Kontingenzbewältigung zeigen sich markante Aspekte eines Verschwörungsglaubens:

- „Nichts ist, wie es scheint“: Es gibt hinter dem Sichtbaren einen geheimen Plan von dunklen Drahtzieher*innen (mächtigen Einzelpersonen, mächtigen Personengruppen, globalen und finanziellen Eliten).
- „Alles hängt mit allem zusammen“: Nichts, was passiert, ist zufälliger Natur. Hinter allem steht ein zielgerichteter Plan, eine böswillige Intention. Damit wird alles, jedes einzelne wie auch jedes globale Ereignis scheinbar erklärbar.
- Exklusives Überwissen: Die*der Einzelne sieht sich als Teil einer erwachten Elite, die sich vom Mainstream, den sogenannten Schlafschafen, abgrenzt.
- Schwarz-Weiß-Denken: Hierbei handelt es sich um ein verblüffend einfaches Weltbild, das keine Frage offenlässt und alles zu erklären meint. Darin zeigt sich die Hyperrationalität des Verschwörungsglaubens.
- Freund- und Feindbilder dominieren die dualistische Weltsicht: Mit einer Schuldzuschreibung an Einzelpersonen oder Personengruppen kommt es zu ausgeprägten Feindbildern („Lügenpresse“, Antisemitismus, auch in verklausulierter Form).
- Verschwörungsglaube als rettendes Rezept: Er sieht die Welt auf eine Katastrophe zusteuern, aber weiß um die Hintergründe und heimlichen Drahtzieher*innen, denen er sich mit seinem Wissen entgegenstellt.
- Starker missionarischer Antrieb: Alle Menschen müssen über die angeblich wahren Hintergründe aufgeklärt werden und an dem rettenden Wissen teilhaben. Das jeweilige persönliche Umfeld wird als „Missionsobjekt“ genutzt. Soziale Medien und Messenger-Dienste als alternative Kanäle werden zu digitalen

Echokammern und befeuern den Verschwörungsglauben insgesamt.
- Säkularisierung des Theodizee-Problems: Der Verschwörungsglaube kommt ohne Gott aus. Die heimlichen, dunklen Strippenzieher*innen des Weltgeschehens werden zu innerweltlichen, übermenschlichen Größen.
- Wenn das Misstrauen oder der Hass gegen Personengruppen zunimmt, kann Gewalt irgendwann als legitimes Mittel zur Durchsetzung der eigenen Ziele verwendet werden.

Verbreitung und Akzeptanz

Seit Frühjahr 2020 verbreiteten sich Verschwörungserzählungen zur Pandemie rasant. Demnach sei das Covid-19-Virus aus kommerziellen Gründen für angeblich patentierte Impfstoffe in Umlauf gebracht worden. Andere gehen davon aus, es sei aus einem chinesischen Labor ausgebrochen oder in böser Absicht in Umlauf gebracht worden. Wiederum andere vertreten die Auffassung, Milliardär Bill Gates sei der eigentliche wirtschaftliche Profiteur der Corona-Virus-Pandemie („Gib Gates keine Chance!"). Bei den ersten Demonstrationen, die sich gegen die beschlossenen Hygieneregeln zur Eindämmung der Pandemie formierten, waren die Schuldigen schnell ausgemacht: Einzelpersonen wie Gates oder der Milliardär und Holocaust-Überlebende George Soros, die Geheimgesellschaft der „Illuminaten" oder ein angeblich „Tiefer Staat".

Die Erwerbstätigenbefragung der Hans-Böckler-Stiftung über „Corona-Zweifel, Unzufriedenheit und Verschwörungsmythen" vom Oktober 2020 hat ergeben, dass zu diesem Zeitpunkt etwa 40 Prozent nicht an die behauptete Gefährlichkeit des Covid-19-Virus glaubten. Sie konnten sich vorstellen, „dass die Pandemie von Eliten benutzt wird, um die Interessen von Reichen und Mächtigen durchzusetzen". Die Studie folgert:

> *„Alles in allem zeigen die Analysen ein erhebliches Ausmaß an Konfliktpotenzial in der Bevölkerung über die Corona-Schutzmaßnahmen. Wie eng hier Zweifel, Unzufriedenheit und obskure Verschwörungsmythen zusammenhängen, sollte aufhorchen las-*

sen, da letztere schnell zu einer Abkopplung vom demokratischen Diskurs führen können und mit Gewaltbefürwortung verknüpft sind."

Andere Studien gehen von ähnlichen Zahlen für die Verbreitung von Verschwörungserzählungen in der Bevölkerung aus. Die Bereitschaft zum Verschwörungsglauben war bereits vor der Pandemie groß. So gingen einer Mitte-Studie der Universität Leipzig von 2019 zufolge 45,7 Prozent der Befragten von geheimen Organisationen aus, die großen Einfluss auf politische Entscheidungen hätten. Über die Hälfte (50,4 Prozent) vertraten eine wissenschaftsskeptische bis wissenschaftsfeindliche Haltung und vertrauten mehr ihren Gefühlen als sogenannten Expert*innen. Das „Covid-19 Snapshot Monitoring (COSMO)" der Universität Erfurt vom 20. November 2020 konstatiert, dass es Verschwörungsgläubigen „weniger um die absolute Überzeugung einer Ansicht als um die Ablehnung einer ‚offiziellen' Sichtweise zu gehen" scheint. Im Blick auf letztere überwiegt die Einstellung, wonach man an einer Corona-Erkrankung selbst schuld sei. Wer so denkt, hält sich weniger an Regeln, vertraut weniger der Regierung, der Weltgesundheitsorganisation (WHO) und lehnt die Maßnahmen eher ab.

Querdenken-„Gottesdienst" und Martinsumzüge

Der heutige Verschwörungsglaube zeigt unterschiedliche Gesichter. Im Familien-, Freundes- und Bekanntenkreis kommt es, wie kirchliche und staatliche Beratungsstellen für Weltanschauungsfragen berichten, mitunter zu schweren Konflikten und Trennungen. Verschwörungsmythen und ihre Ausprägungen wie die umstrittene QAnon-Bewegung nehmen in der kritischen Berichterstattung der Medien einen breiten Raum ein. Besondere Aufmerksamkeit hat insbesondere die Querdenken-Bewegung mit der Organisation von Großdemonstrationen in Berlin und Leipzig erlangt. Zunehmend instrumentalisieren die „Querdenker" die Religionsfreiheit für eigene Demo-Zwecke.

So hatte „Querdenken089", ein Ableger von „Querdenken711" (Stuttgart), am Sonntag, den 1. November 2020 (Allerheiligen) zu einem

„Sternmarsch“ und einer Großkundgebung mit Andacht in München aufgerufen. Um 16 Uhr begann die Großveranstaltung mit rund 1.300 Teilnehmer*innen auf der Theresienwiese. Weil die behördlichen beziehungsweise polizeilichen Auflagen von den Veranstaltern (Abstandsregel, Maskenpflicht) nicht eingehalten werden konnten, erklärten sie die Großkundgebung kurzerhand zum „Gottesdienst“, der von Pastor Christian Stockmann sowie von Jürgen Fliege, Pfarrer i.R. und früherer TV-Moderator, geleitet wurde. Dabei trat auch ein rechter Esoteriker auf, der die von Nationalsozialisten ermordeten Geschwister Scholl („Es lebe die Freiheit“ – „Im Gedenken an die Widerstandsgruppe Weiße Rose“) instrumentalisierte.

Während die großen christlichen Kirchen in Deutschland bei Gottesdiensten und Veranstaltungen genauestens auf die Einhaltung von Hygienevorschriften achten, versuchen lokale Querdenken-Initiativen religiös anmutende Formate wie etwa den traditionellen Martinsumzug für eigene Zwecke zu nutzen. So kam es unter anderem in München, Kaufbeuren (Allgäu) und im baden-württembergischen Murrhardt zu Lichterumzügen oder zu Protestaktionen unter dem Motto „Für die Kinderrechte in der Corona-Zeit“. Dort werde „der Name des Heiligen missbraucht“, erklärte der Rottenburger Bischof Gebhard Fürst. In der Corona-Krise stehe der Gesundheitsschutz aller „über der Freiheit einzelner, die keine Rücksicht kennen“. Einzelne „Querdenker*innen“ missbrauchen zudem den christlichen Widerstand (Bonhoeffer, Geschwister Scholl) gegen den Nationalsozialismus und verharmlosen damit seine Verbrechen. Es ist davon auszugehen, dass die „Querdenken“-Bewegung weiterhin versuchen wird, gottesdienstliche Formate zu instrumentalisieren, um Kundgebungen durchzuführen und die jeweils geltenden Hygieneschutzbestimmungen unterlaufen zu können.

Herausforderung für Theologie und kirchliche Praxis

Die Verbreitung von Verschwörungserzählungen und der Verschwörungsglaube insgesamt fordern die Kirche zu theologischen Antworten zur Corona-Pandemie heraus. Sie ist eine Zumutung für alle. Die Pandemie-Erfahrung verlangt nach Deutung. Das versuchen Verschwörungsgläubige auf ihre Weise. Aber wie können

Christenmenschen und die Kirchen darauf reagieren? Christsein vollzieht sich im Glauben, Lieben und Hoffen – im Vertrauen auf den von Gott geschenkten Geist der Kraft, der Liebe und der Besonnenheit.

Vor diesem Hintergrund ist eine theologisch-ideologiekritische von einer beraterischen oder seelsorgerlichen Ebene zu unterscheiden.

- **Theologische Ideologiekritik:** Derzeit gibt es Versuche, die Corona-Krise theologisch zu reflektieren und den Menschen tragfähige Antworten und Hoffnung zu geben. Es gilt, Misstrauen säenden Verschwörungsgläubigen nicht das Feld der Deutung zu überlassen – einer Deutung, die höchst zynische, menschenverachtende und mitunter offen antisemitische Züge trägt. Widerspruch ist angezeigt gegenüber einem exklusiven Überwissen, den Feindbildern und dem Totalitätsanspruch eines Verschwörungsglaubens, der vorgibt, die ganze Wirklichkeit deuten und die „bösen Mächte" genau identifizieren zu können. Stattdessen ist die christliche Weltverantwortung gegenüber einer symbolischen Emigration durch einen Verschwörungsglauben zu bekräftigen. Sie bedeutet ein leidenschaftliches gesellschaftliches Plädoyer für eine Kultur der Rücksichtnahme, der Barmherzigkeit und für eine Ethik der Einfühlsamkeit.

- **Beraterische bzw. seelsorgerliche Ebene:** Oft ist die Ratlosigkeit bei Betroffenen im Familien- und Freundeskreis groß. Hier gilt es bei Verschwörungsgläubigen zwischen radikalen und noch gesprächsoffenen zu unterscheiden. Unbedingt sollte versucht werden, mit ihnen Kontakt zu halten. Verschwörungsgläubigen sollte auf Augenhöhe, mit Geduld und Gelassenheit begegnet werden. Verunglimpfungen sind zu vermeiden. Sind die angeführten Quellen und Informationen seriös? Gibt es auch andere Deutungen? Es empfiehlt sich, in jedem Fall „rote Linien" (z.B. Antisemitismus) zu markieren. Welches Motiv, welches Lebensthema könnte bei Verschwörungsgläubigen im Hintergrund stehen?

Die christliche Botschaft verkündigt einen weltzugewandten, befreienden und menschenfreundlichen Gott, der Menschen durch die Wüste, die gegenwärtige Pandemieerfahrung führt. Aus christlicher

Sicht ist es umso mehr geboten, gerade jetzt nicht nur physische, sondern im Blick auf antidemokratische und extremistische Strömungen auch geistige Abstandsregeln einzuhalten.

Kirchenrat **Dr. Matthias Pöhlmann** ist Beauftragter für Sekten- und Weltanschauungsfragen der Evangelisch-Lutherischen Kirche in Bayern und Lehrbeauftragter für Religionswissenschaft und Religionsgeschichte an der Evangelisch-Theologischen Fakultät der Ludwig-Maximilians-Universität München. Er hat zahlreiche Beiträge zu Religions- und Weltanschauungsfragen veröffentlicht: www.weltanschauungen.bayern

Literaturhinweise:

Matthias Pöhlmann: Im Sog der „PLANdemie“? Verschwörungsglaube und Esoterik in der Corona-Krise. In: Jeannine Kunert (Hg.): Corona und Religionen. Religiöse Praxis in Zeiten der Pandemie, EZW-Texte 268, Berlin 2020, S. 149-173

Ders. (Hg.): Verborgene Wahrheit? Verschwörungsdenken und Weltanschauungsextremismus. EZW-Texte 269, Berlin 2020

Beide zu bestellen über Evangelische Zentralstelle für Weltanschauungsfragen (EZW): www.ezw-berlin.de/html/119.php

ABEDNEGO KESHOMSHAHARA

Vorurteile und falsche Sicherheit

Verschwörungsglaube II: Kontext in Afrika

In Zeiten von Corona gibt es aus vielen Regionen der Welt unterschiedliche Erklärungen zu Ursache, Übertragung, Vorbeugung und Heilung des Virus. Die Informationen werden vor allem über soziale Medien oder in Gesprächen ausgetauscht, wie Bischof Abednego Keshomshahara aus Tansania berichtet. Die Erklärungen in Afrika hätten unterschiedliche Perspektiven. Manche seien wissenschaftlicher, andere religiöser, traditioneller oder kultureller Natur. In seinem Artikel geht es um Verschwörungstheorien (misleading theories) und Irrglauben rings um Corona und darum, wie die Kirche darauf reagiert.

„Schwarze Menschen sterben nicht an Corona"

Als das Virus im Dezember 2019 in China entdeckt wurde, führte es dort zum Tod von über 4000 nicht-schwarzen Menschen, später folgten Infektionen in Italien, Spanien, Großbritannien, USA und Brasilien. Daraus entstand die irreführende Theorie, dass schwarze Menschen immun gegen die Krankheit seien. Angesichts der höheren Zahl von Weißen, die in China, Europa, USA und Südamerika an der Krankheit starben, hielt man daran fest, dass nur Weiße anfällig seien und Schwarze nicht daran sterben könnten.

Dass es in China und Europa angeblich keine Fälle von Schwarzen gibt, die an Corona sterben, könnte damit erklärt werden, dass dort vor allem die junge schwarze Generation studiert oder einer Arbeit nachgeht, und die jungen Menschen waren im Vergleich zu den Senior*innen weniger von der Pandemie betroffen. Für Europa und die USA, wo es eine größere Anzahl von Senior*innen als in Afrika gibt, könnte man eine demografische Erklärung in Bezug auf weniger Todesfälle in Afrika und mehr Todesfälle anderswo finden.

Später aber zeigte sich, dass proportional gesehen Schwarze in den Vereinigten Staaten stärker von Corona betroffen waren als Weiße, da sie weniger Zugang zu Gesundheitsdiensten haben. Darüber hinaus wurde deutlich, dass selbst in Tansania und in ganz Afrika Schwarze an Corona erkrankten, insbesondere diejenigen, die ins Ausland gereist waren oder Kontakte zu Geschäftsleuten in den Städten hatten. Es starben und sterben immer noch viele Menschen an der Krankheit. Darum mussten Gegenmaßnahmen ergriffen werden, insbesondere das Händewaschen, das Tragen von Masken und die Abstandsregeln, damit sich die Menschen nicht infizieren.

Anfällig für diese Verschwörungstheorie, dass Schwarze nicht an Corona sterben, waren anfangs vor allem die Landbevölkerung und weniger gebildete Menschen in den Städten, die ihr Leben wie gewohnt weiterführten und dachten, die Krankheit sei für Weiße und nicht für Schwarze. Sie trafen keine Vorkehrungen, weshalb sie sich mit dem Virus infizierten.

„Das Virus ist in einem warmen Klima kein Problem“

In den Sozialen Medien kursierte ein Dokument, in dem behauptet wurde, dass das Corona-Virus unter warmen klimatischen Bedingungen keine Bedrohung darstellt, sondern vor allem in kalten Klimazonen problematisch sei. Grund für diese Annahme war die Beobachtung, dass das Virus in den Ländern, in denen gerade Winter war, schnell ausbrach und sich rasch verbreitete.

Weil sie das Virus mit einer Grippeinfektion in Verbindung brachten, die in der kalten Jahreszeit auftritt, hofften viele Menschen in den Winterzonen auf den Sommer. Und die Menschen in Gebieten mit warmen Temperaturen wie in Afrika dachten, dass das Virus sie deshalb nicht befallen könnte. Auch diese Annahme führte dazu, dass sich manche Afrikaner*innen nicht an die Schutzmaßnahmen hielten, weshalb es zu weiteren Erkrankungen kam – ein klarer Widerspruch zu dieser Theorie. Es kann zwar etwas Wahres dran sein, da viele afrikanische Länder lange Zeit nicht ernsthaft betroffen waren. Aber angesichts der Infektionen und Todesfälle, die das Virus mittlerweile auf dem Kontinent verursacht hat, kann sich diese Theorie nicht auf eine allgemeine Schlussfolgerung stützen.

„Das Corona-Virus ist wie eine normale Grippe“

In Afrika, insbesondere in Tansania, haben wir manchmal eine Form der Grippe, von der viele Familien gleichzeitig betroffen sind und die bei einigen alten Menschen sogar zum Tod führt. In der Region Kagera etwa wurden in der Vergangenheit – vor dem Einsatz westlicher Medizin in der Behandlung – deshalb sogar betroffene Familien unter Quarantäne gestellt. Aber heutzutage ist eine solche Grippe nicht mehr lebensbedrohlich. Sie beeinträchtigt die Gesundheit der Menschen nur für eine gewisse Zeit.

Deshalb hielten einige das Corona-Virus für eine gewöhnliche Grippe und ignorierten die Schutzmaßnahmen. Erst als sie sahen, wie ihre Mitmenschen starben, wurde ihnen klar, dass es sich um eine tödliche Krankheit handelt, die mehr Aufmerksamkeit und mehr Ernsthaftigkeit erfordert. Auch an diesem Beispiel kann man sehen, wie solche Theorien Menschen in die Irre führen und Todesfälle verursachen, die vermeidbar gewesen wären.

„Ein Mund-Nasen-Schutz ist nur für bereits Erkrankte“

Es gab viele Theorien bezüglich der Verwendung von Masken. In einigen Sozialen Medien verbreitete sich die Information, dass sie nur für erkrankte Menschen gedacht seien. Sie sollten verhindern, dass die Krankheit auf andere Menschen übertragen würde. Auf die Frage, warum dann Ärzt*innen bei Operationen einen Mund-Nasen-Schutz tragen, wurde erwidert, dass sie sich damit vor einer Ansteckung durch den Patient*innen schützen würden. Dies veranlasste einige Menschen dazu, den Gebrauch von Masken zu ignorieren. Später stellte sich heraus, dass Masken sowohl kranken als auch gesunden Menschen dienen: Der kranke Mensch schützt dadurch seine Mitmenschen, und auch ein gesunder Mensch ist dem Virus nicht mehr schutzlos ausgesetzt.

„Gebete können die Krankheit abwehren“

In Tansania, wie auch in vielen anderen afrikanischen Ländern, schießen christliche Konfessionen wie Pilze aus dem Boden. Einige radikale pfingstlerische oder charismatische Kirchen fordern die Menschen dazu auf, nur zu beten und nicht ins Krankenhaus zu gehen. Aber die Menschen sterben dann infolge solcher Lehren, während sie im Krankenhaus behandelt worden wären. Auch als das Corona-Virus auftauchte, dachten einige Menschen, dass ihnen nur noch Gebete helfen könnten – so schwer waren sie von der Krankheit betroffen. Der richtige Weg wäre es aber gewesen, zu beten und gleichzeitig auch die medizinischen oder gesundheitlichen Regeln zu befolgen.

„Traditionelle Medizinmänner können das Virus heilen“

Als das Corona-Virus ausbrach, erklärten einige traditionelle Medizinmänner, die Krankheit heilen zu können. Meist behaupteten sie, die Geister der Ahnen würden sie dazu befähigen und ihnen ein höheres Wissen über die Heilungsprozesse vermitteln. Einige Menschen suchen weiterhin lieber traditionelle Heiler und Heilerinnen auf, als ins Krankenhaus zu gehen.

Weil aber manche traditionellen Heilmethoden im Widerspruch zu modernen Heilmethoden stehen, können sie zum Tod führen. Es gibt allerdings auch Heiler*innen, die den Menschen nicht verbieten, ins Krankenhaus zu gehen, wenn ihre Kräutermedizin versagt. Solche Medizinmänner und -frauen sind für die Gesellschaft nicht gefährlich. Manchmal sind ihre Kräuter in den Heilungsprozessen sogar wirksam.

„Afrikaner*innen sind an viele Viren und Krankheiten gewöhnt“

Während der Corona-Pandemie wurde auch argumentiert, dass Afrikaner*innen nicht schwer von der Pandemie betroffen sein würden. Ihre Körper seien schon seit der frühen Kindheit an verschiedene Viren und Krankheiten gewöhnt und darum auch gegen das Corona-Virus resistent. Diese These existierte vor und nach der weltweiten Ausbreitung der Pandemie.

Andere Beobachter*innen sind aber der Meinung, dass auch in Afrika viele Menschen vom Virus betroffen sind. Aufgrund der fehlenden Statistiken sei jedoch das Ausmaß nicht bekannt, denn der Zugang zu Kontrollmöglichkeiten stellt ein großes Hindernis dar. Auch lässt die Tatsache, dass einige Afrikaner*innen an Corona gestorben sind, einige Zweifel an dieser Theorie aufkommen, dass sie durch Vorerkrankungen geschützt sind.

Was die Kirche gegen den Verschwörungsglauben tut

Die Kirchen in Tansania kämpfen an vorderster Front gegen die Ausbreitung des Corona-Virus. Unmittelbar nach dem Auftreten haben sie ihre medizinischen Expert*innen für die Ausbildung von Personen eingesetzt, die Christ*innen und die Gesellschaft ganz allgemein für vorbeugende Maßnahmen sensibilisieren sollten. Die Gemeinden wurden angewiesen, am Eingang der Kirchen Wasserkanister und Seife zum Händewaschen bereitzuhalten. Die Menschen lernten, anderen nicht die Hand zu geben, ihr Gesicht nicht zu berühren und andere nicht zu umarmen. Sie wurden dazu angehalten, ihren Mund beim Niesen oder Husten mit der Hand oder einem Tuch zu bedecken.

Mit der Zeit musste auch ein Mund-Nasen-Schutz getragen werden. Die Kirche rief die Menschen zum Gebet auf, ohne die Bedeutung von Gesundheitsmaßnahmen gegen die Krankheit außer Acht zu lassen. Dies geschah in Anlehnung an einen Vers aus dem Matthäusevangelium (Kap. 7, 7), in dem Jesus seinen Anhängern sagt, sie sollten beten, aber auch suchen, um zu finden, und anklopfen, damit ihnen aufgetan wird. Außerdem hat die Kirche ihre Gesundheitseinrichtungen mit dem notwendigen Material ausgerüstet, um die Ausbreitung des Corona-Virus zu bekämpfen und die Erkrankten zu behandeln.

Fazit: Kirche und Regierung müssen aufklären

Beim Ausbruch einer Krankheit entstehen viele irreführende Theorien, die eine weitere Ausbreitung und Todesfälle begünstigen. Dies geschah nicht nur in der Corona-Pandemie, sondern auch schon beim Ausbruch von HIV/Aids in den 1980er Jahren. Damals glaubten manche Menschen, die Krankheit sei durch Hexerei und Flüche verursacht worden oder durch den Kauf bestimmter Kleidung auf einem Markt, auf dem es besonders viele Fälle von HIV/Aids gab. Es ist besser, wenn Kirche und Regierung die Menschen darüber aufklären, was die Krankheit tatsächlich verursacht und wie das verhindert werden kann.

Bei der Sensibilisierung der Menschen kommt den Medien, Schulen, Hochschulen, Kirchen und Moscheen eine wichtige Rolle zu. Eine Regierung sollte die Entscheidung über einen Lockdown entsprechend ihrer wirtschaftlichen Möglichkeiten treffen, ob sie für die Bevölkerung sorgen kann, damit die Menschen nicht verhungern oder einer lahmgelegten Wirtschaft zum Opfer fallen. Wenn ein Lockdown beschlossen wird, sollte er nicht zu lange dauern, damit die Wirtschaft nicht völlig zum Erliegen kommt. Es ist besser, den Menschen nach einer kurzen Zeit wieder ihre Freiheit zu lassen, wenn sie gleichzeitig die Schutzmaßnahmen befolgen. Auch das Gebet sollte nicht vernachlässigt werden, denn es stärkt die Menschen in Zeiten der Ungewissheit. Das Gleiche gilt für Seelsorge und Trost während der Krise: Weil sich die Pandemie auf die individuellen, familiären und beruflichen Beziehungen auswirkt, kann es auch zu psychischen Problemen kommen. All das müssen die Kirchen bei einer Krise im Blick haben.

Pfarrer **Dr. Abednego Keshomshahara** ist Bischof der Nordwestdiözese der Evangelisch- Lutherischen Kirche in Tansania (ELCT) mit Sitz in Bukoba. Als Stipendiat der Vereinten Evangelischen Mission (VEM) promovierte er 2008 an der Kirchlichen Hochschule Wuppertal/Bethel. Sein Dissertationsthema war eine Forschungsarbeit zu „Theologie der Armutsbekämpfung in Tansania: Streben nach einer christlichen sozio-ökonomischen und politischen Vision".

Übersetzung aus dem Englischen: **Cornelia Kabus**

VERORTUNGEN – LERNPROZESSE

CLAUDIA WÄHRISCH-OBLAU

WhatsApp-Predigten und Nothilfepakete

Vielfältige Reaktionen von Kirchen in Afrika und Asien

Trotz Ausgangssperre ist ein Pfarrer in Sri Lanka mit dem Motorrad unterwegs, um arbeitslosen Tagelöhnerfamilien Lebensmittel zu bringen. Und in Ruanda bleibt das Gemeindeleben durch WhatsApp-Gruppen und Hauskreise lebendig. Kirchen in Afrika und Asien haben vielfältige, auch theologische Antworten auf die Pandemie gefunden, wie Claudia-Währisch Oblau von der Vereinten Evangelischen Mission (VEM) in Wuppertal erzählt. Nicht selten begegnet ihr bei den problemerprobten Kirchen in der weltweiten Ökumene auch mehr Gelassenheit als in Deutschland.

„In meiner Gemeinde haben wir mehrere Gebetsgruppen, die jetzt für euch in Europa beten", sagte mir Ende Oktober meine kongolesische Kollegin Marthe Maleke Kondemo während einer Zoom-Konferenz. „Wir sehen im Fernsehen, dass bei euch das Leben zum Stillstand kommt und die Straßen leer sind. Gott macht da was mit euch. Er zwingt euch, innezuhalten."

Ich leite die Abteilung Evangelisation der VEM und arbeite mit einem Team von 16 Personen in acht Ländern auf drei Kontinenten. Seit April treffen wir uns einmal pro Monat über Zoom. Wir reden da viel über Corona, denn die Pandemie betrifft uns alle. Vor allem von März bis Mai war es hart: Weltweite Lockdowns. Kirchen waren überall geschlossen, Gottesdienste und Gemeindeveranstaltungen verboten. Die Kirchen sind mit dieser Situation sehr unterschiedlich umgegangen.

Livestream- und Hausgottesdienste parallel

In Indonesien zum Beispiel: Städtische Gemeinden stellten sehr schnell auf Livestream-Gottesdienste um. In ländlichen Gebieten, wo viele Menschen nur über Handydaten aufs Internet zugreifen können, wurden Predigten als Textnachricht über WhatsApp verschickt. Als zentral erwies sich aber eine ganz alte Struktur: Fast alle Kirchen in Indonesien haben die Tradition der wöchentlichen Hausgottesdienste, zu denen sich 10 bis 20 Menschen in einer Nachbarschaft treffen. Die Karo-Batak-Kirche in Nordsumatra zum Beispiel bringt jedes Jahr ein Büchlein mit vorgeschlagenen Bibeltexten, Auslegungen sowie Lied- und Diskussionsvorschlägen für diese Hausgottesdienste heraus. In der Zeit des Lockdowns liefen diese Gottesdienste fast überall weiter, im Zweifelsfall dann nur noch innerhalb einer Familie.

Die anglikanische und die presbyterianische Kirche in Ruanda sind ebenfalls in festen Hauskreisstrukturen organisiert. Auch diese Kreise funktionierten während des Lockdowns weiter und hielten das kirchliche Leben am Laufen. Per WhatsApp wurden Anregungen für die jeweiligen Leitenden verschickt.

Überhaupt: WhatsApp. In dieser Zeit ein unverzichtbares Medium. In vielen Ländern Afrikas und Asiens sind WhatsApp-Nachrichten kostenlos – man kann sie auch verschicken, wenn man kein Geld für Handydaten hat. Ein Segen: Predigten, Lieder, ermutigende Nachrichten und Gebetsanliegen wurden millionenfach geteilt und in Gruppen weiterverbreitet.

Im weißen Talar trotz Lockdowns unterwegs

Aber die Lockdowns betrafen ja nicht nur die Kirchen, sondern gesamte Gesellschaften. Das schadete in Afrika und Asien vor allem den Menschen, die als Tagelöhner*innen arbeiten: Teepflückerinnen in Sri Lanka, Motorrad-Taxi-Fahrer in Indonesien oder Marktfrauen in Kamerun standen plötzlich ohne Einkünfte da. Die meisten von ihnen leben von der Hand in den Mund, und ein Tag ohne Einkommen bedeutet einen Tag ohne Mahlzeiten. Überall auf der Welt wurden die Kirchen sofort aktiv, um diesen Menschen zu helfen.

„Bitte betet für mich“, schrieb in diesen Wochen regelmäßig mein sri-lankischer Kollege Ramesh Fernando in unsere WhatsApp-Gruppe. „Ich bin heute trotz Ausgangssperre unterwegs, um Lebensmittelpakete in den Teeplantagen zu verteilen." Dazu schickte er Fotos von sich im weißen Talar mit schwarzer Schärpe. Den trug er, weil Geistliche aller Religionen in Sri Lanka besondere Privilegien genießen. Als Pfarrer erkennbar ließ man ihn an Straßensperren passieren.

Auch meine indonesischen Kolleginnen und Kollegen verteilten Lebensmittel. Joko Mahendro, Pfarrer in einem kleinen Bergdorf auf der Insel Java, organisierte mit den Bauern aus seinem Dorf einen Lebensmittelaustausch mit einem Dorf in der Ebene: Sein Dorf lieferte Gemüse; die Bauern aus dem Flachland schickten Reis. Und meine Kollegin Onnalenna Kaartze brachte in ihrem riesigen Kirchenkreis im Süden Botswanas alleinstehenden Witwen nicht nur Lebensmittelpakete, sondern auch das Abendmahl. „Die alten Frauen haben keine Handys, sie bekommen keine WhatsApp-Nachrichten", erklärte sie. „Aber Brot und Wein sind in dieser Situation eine Kraftquelle."

Nothilfe: Als Kirchen so sichtbar wie selten

„Wir sind als Kirche so sichtbar wie selten", waren sich meine Kolleginnen und Kollegen in Afrika und Asien einig. „Mit der Verteilung von Lebensmitteln wird sichtbar, dass das Evangelium eine gute Nachricht für die Menschen ist." Das Geld für diese Verteilaktionen kam nur zu einem kleinen Teil aus Spenden aus Deutschland. Die VEM stellte zwar sehr schnell rund eine Million Euro für COVID-19-Nothilfeprojekte zur Verfügung, doch diese Summe war angesichts der großen Notlagen nur ein kleiner Beitrag. Den Großteil brachten die Kirchen selbst auf, durch Spenden ihrer eigenen Mitglieder. „Auch die, die selbst gar nicht viel haben, haben etwas abgegeben", erzählten mir Teammitglieder aus Afrika und Asien. „Die Solidarität war riesengroß."

Dabei ging es den Pastorinnen und Pastoren, die das organisierten, oft selbst nicht gut. Solange keine Präsenzgottesdienste stattfinden konnten, gab es auch keine Sonntagskollekten, und damit keine Gehälter für kirchliche Mitarbeitende. Wo kirchliche Schulen geschlossen waren, konnten wegen des Wegfalls der Schulgelder meist auch keine Lehrerinnen und Lehrer mehr bezahlt werden. Solidaritätsaktionen wie „Care and Share" (deutsche Pfarrer*innen spendeten einen kleinen Teil ihres Einkommens, um Kolleg*innen in Afrika und Asien zu unterstützen) konnten nur die allerschlimmste Not lindern.

„Ich war in dieser Zeit so damit beschäftigt, wenigstens das Nötigste für das Überleben meiner Familie aufzutreiben, dass ich für nichts anderes mehr Zeit hatte", berichtet mein Kollege Talla Waffo aus Kamerun. „Aber dann hat Gott mir eine Frau aus der Gemeinde geschickt, die Lebensmittel brachte und mich daran erinnert hat, dass Gott für uns sorgt, und das stimmt." Joko Mahendro aus Indonesien hat es ähnlich erlebt, wie er erzählt: „Ich muss jetzt mit 60 bis 70 Prozent des indonesischen Mindestlohns auskommen. Das reicht für meine Familie eigentlich nicht. Aber Gott lässt uns nicht allein: Immer bringt jemand mal etwas zum Essen vorbei. Das hat mein Vertrauen auf Gott sehr gestärkt, und mein Verhältnis zu den Menschen um mich herum auch."

Sonderfall Tansania: Hat Gebet Corona vertrieben?

Nur in Tansania war alles ziemlich anders. Zunächst gab es dort zwar auch einen halbherzigen Lockdown, Schulen und Kirchen wurden geschlossen. Aber schon Ende April rief Präsident Magufuli, selbst praktizierender Katholik, zu drei nationalen Fasten- und Gebetstagen auf. Anschließend erklärte er, Gott habe die Gebete erhört und Tansania sei nun corona-frei. Seit Mai ist das Leben in Tansania normal – auf Corona wird niemand mehr getestet, und angeblich gibt es weder Krankheits- noch Sterbefälle. Während des Wahlkampfs für die Parlaments- und Präsidentschaftswahlen im Oktober fanden jede Menge Großveranstaltungen ohne Masken und Abstandsgebot statt. Das kirchliche Leben läuft weiter wie immer; die Kirchen sind voll.

„Gott hat für uns gekämpft", sagt mein tansanischer Kollege Anderson Kipande. „Seit dieser Krise hat sich im Land etwas verändert. Die Menschen haben erfahren, dass Gott handelt, wenn wir beten. Darum kommen die Leute jetzt gern zum Beten zusammen. Sogar Christen und Muslime treffen sich und beten gemeinsam zu Gott, damit er uns weiter vor Corona beschützt." Seine Kollegin Ainekisha Bulaya stimmt zu: „Ja, die Leute treffen sich jetzt häufiger als früher. Und weil niemand krank wird, fühlen sie sich behütet. Das Verhältnis von Christen und Muslimen ist deshalb besser geworden."

Ich höre das und bin skeptisch. Ist Tansania wirklich corona-frei? Ich habe meine Zweifel, denn tansanische Lastwagenfahrer zum Beispiel werden beim Grenzübertritt nach Kenia häufig positiv getestet. Doch öffentlich widerspricht in Tansania niemand dem Präsidenten. Und selbst kritische Beobachter*innen stellen immerhin fest, dass es keine Indizien für einen Gesundheitsnotstand gibt. „Vielleicht ist es ja von Vorteil, dass das Gesundheitswesen in Tansania so schlecht ist", meint ein tansanischer Kollege, der in Deutschland lebt. „Die Leute haben schon so viele Krankheiten durchgemacht, dass sie jetzt einfach robuster sind. Was eigentlich ein Nachteil wäre, schützt sie jetzt."

Hochsaison für Verschwörungsmythen

Auch meiner kongolesischen Kollegin Marthe Maleke Kondemo spüre ich eine gewisse Gelassenheit ab, was Covid-19 angeht. „Wir haben ein paar Fälle hier in Mbandaka gehabt", sagte sie im Sommer, „aber was uns viel mehr Sorgen macht, ist der Ebola-Ausbruch hier". Kondemo berichtet, dass es genügend Impfstoff gibt, so dass alle, die das möchten, sich gegen Ebola impfen lassen können. „Aber die Impfung hat heftige Nebenwirkungen. Meine Kinder und ich waren danach tagelang krank. Darum wollen sich viele nicht impfen lassen. Sie glauben, dass die Impfstoffe in Wirklichkeit schädlich sind. Die Weißen hätten sie entwickelt, um den Schwarzen zu schaden."

Verschwörungsmythen: Damit kämpft mein gesamtes Team. Friska Simamora aus Mentawai in Indonesien erzählt in unserer September-Konferenz: „Hier gibt es immer mehr Leute, die sagen, wir müssten keine Masken tragen oder Abstand halten. Es reicht, wenn wir auf Gott vertrauen und immer beten." Aus Sumatra und Ruanda kommt sofort Zustimmung: „Ja, bei uns sagen das auch viele." Die Gruppe diskutiert intensiv, was sie solchen Statements entgegensetzen soll. Simamora erklärt: „Ich sage den Leuten immer, dass sie doch auch wegrennen, wenn ein Tsunami kommt. Dann bleiben sie doch auch nicht stehen und beten!" Marudur Siahaan aus Nordsumatra ergänzt: „Der Teufel will uns in Versuchung führen. Aber Gott sagt, dass wir uns schützen sollen. Auch dann sind wir in seiner Hand."

In der August-Konferenz diskutiert die Gruppe zwei Stunden lang über theologische Deutungen der Pandemie. Sie begegnen vielen Menschen, die Covid-19 für eine Strafe Gottes halten oder für ein Zeichen des nahenden Weltendes. Darum solle man sich nicht impfen lassen, denn die Impfung sei das Zeichen des Antichristen. Solche Ansichten teilt hier niemand. Covid-19 sei eine Prüfung für unseren Glauben, meinen einige. Andere sehen die Seuche als ein Zeichen von Gott, dass wir Menschen nicht so mächtig seien, wie wir dächten. Aber alle sind sich einig: Die Pandemie kann uns lehren, solidarischer zu sein, uns gegenseitig mehr zu unterstützen. So kann sie auch zum Segen werden.

Aber Marthe Maleke Kondemo reicht das nicht. „Was kann ich eigentlich noch predigen“, fragt sie, „wenn das Leben immer schwieriger wird?“ Es sind ja nicht nur die Seuchen im Kongo, sondern auch Korruption, Kriminalität und alltägliche Gewalt, die den Menschen zu schaffen machen. „Was sage ich Leuten, die sich von morgens bis abends abmühen, und dann wird ihnen das Bisschen geraubt, was sie verdient haben? Gibt es überhaupt noch Hoffnung in diesem Leben? Oder kann ich die Gemeinde nur noch auf den Himmel vertrösten?“ Eine Frage, auf die wir als Gruppe keine Antwort finden.

Gebet für Europa, weil es keine Seuchen kennt

Inzwischen ist es Anfang November. Während Deutschland erneut in den Lockdown geht, herrscht in Indonesien, Ruanda oder Kamerun fast wieder Normalität. Fast überall sind die Kirchen wieder geöffnet, Gottesdienste sind voll. Seminare und Fortbildungen finden statt, nur manchmal noch mit Masken und räumlicher Distanz. Covid-19 ist für die meisten in meinem Team kein so großes Thema mehr wie für mich.

Und ich vermute, dass das eine Menge mit weißen Privilegien zu tun hat. Seuchen, das war in den letzten Jahrzehnten etwas, das nur im globalen Süden gefährlich war. Im Norden haben wir uns daran gewöhnt, dass es uns nicht trifft. Gegen HIV haben wir gute Medikamente; Malaria, Dengue oder Zika kommen bei uns nicht vor. Covid-19 ist die erste Seuche, die auch bei uns das Leben auf den Kopf stellt.

Marthe Maleke Kondemo aus dem Kongo sieht das ganz klar. „Wir kennen uns aus mit Seuchen, für euch ist das neu. Darum müssen wir jetzt für euch in Europa beten." Auch Ainekisha Bulaya aus Tansania erzählt, dass in Tansania die Fürbitte für andere Länder immer wichtiger wird.

Aber die Bedrohung durch Corona ist auch im globalen Süden noch nicht vorbei. Letzte Woche kam eine WhatsApp-Nachricht von Ramesh Fernando aus Sri Lanka: „Die Westprovinz steht jetzt komplett unter Quarantäne. Morgen fahre ich wieder los und verteile Lebensmittelpakete. Sogar ein buddhistischer Mönch hat mich angerufen und um Hilfe gebeten. Ich bringe ihm auch Essen vorbei."

Pastorin **Dr. Claudia Währisch-Oblau** leitet die Abteilung Evangelisation der Vereinten Evangelischen Mission (VEM) in Wuppertal.

JOHN VICTORY URASSA und SUSANN KÜSTER-KARUGIA

„Alle hatten Angst vor mir“

Erfahrungen eines Freiwilligen-Rückkehrers aus Tansania

Hunderte von jungen Freiwilligen mussten im März 2020 zu Beginn der Corona-Pandemie ihre internationalen Einsatzstellen teils überstürzt verlassen und in ihre Heimatländer zurückkehren: Nord-Süd-Freiwillige kamen zurück nach Deutschland, Süd-Nord-Freiwillige gingen von hier zurück in alle Welt. Einer von ihnen ist der 26-jährige Tansanier John V. Urassa, der in Leipzig war. Susann Küster-Karugia von der Leipziger Mission hat aufgezeichnet, wie er nach seiner Rückkehr aus dem „Hochrisikogebiet Europa“ zunächst wie ein Aussätziger behandelt wurde.

Eigentlich sollte mein einjähriger Freiwilligendienst in Deutschland erst Ende März 2020 enden. Wegen der Zuspitzung der Situation rings um Corona hat das Leipziger Missionswerk jedoch entschieden, dass ich bereits drei Wochen früher zurück nach Tansania sollte. Zu dieser Zeit war ich voller Emotionen: Da war der große Abschiedsschmerz in meiner Einsatzstelle, einer Kindertagesstätte in Leipzig, der Abschied von den Kindern, Eltern und Kolleg*innen, aber auch der Abschied von meinen Mitbewohner*innen und den anderen Freiwilligen aus aller Welt. Es war ein ganz schlimmer Moment, als wir die Nachricht bekamen, dass wir früher ausreisen sollten, denn ich hatte eigentlich geplant, mich nach und nach zu verabschieden.

Aber ich hatte auch einfach Angst. In Deutschland war Corona längst angekommen und jetzt sollte ich all die lieb gewordenen Menschen in dieser Situation zurücklassen. Das tat mir weh. Dazu kam die Überlegung: Wenn ich mich in Deutschland infiziert hätte, wäre ich bestimmt gut versorgt worden, ich hatte eine Krankenversicherung. Aber in Tansania… Da hatte ich keine und wusste auch nicht, wie die Versorgung rings um Corona sein würde. Außerdem hatte ich auch wirklich große Angst, meine Mitmenschen in Tansania anzustecken, falls ich infiziert sein sollte.

Also entschied ich mich nach der Ankunft erstmal in Selbstquarantäne zu gehen. Zuhause sein hieß für mich auch sonst, alleine zu leben, weil meine Familie aus verschiedenen Regionen kommt. Deshalb lebte ich schon vor meinem Freiwilligendienst alleine in meiner eigenen Wohnung in Moshi, das ist die Provinzhauptstadt der Region Kilimandscharo im Nordosten von Tansania. Aber was ich wirklich unterschätzt hatte: Niemand wollte mich treffen. Schließlich kam ich gerade aus dem Hochrisikogebiet Europa. Wenn ich nur aus der Tür trat, riefen mir die Leute „Corona“ zu oder zeigten mit dem Finger auf mich: „Schau, der hat Corona eingeschleppt.“ Kein Gruß. Kein „Wie geht‘s?“. Keine Wiedersehensfreude. Ich fühlte mich allein und ausgeschlossen. Bis heute spreche ich nicht mehr mit diesen Leuten. Es hat mich so verletzt, dass meine eigenen Nachbar*innen und Bekannten sich so verhielten. „Wäre ich doch bloß in Deutschland geblieben“, dachte ich oft. Aber es nützte nichts, darüber nachzudenken, ich war ja nun mal wieder zurück.

In den nächsten Tagen verschanzte ich mich in meiner Wohnung. Wütend, traurig, einsam. Und das an dem Ort, an dem man eigentlich nie allein ist – in Tansania! Zum Einkaufen rief ich mir ein Bodaboda (Motorradtaxi) aus einem anderen Stadtteil, denn die Anbieter um die Ecke wollten mich nicht mehr mitnehmen. Ich fuhr nur abends, wenn es schon dunkel wurde los in Richtung Markt, kaufte schnell das Nötigste und dann ging es sofort wieder nach Hause. Sogar meine Freunde waren sehr distanziert und riefen höchstens mal an. Dabei war ich ja schon in Quarantäne. Was sollte ich denn noch tun?

Ich war voller Zweifel und wenn man allein ist, wird man krank. Das ist ja wohl klar. Nach ein paar Tagen hatte ich das Gefühl, Fieber zu bekommen. Insgesamt ging es mir nicht gut, ich war ganz wackelig. „Das fühlt sich an wie Malaria“, dachte ich. Ich rief wieder ein Bodaboda und fuhr zum Krankenhaus. Da ich noch keinen tansanischen Personalausweis hatte, legte ich meinen Reisepass vor. Der Rezeptionist war wohl neugierig und dann wurde er sehr nervös, als er das Visum aus Deutschland sah.

Als ich dann tatsächlich auch noch erhöhte Temperatur hatte, wurde ich sofort stationär aufgenommen und in ein Einzelzimmer gesteckt. Dabei hatte ich gar keine Kleidung zum Wechseln mit und war nicht auf einen Krankenhausaufenthalt vorbereitet. Schließlich hatte ich überhaupt keine Anzeichen von Corona, kein Halsweh, keinen Husten. Aber alle waren sehr vorsichtig, niemand kam mir nahe, niemand redete mit mir. Schließlich kamen zwei Menschen vom Gesundheitsamt und machten einen Corona-Test. Ich sagte, ich habe doch gar keine Symptome, aber ich bekam keine Antwort und sie behielten mich da.

Das Ergebnis kam aber tagelang nicht. Mein Fieber war weg und auch sonst fühlte ich mich nicht krank. Das Problem war nur die Versorgung. In Tansania werden wir im Krankenhaus normalerweise von Angehörigen versorgt. Aber mich wollte ja schon Zuhause niemand besuchen – noch weniger jetzt mit Verdacht auf Corona. Schließlich erbarmte sich ein Freund, jeden Tag etwas zu essen und zu trinken für mich abzugeben.

In der Zeit schrieb ich unzählige Mails an die Krankenhausleitung und auch nach Daressalam an das einzige Labor für Corona-Tests. Es redete ja niemand mit mir. Vermutlich waren sie von meinen Mails genervt und haben dann entschieden, dass ich schon zu lange in diesem Krankenhaus sei. Oder vielleicht war ich ja wirklich positiv. Ich zweifelte daran.

Wie auch immer. Am fünften Tag kamen sie und teilten mir mit, dass ich in ein sogenanntes Corona-Krankenhaus verlegt werden sollte. Ein stillgelegtes Krankenhausgelände außerhalb der Stadt. Mir wurden meine bereits benutzen Bettlaken in die Hand gedrückt mit den Worten: „Die brauchen wir jetzt nicht mehr.“ Dann kamen Männer in Schutzkleidung, führten mich zu einem Krankenwagen und ich wurde mit fünf anderen zusammen in dieses Corona-Krankenhaus gefahren.

Dort gab es ein Frauen- und ein Männerzimmer. Ich kam mit acht weiteren Männern in einen Raum. Die Betten hatten nur wenig Abstand und es war schmutzig und stank. Alles um mich herum hustete, keuchte und jammerte. Ich traute mich nicht, unter meiner Decke hervorzukommen. Ich hatte nur einen Mund-Nasen-Schutz und meine Bettlaken. Ob ich mich so schützen konnte? Ich war total nervös und konnte nicht schlafen.

Aber es gab kein Personal, das nach uns schaute. Ein Arzt oder eine Ärztin, eine Pflegekraft, irgendwer? In meiner Thermoskanne hatte ich noch etwas Uji (flüssigen Maisbrei) vom Vortag. Ob es hier sonst noch was zum Essen gab? Auf jeden Fall war schon wochenlang nicht mehr gefegt oder gewischt worden und niemand hatte das Bettzeug gewechselt. Ich hatte solche Angst. Wie lange sollte ich hierbleiben? Würde ich mich hier womöglich wirklich anstecken? Und müsste ich dann sterben?

Am nächsten Tag kamen vier weitere männliche Patienten und dann auch endlich ein Ärzteteam. In gelben Schutzanzügen wankten sie durch das Patientenzimmer und sprachen mit jedem einzelnen. Ich fragte, wann ich nach Hause könnte und nach dem Essen. Es hieß, dass man die Patienten erst nach einem negativen Test entlassen würde, die Versorgung müssten die Angehörigen übernehmen. Sie könnten das Essen am Rand des Geländes abstellen, ohne die Abgrenzung zu übertreten und auch wir dürften sie niemals übertreten.

Da im Frauenraum nur eine Patientin war, konnte ich die Ärzt*innen überreden, das Zimmer zu wechseln. So hatte ich endlich viel Abstand zu den wirklich kranken Menschen und kam zur Ruhe. Langsam wurde ich mutiger und entschied, die Zimmer zu fegen, zu wischen und die Bäder zu putzen. „Auch wenn wir wie Aussätzige behandelt werden, haben wir eine Würde", dachte ich.

Als meine Zimmergenossin eines Nachts eine schlimme Panikattacke hatte, gab ich ihr ein Beruhigungsmittel. Es gab ja kein Fachpersonal. Da ich der Kräftigste war, übernahm ich diese Verantwortung. Aber es machte mich auch sehr wütend! Eines Tages zeigte mir ein Arzt, wie man Temperatur misst und den Blutdruck. Was dann folgte, war eigentlich unglaublich: Von nun an kamen die Teams manchmal tagelang nicht. Sie riefen mich einfach an und sagten: „John, kannst du bei dem und dem Blutdruck messen, bei dem nächsten die Temperatur und gib jenem folgende Medikamente ..." Das war krass! Einmal war vier Tage niemand da, vier Tage!

Dann wurde ein weiterer Test bei mir gemacht. Der andere war angeblich verschwunden. Und dann noch einer. So vergingen 21 Tage, die sich anfühlten wie auf einer Aussätzigenstation. Jeden Tag brachte mir mein Freund eine warme Mahlzeit und einen Obstsalat. Jeden Tag brauchte er 8.000 Tansania-Schilling (ca. 3 Euro) für ein Bodaboda zum Krankenhaus raus. Für das Essen wollte er aber kein Geld haben, Gott sei Dank. Ob ich am Ende für das Krankenhaus auch noch bezahlen musste, wusste ich ja auch noch nicht.

Mit dem Handy schrieb ich viele E-Mails an die Gesundheitsministerin unserer Region. Ich war entsetzt über die Situation, den Umgang, die Würdelosigkeit. An einem meiner letzten Tage kam die Ministerin tatsächlich vorbei. Sie blieb auf Abstand, aber sie fragte uns alle, ob das so stimmte, was sie gehört hatte und dann schien auch sie entsetzt zu sein. Aber ob sich etwas geändert hat, weiß ich nicht.

Nach gut drei Wochen wurde ich dann endlich entlassen. Aber nicht einfach so. Ein Gesundheitsbeauftragter begleitete mich nach Hause und kontrollierte, ob ich wirklich alleine lebte und die nochmals auferlegte Quarantänezeit auch tatsächlich umsetzen konnte. Er kam übrigens noch mehrmals ohne Ankündigung vorbei und schaute, ob ich die Quarantäne wirklich einhielt. Ob ich zu irgendeinem Zeitpunkt tatsächlich corona-positiv war, weiß ich bis heute nicht. Was ich aber durch diese Erfahrungen direkt nach meiner Rückkehr aus Deutschland weiß, ist, wie es sich anfühlt, diskriminiert zu werden und Todesangst zu haben.

John Victory Urassa (26) ist ausgebildeter Erzieher für Montessori-Pädagogik in der Norddiözese der Evangelisch-Lutherischen Kirche von Tansania (ELCT) und hat 2019/20 einen Bundesfreiwilligendienst in einer Kindertagesstätte in Leipzig gemacht. Nachdem die wegen Covid-19 geschlossenen Bildungseinrichtungen in Tansania im Juni 2020 wieder öffnen durften, ist er an seine alte Arbeitsstelle in Moshi zurückgekehrt, der Hauptstadt der Region Kilimandscharo nahe Kenia. Dort erarbeitet er unter anderem Unterrichtsmaterial für die Montessori-Kindergärten der ELCT in der Norddiözese.

Susann Küster-Karugia, Afrikanistin und Religionswissenschaftlerin, ist Referentin für Freiwillige und Internationale Jugendprogramme im Evangelisch-Lutherischen Missionswerk Leipzig. Sie hat selbst eine Zeit lang in Tansania gelebt, spricht fließend Swahili und hat die Geschichte von John V. Urassa für das Jahrbuch Mission aufgeschrieben.

JOHANNA VON GAYL

„Rückkehr im Sturzflug“

Eine Freiwillige berichtet: Von Tansania zurück nach Deutschland

Eigentlich wollte Johanna v. Gayl (20) im Rahmen ihres weltwärts-Freiwilligendienstes mit dem Berliner Missionswerk ein Jahr lang bis Herbst 2020 in Tansania in einem entlegenen kirchlichen Krankenhaus tätig sein. Aber dann bescherte die Covid-19-Pandemie dem Auslandsaufenthalt der damals 19-Jährigen im März 2020 – wie so vielen anderen auch – ein jähes Ende und sie musste zurück. Eine „Rückkehr im Sturzflug“, wie sie es nennt, der eine längere Zeit der Fremdheit und Entwurzelung in Deutschland folgte.

Wenn man an einem Ort lebt, von dem aus man nach Osten auf ein wolkenverhangenes Gebirge schaut, nördlich auf eine Ebene mit grünen Feldern und grasenden Kühen, im Westen die Umrisse eines anderen Landes erahnt und sich im Süden ein 600 Kilometer langer See erstreckt, der am Horizont eins mit dem Himmel wird und mit Wellen so groß wie die eines Ozeans, wenn man also an so einem Ort lebt, dann fühlt man sich physisch vom Rest der Welt abgeschieden – manchmal vergisst man sogar, was sich hinter diesen gewaltigen Elementen abspielt.

Mein Leben in dem kleinen Dorf Matema im Südwesten Tansanias am Nyassa-See, wo ich im September 2019 meinen Freiwilligendienst begann, spielte sich in diesem Mikrokosmos ab. An diesen malerischen Fleck Erde gelangt man nur nach vielen Stunden Fahrt über schmale Serpentinenstraßen, vorbei an unzähligen Reisfeldern und Bananenplantagen. Dass mir irgendetwas dieses neue Leben mit einem Mal wieder wegnehmen könnte, habe ich damals in meinen wildesten Träumen nicht erahnt. Aber so kam es – Mitte März 2020.

Die räumliche Unerreichbarkeit Matemas konnte mich nicht vor den Nachrichten über ein fremdartiges Virus schützen. Mein friedliches Leben dort wurde von den Neuigkeiten überrollt und so sah ich mich nach nur einem halben Jahr gezwungen, meine außergewöhnliche Zeit frühzeitig abzubrechen. Nach jenem Anruf der Verantwortlichen vom Berliner Missionswerk an einem Montag im März wusste ich, dass keine Zeit für emotionales Verabschieden oder Hinterfragen war, sondern dass ich nun funktionieren müsste. So lange, bis ich wieder in meinem Heimatland Deutschland sein würde und somit der Gefahr, die man einem Verbleib in meinem Einsatzland zuschrieb, sicher entkommen wäre. Die Ungewissheit machte Angst und erforderte doch rationales und verantwortungsvolles Verhalten. Und auch, wenn sich alles in mir zusammenzog und im Alltag Matemas noch nichts von einer Krise zu merken war, wusste ich zu dem Zeitpunkt, dass die Entscheidung für mich getroffen worden war.

Dass Deutschland zu diesem Zeitpunkt schon über 6000, wenige Tage später sogar 18000 Infektionsfälle zählte und Tansania noch keinen einzigen, erschwerte es mir, Verständnis bei meinen tansanischen Freundinnen und Freunden und dem Krankenhauspersonal zu finden. Warum ich nicht bei ihnen in Sicherheit bleiben würde, fragten sie mich. Ich versprach, bald wiederzukommen und ließ die Hälfte meiner Habseligkeiten im Kleiderschrank.

Jetzt im Rückblick wird mir immer deutlicher, dass die Corona-Krise in Deutschland eine andere gesundheitspolitische Brisanz hat als in Tansania. Wenn man wie dort täglich mit existentiellen Fragen konfrontiert ist, scheinen die Folgen einer Covid-19-Erkrankung womöglich weniger bedrohlich. In Deutschland schränken wir unser Leben maximal ein, um unser Gesundheitssystem handlungsfähig zu halten und zu entlasten und um jedem erkrankten Menschen eine Versorgung zu ermöglichen. In Matema dagegen haben nur wenige Menschen eine Krankenversicherung. Nicht selten musste ich miterleben, dass Erkrankte das Krankenhaus frühzeitig verließen, da das Geld für die Behandlung nicht mehr ausreichte. Tagtäglich war der Krankenhausalltag von kleineren und größeren Krisen geprägt, wie dem Fehlen von sterilen Handschuhen, Medikamenten oder fließendem Wasser. In ganz Tansania gibt es für 55 Millionen Einwohner*innen nur 100 Intensivbetten.

Matema war im März 2020 inzwischen mein Zuhause geworden. Mein deutsches Leben schien eine Unendlichkeit entfernt. Ich sprach recht gut Kiswahili, sang im Kirchenchor mit und meine Tätigkeit in meiner Einsatzstelle im Dorfkrankenhaus erfüllte mich. Endlich hatte ich das Gefühl, nützlich zu sein. Wenn ich auf dem Markt Gemüse und Obst kaufen ging, kannte ich den Großteil der Menschen und durch die Grüße, die mir zugerufen wurden, fühlte ich mich der Dorfgemeinschaft zugehörig.

Die deutschen Rückholaktionen für uns Freiwillige in Tansania verliefen gut. Ich hatte das große Glück, noch einen Inlandsflug nach Daressalam zu ergattern, sodass ich keine weit über 20 Stunden lange Autofahrt machen musste. Leider gab es für einige andere Freiwillige keine Alternative zur Strecke über Land und als sie endlich in Daressalam ankamen, nahm sie aufgrund der Ausnahmesituation keine Unterkunft mehr auf, sodass sie nach dieser anstrengenden Reise im Flughafen übernachten mussten.

Zwischen der Nachricht des Abbruchs und unserer Rückreise kippte auch in Tansania die Lage. Kurz nach dem ersten ermittelten Corona-Fall wurden zeitweise alle öffentlichen Einrichtungen bis auf die Kirchen geschlossen. Inzwischen hat Präsident Magufuli das Land als „covid-frei" erklärt. Schließlich sind wir mit einem der letzten planmäßigen Flüge über Istanbul nach Deutschland gelangt; schon einen Tag später war es sehr viel komplizierter. Als wir Freitagabend in Berlin-Tegel ankamen – vier Tage nach dem Rückruf – fiel ein enormer Druck von mir ab.

Rückblickend hat mir der Corona-bedingte Abbruch vor Augen geführt, dass ein Freiwilligendienst fragil ist und Freiwillige sich ganz allgemein in einem temporären Ausnahmezustand befinden. Ich habe versucht, ein Teil der Gesellschaft vor Ort zu werden, dazuzugehören, menschliche Bindungen aufzubauen und so viel wie möglich von der Kultur aufzusaugen. Aber dabei vergisst man leicht, dass man Gast ist. Und sobald eine Krise ausbricht, wird man wieder zur Deutschen, die aufgrund ihres enorm privilegierten Hintergrundes im nächsten Moment in ein Flugzeug steigt, das sie zurück auf ihren als sicher geltenden Kontinent bringt. Von einer Freundin und Kollegin wurde ich innerhalb eines Augenblickes wieder zur Fremden, die sich im Moment der Gefahr zurückzog.

Die Zeit nach meiner Rückkehr war herausfordernd. An dem Abend, an dem ich im kalten Berlin ankam und bei meinen Eltern auf dem Parkettboden saß, konnte ich nicht begreifen, wo ich war. Ich spürte zwar, dass ich körperlich im vertrauten Wohnzimmer saß, aber meine Seele hing noch irgendwo auf der Strecke. Sogar gegenüber vertrauten Menschen in Deutschland fiel es mir schwer, ihnen meine Erlebnisse nahezubringen und meine Zerrissenheit zu erklären. Ich musste einsehen, dass ich diesen Schatz nur für mich in meinen eigenen Erinnerungen bewahren konnte und dass der Facettenreichtum meiner Erfahrungen schlichtweg nicht durch Fotos und Erzählungen vermittelt werden kann.

Das ist sicherlich für jede*n Freiwillige*n nach der Rückkehr eine Schwierigkeit, aber der abrupte Abbruch hat diesen Konflikt verschärft. Das Sozialleben in Berlin war zusätzlich stark durch den Lockdown eingeschränkt und zeigte mir eindrücklich den Unterschied zu meinem vorherigen Leben in Matema. Durch die Kontaktbeschränkungen vereinzelten wir. Man mied Menschen und verbrachte die meiste Zeit drinnen. Dieses Verhalten hätte konträrer nicht sein können zu der Lebensweise in Matema, wo man sich vor allem in der Gemeinschaft wertvoll fühlt, man sich durch sein soziales Umfeld definiert und abhängig voneinander ist.

Der Prozess des Ankommens in Deutschland dauerte. Auf den Seminaren, an denen wir alle für den Freiwilligendienst teilgenommen hatten, war dem Abschied vom Einsatzland große Aufmerksamkeit gewidmet worden. Man solle sich zwei Monate vor der Heimreise mental auf die Rückkehr einstellen und sich innerlich von Woche zu Woche verabschieden, hieß es. Diesen Prozess hätte ich gebraucht. Besonders weil mein Leben in Tansania so grundlegend anders war, als mein Leben in Berlin, in das ich mich wieder eingliedern musste.

Es hat sich anfangs wie zwei Realitäten, wie zwei Welten, angefühlt und beiden gerecht zu werden, schien unmöglich. Aber ich bekam nicht die Zeit, um über die Kluft der Andersartigkeit eine Brücke zu schlagen, sondern fühlte mich wie eine Pflanze, die rausgerupft und an einem neuen Standort mit anderen Lichtverhältnissen und anderer Bodenbeschaffenheit einfach wieder eingepflanzt wurde. Statt einer sachten Rutsche war die ungewollte Rückkehr ein Sturzflug.

Ich musste lernen, die Trauer des Abbruchs nicht alles überschatten zu lassen, sondern die Ereignisse getrennt zu sehen. Ich wollte weiterhin Kontakt mit meinen Freundinnen und Freunden aus Matema halten, aber wenn ich von ihnen hörte, wurde ich traurig und hatte ein schlechtes Gewissen, sie so überstürzt verlassen zu haben. Das führte dazu, dass ich den Kontakt nach Tansania fast einstellte und mich voll auf mein Leben in Berlin konzentrierte.

Wir Freiwilligen des Jahrgangs 2019/20 haben alle individuelle Erfahrungen mit den Corona-Auswirkungen auf unsere Rückkehr nach Deutschland gemacht, die Nachricht traf uns unterschiedlich vehement und überraschend: Die Palästina-Freiwilligen waren zu dem Zeitpunkt schon seit zwei Wochen im Lockdown, eine Mitfreiwillige, die in Lanzhou in China war, hatte bereits einen monatelangen Lockdown hinter sich und in ihrem Alltag stellte sich im März langsam wieder Normalität ein – aber auch sie wurde zurückgeholt. In Tansania gab es zu der Zeit noch keinen einzigen Corona-Fall.

Ich bin dankbar für die umfangreiche Betreuung durch das Berliner Missionswerk vor und während des Freiwilligendienstes und insbesondere nach der Rückkehr. Es tröstet mich, dass wir die Möglichkeit haben, eines Tages erneut einen Freiwilligendienst anzutreten.

Johanna v. Gayl (20) absolvierte 2019/20 einen weltwärts-Freiwilligendienst mit dem Berliner Missionswerk. Ihre Einsatzstelle war das Matema Lutheran Hospital in Tansania, das unter der Trägerschaft der Evangelisch-Lutherischen Kirche in Tansania (ELCT) steht. Aufgrund der Covid-19-Pandemie musste sie ihren Freiwilligendienst im März 2020 kurzfristig abbrechen und nach Berlin zurückkehren. Inzwischen hat sie ein Medizinstudium aufgenommen.

NAOMI KISTING

Neuausrichtung und Selbstreflexion

Pandemie verändert ökumenische Partnerschaften

Die Corona-Krise hat das kirchliche Leben vor Ort in Namibia ebenso wie die internationalen Partnerschaftsbeziehungen verändert. Die langjährige Partnerschaftsbeauftragte Naomi Kisting sieht darin jedoch auch Chancen auf eine Neuausrichtung und ein ressourcenschonendes Miteinander.

In normalen Zeiten besteht das Fundament, das ein starkes Wachstum von ökumenischen Partnerschaften ermöglicht, in einer geeinten christlichen Gemeinschaft, die Partnerinnen und Partner, Brüder und Schwestern auf der ganzen Welt miteinander verbindet. Durch das plötzliche Auftreten der Covid-19-Pandemie Anfang 2020 jedoch wurde dieses Fundament tief erschüttert. Alle Regionen der Welt befinden sich im Kampf gegen die Seuche, deren Ende ungewiss ist. Kein Bereich – auch nicht die Kirche Christi als integraler Bestandteil – ist von den schweren Auswirkungen verschont geblieben. Covid-19 hat eine rasche Einschätzung der Lage und eine sofortige Änderung der Prioritäten erfordert. Mitten in der großen Ungewissheit über den nächsten Tag musste alles neu geregelt werden. Das galt auch für die Kirche Christi. Ihr traditionelles Leben war plötzlich unmöglich und es ist nach wie vor schwierig, den Weg zurück zur Normalität zu finden.

Schmerzliche Verbote und ungewohnte Distanz

So mussten auch bei uns in Namibia zum Beispiel wöchentliche Chorproben und Gebetsgruppen eingestellt werden. Jugendgruppen konnten nicht mehr stattfinden. Die Stimme der Blaskapelle bei Beerdigungen und Sonntagsgottesdiensten verstummte. Unsere traditionelle Art und Weise, mit vielen anderen Menschen zusammen Abschied von unseren Lieben zu nehmen, war streng verboten. Begräbnis- und

Hochzeitsrituale waren nicht erlaubt. Die Mitglieder der christlichen Gemeinde konnten plötzlich nirgendwo mehr hingehen, weil der Eingang zum Kirchengebäude – ihrem Quell der Hoffnung und ihrem Ort der Sicherheit – abgesperrt wurde. Auch die geistlichen Leiter und Leiterinnen der Gemeinden mussten zu Hause bleiben.

Ebenso wurde eine Begrüßung per Handschlag oder mit Kuss und Umarmung, wie es vor allem in der christlichen Gemeinschaft in Afrika üblich ist, völlig eingestellt. Es war auch nicht mehr möglich, einen Kreis zu bilden, nebeneinander zu stehen, sich an den Händen zu halten und am Ende des Sonntagsgottesdienstes laut zu singen. Die Sonntagsschule und der Katechismusunterricht konnten nicht fortgesetzt werden, und die Lehrer*innen mussten Alternativen finden, um die Kinder weiterhin auf den großen Schritt ins Christsein vorzubereiten.

Auch die von unseren ökumenischen Partnern finanziell unterstützten Suppenküchen, wo Menschen mit Behinderungen, Rentner*innen und von HIV-Betroffene mit mindestens zwei Mahlzeiten pro Woche versorgt werden, konnten nicht weitergeführt werden. Deshalb gingen diese Menschen hungrig zu Bett, ohne zu wissen, wann sich die nächste Gelegenheit für eine Mahlzeit bieten würde.

Veranstaltungen wie die für Mai 2020 geplante International Companion Consultation mit unseren amerikanischen Partnern wurden bis auf Weiteres verschoben. Die Organisator*innen mussten andere Möglichkeiten finden, um die Beziehungen zwischen den Beteiligten weiterzuentwickeln. Partnerschaftsbesuche wurden abgesagt und die Austauschprogramme für junge Freiwillige mussten sofort abgebrochen werden. Außerdem wurden Vorkehrungen getroffen, um alle Freiwilligen schnellstens nach Hause zu schicken, bevor die internationalen Grenzen geschlossen wurden.

Angst und Unsicherheit, aber auch neue Möglichkeiten

Covid-19 hat uns das genommen, was wir selbstverständlich als zu uns gehörig betrachtet haben. Aber die Pandemie hat uns nicht nur Angst und Ungewissheit über die Zukunft gebracht, sie hat nicht nur

Stigmatisierung und Ablehnung hervorgerufen, sondern sie hat der Welt auch unmittelbar neue Chancen eröffnet – auch der Kirche.

Denn sie hat ein Umfeld geschaffen, in dem auch die jüngere Generation einbezogen wurde: Mit den digitalen Werkzeugen, die zu ihrem täglichen Leben gehören, ließen sich auf perfekte Weise auch für alle anderen in der Kirche neue Wege finden. So konnte man verhindern, dass die Welt zum Stillstand kam. Durch Covid-19 entstand eine Atmosphäre, in der jeder Mensch, jede Familie und jede Regierung die eigene Seele erforschen konnte. Und es verschaffte der Natur eine Atempause, damit sie wieder zu Kräften kommen und sich von den Umweltschäden erholen konnte.

Inmitten der Ungewissheit über die Zukunft angesichts von Covid-19 wurden Alternativen entdeckt und erprobt, die sich als ausbaufähig erwiesen haben. Die Kirche Christi muss daher nicht mehr dieselbe sein wie vorher. Die ökumenischen Beziehungen müssen nicht mehr dieselben sein wie vorher und auch Hochzeiten und Begräbnisrituale nicht.

Es zeigten sich zahlreiche neue Möglichkeiten, um den Menschen das lebendige Wort Gottes zu bringen. Seine Verbreitung kann nicht mehr auf die gleiche Weise erfolgen wie vorher. Aber dafür können längst verlorengegangene wichtige Traditionen wie die Mittwochabend-Gebetsrunden neu belebt werden. Es können wieder Hausbesuche und Gebetsstunden in der Familie wie in alten Zeiten des Christentums stattfinden, was die Beziehungen untereinander verbessern wird. Vielleicht finden wieder mehr Tür-zu-Tür-Besuche der Gemeindeleitung statt und dies wiederum könnte ein Schlüssel für verbesserte Angebote der Diakonie sein.

Die finanzielle Belastung durch internationale Besuche von und zu unseren ökumenischen Partnern kann verringert werden. Der dadurch entstehende Überschuss an Finanzmitteln kann anderen Regionen in der Welt zugutekommen, in denen Bedarf besteht. All diese Veränderungen können integriert werden, ohne das Fundament des Glaubens zu bedrohen, das die ökumenische Welt zusammenhält. Die Ökumene kann nun aus einem anderen Fenster betrachtet werden.

Naomi Kisting ist seit 2013 Koordinatorin für die nationale und internationale Partnerschaftsarbeit der Evangelisch-Lutherischen Kirche in der Republik Namibia (ELCRN) in Windhuk, einer Mitgliedskirche der Vereinten Evangelischen Mission (VEM) in Wuppertal.

Übersetzung aus dem Englischen: **Cornelia Kabus**

MARINA NGURSANGZELI BEHERA

Fürsorge per Lautsprecher

Traditionelle Gemeinschaft im indischen Mizoram

Im entlegenen Bergland im Nordosten Indiens leben rund 40 Millionen Menschen tibeto-burmanischer oder mongolischer Abstammung, die sogenannten Tribals. Zu ihnen gehört auch das Volk der Mizo, wie die Theologin Marina Ngursangzeli Behera erzählt, die selbst aus Mizoram stammt. Lockdowns und Kontaktbeschränkungen haben die sehr gemeinschaftsorientierte Lebensweise der Mizo zwar erschüttert, meint sie, aber sie hat sich in der Krise auch bewährt und niemanden allein gelassen.

Ein Video in sozialen Netzwerken zeigt die leeren Straßen und steilen Treppengänge in einer Stadt in den Bergen. Eine Stimme aus dem Lautsprecher ruft: „Du da unten, in T-Shirt und Shorts, verschwinde von der Treppe!" Ein junger Mann blickt überrascht nach oben in die Kamera. Der Rufer fährt fort: „Ja, du, geh sofort nach Hause oder wir werden dich belangen!" Die Kamera folgt dem jungen Mann, der die Treppe hinunterläuft, bis er aus dem Blickfeld der Kamera verschwindet.

Diese Szene wurde in Aizawl, der Hauptstadt des indischen Bundesstaates Mizoram, während des ersten Lockdowns im März 2020 aufgenommen. Der Nordosten Indiens, der aus acht Bundesstaaten besteht – neben Mizoram noch Assam, Nagaland, Manipur, Arunachal Pradesh, Tripura und Sikkim – ist nur durch einen kleinen Korridor mit dem indischen Festland verbunden und von Ländern wie Bhutan, Bangladesch, China und Myanmar umgeben. Die Mehrzahl der fast 40 Millionen Bewohner*innen dort sind tibeto-burmanischer oder mongolischer Abstammung. Sie verteilen sich auf eine Vielzahl von Stämmen, die sich in Sprache, Religion und regionalem Erbe voneinander unterscheiden. Kulturell und ethnisch passen sie damit eher zu Südostasien als zu Indien.

Das Covid-19-Virus hat diese Staaten ganz unterschiedlich getroffen. Obwohl 99 Prozent der Grenzen des Nordostens international sind, hat das Virus seinen Weg hauptsächlich durch diejenigen gefunden, die in anderen Teilen Indiens arbeiten oder studieren und wegen des landesweiten Lockdowns in ihre Heimat zurückkehrten. Mizoram ist dabei weniger stark betroffen als andere Staaten im Nordosten. Anfang Dezember meldete die Regierung 3994 Fälle, von denen 3784 Menschen sich erholt haben und 204 noch akut erkrankt waren. Sechs Personen aus einer Gesamtbevölkerung von etwa 1,2 Millionen waren bis zu diesem Zeitpunkt an den Folgen der Infektion verstorben.

Strenge Regeln und soziale Kontrolle

Das Volk der Mizo in Mizoram ist ursprünglich mongolischer Herkunft, mehr als 90 Prozent von ihnen sind heute Christ*innen. In einer Zeit, in der es heißt, dass das Virus seine Welttournee im chinesischen Wuhan begonnen habe, ist es vielleicht interessant zu wissen, dass die Überlieferung der Mizo ihren Ursprung auf einen Ort in China zurückführt, vermutlich in der Provinz Szechuan. Der Glaube an einen gemeinsamen Ursprung der Stämme und die Geschichte ihrer langen Migration ins heutige Mizoram teilen alle, die sich als Mizo verstehen. Das verstärkt das Gefühl, ein Volk zu sein, statt getrennte Stämme. Insgesamt gibt es in dem Bundesstaat deutlich weniger soziale Spannungen als in vielen anderen Gegenden Indiens.

Ihr besonderer Status als „Tribals" (Indigene) nach der indischen Verfassung geht mit Einschränkungen für Nicht-Mizo einher, den Staat zu betreten. Die Regierung kontrolliert die Bewegungen von Menschen in den Staat sowie innerhalb des Staates, nun auch um die Ausbreitung zu verhindern. Der erste Corona-Fall wurde offiziell registriert, als ein Mizo-Pastor aus Europa zu seiner Familie nach Aizawl zurückkehrte. Seitdem wurden alle Einreisenden in Quarantäne geschickt. Viele der großen Kirchengebäude, die für Gottesdienste geschlossen waren, wurden als Quarantänestationen genutzt. Gut ausgebildete Pflegekräfte und Ärzt*innen gaben ihr Bestes, um sich um die Erkrankten zu kümmern.

Aus dem anfangs erwähnten Videoclip lässt sich Einiges über Mizoram ableiten. Auch wenn es ein abgelegenes Gebiet zu sein scheint, hat fast jeder in Aizawl ein Mobiltelefon und einen Internetzugang. In den sozialen Medien finden sich viele Videoclips, in denen die Mizo festhalten, wie sie ihre Zeit während des Lockdowns verbringen. Einige zeigen Versuche, die Lockdown-Regeln zu umgehen, wie der junge Mann, der heimlich das Haus verließ. Andere zeigen leere Straßen mit Kontrollpunkten, an denen die Fahrer*innen der wenigen Autos und Motorräder, das häufigste Verkehrsmittel, daraufhin überprüft werden, ob sie eine Ausnahmegenehmigung haben und unterwegs sein dürfen.

Diese Kontrollpunkte werden von Zivilist*innen bewacht, hauptsächlich von jungen Männern, und nicht von der Polizei. Sie sind Mitglieder der Young Mizo Association (YMA), zu der fast alle jungen Männer und Frauen der Mizo gehören. An mehreren Stellen der Stadt haben sie Aussichtspunkte auf hohen Gebäuden eingerichtet, von denen sie jede Bewegung überwachen können. Jeder Stadtteil in Aizawl hat seine YMA-Gruppe, die meisten Mitglieder kennen sich untereinander. Sie betrachten es als ihre Aufgabe, besonders in Zeiten wie diesen, die Gemeinschaft zu unterstützen. So wacht die Gemeinschaft selbst darüber, dass der Lockdown eingehalten wird, und die YMA unterstützt diejenigen, die Hilfe brauchen.

Gemeinschaftsleben und gegenseitige Unterstützung

Gemeinsam Zeit zu verbringen, aufeinander aufzupassen und der Gemeinschaft zu dienen, sind tief im sozialen und individuellen Leben der Mizo verwurzelt. Viele dieser Charakterzüge lassen sich bis zum vorchristlichen Stammesleben zurückverfolgen. Das Gemeinschaftsleben, das in den vorchristlichen Siedlungen geführt wurde, setzt sich heute in Großfamilien fort, die sich die großen und vielstöckigen Gebäude in der Bergstadt teilen.

Auch der Verein der jungen Mizo steht in der Tradition des Zusammenlebens der jungen Mizo-Männer und -Jungen in vorchristlicher Zeit. In einem eigens dafür errichteten Gebäude, dem Zawlbuk, lehrten die älteren Unverheirateten die Jüngeren, was es bedeutet, ein Mitglied des Stammes zu sein. Sie machten sie mit den Überlieferungen vertraut und lehrten sie, die Regeln der Mizo zu beachten. Dieser mündlich überlieferte Kodex betont, dass es wichtig ist, anderen zu helfen, der Gemeinschaft zu dienen und ein ehrliches Leben zu führen. Heute gehören zur YMA auch Frauen selbstverständlich dazu. Die Ausrufe des Dorfansagers wurden in den Städten durch die Lautsprecherdurchsagen der YMA ersetzt, mit denen die Bewohner*innen über alle wichtigen Neuigkeiten informiert werden, auch wenn jemand gestorben ist.

Der christliche Glaube fand ab 1892 seinen Weg zu den Mizo und war rasch sehr erfolgreich, so dass heute die überwiegende Mehrheit christlich ist. Einige wenige Mizo führen heute ihren Ursprung auf die verlorenen Stämme Israels zurück und folgen dem jüdischen Glauben. Die frühen Missionare, hauptsächlich aus dem englischen Wales, arbeiteten in einem kolonialen Umfeld. Doch die Mizo adaptierten die christliche Botschaft aus der Mitte ihrer Tradition heraus und bildeten bereits 1907 ihre eigene Kirche.

Heute gehören 60 Prozent der Christ*innen der presbyterianisch-reformierten Tradition an, 30 Prozent der baptistischen. Diese Kirchen sind sehr missionarisch ausgerichtet. Sie unterhalten Ausbildungszentren für Missionar*innen. Die presbyterianische Kirche unterstützt derzeit etwa 2000 Missionar*innen, die in Indien und auch in verschiedenen Teilen der Welt arbeiten. Inzwischen gibt es auch andere Kirchen in Mizoram wie Pfingstler und die katholische Kirche. Doch in den Gottesdienstformen und dem Besuch gibt es kaum Unterschiede. Vor dem Lockdown besuchte die Mehrheit der Bevölkerung sonntags einen Gottesdienst. In vielen der Kirchengebäude versammelten sich bis zu 2000 Menschen oder noch mehr. Alle in der Familie trugen ihre beste Kleidung und besuchten nicht nur den Gottesdienst, sondern auch den Sonntagsschulunterricht und verbrachten so den größeren Teil des Tages zusammen.

Kirche und christlicher Glaube prägen den Alltag

Während des Lockdowns, in dem viele Kirchengebäude als Quarantänezentren genutzt wurden, hielten die meisten Mizo weiterhin die Gottesdienstzeiten ein. Videoclips zeigen Hunderte von Menschen, die auf die Balkone ihrer 4- oder 5-stöckigen Häuser treten, die in die steilen Berghänge gebaut sind. Sie können die Nachbar*innen, auch die auf der gegenüberliegenden Straßenseite, sehen und dennoch Abstand halten. Sie singen und beten unter freiem Himmel, während die Predigt per Lautsprecher übertragen wird.

Da ihr Leben sehr von der Kirche geprägt ist und die meisten aktiv an deren Programmen teilnehmen, sind die Auswirkungen der Pandemie sowohl auf das kirchliche Leben als auch auf den Glauben deutlich zu spüren. Schon die vorchristliche Tradition legte großen Wert auf ein moralisches Leben, und die Vorstellung vom Leben nach dem Tod hatte einen starken Einfluss auf ihr alltägliches Verhalten. Die vorchristlichen Mizo hatten die Vorstellung von einer Art Himmel, einem Ort namens Pialral. Der Zugang dorthin war jedoch denjenigen vorbehalten, die den Status eines Thangchuah erworben hatten. Dazu mussten sie zu Lebzeiten herausragende Taten vollbringen, wozu das Töten von Feinden und mehrerer vorgeschriebener wilder Tiere gehörte, oder das Organisieren einer Reihe von großen Festen für das ganze Dorf. Nur die guten Jäger und sehr reichen Männer des Dorfes konnten hoffen, solche Taten zu vollbringen und damit nach dem Tod nach Pialral zu gelangen. Mizo-Frauen konnten das aus eigenem Vermögen nicht, da sie weder jagen noch irgendeinen Besitz in ihrem Namen haben durften. Nur als Ehefrauen der Männer, die die Taten vollbracht hatten, konnten sie nach Pialral gelangen.

Die große Mehrheit des Volkes musste sich damit abfinden, an einen Ort namens Mitthi khua (Dorf der Toten) zu kommen. Dort, so der Glaube, würden sie weiterhin ein hartes Leben führen und jeden Tag auf den Feldern schuften, ohne dass ihr Hunger je gestillt und ihr Durst je gelöscht würde. Daher war die Botschaft des christlichen Glaubens sehr ansprechend für sie, dass alle, die an Christus glauben, in den Himmel kommen können. Den christlichen Himmel stellten sich die Mizo dabei wie Pialral vor.

Hoffnung und Zuversicht auf ein Ende der Pandemie

Die Glückseligkeit dieses Himmels und die Bedrohung durch die Hölle waren der Gegenstand vieler Predigten, durch die die Zuhörenden angeleitet wurden, über ihr Leben und Verhalten nachzudenken. Mit der Pandemie kamen Überlegungen auf, ob das Virus eine Strafe Gottes sei oder was Gott seinem Volk zu verstehen geben will. Doch der größte Teil der Predigt und der Gebete der Menschen dreht sich jetzt darum, wie sie die Zeiten der Pandemie bestehen.

Sich an die Regeln zu halten, die zur Eindämmung der Ausbreitung des Virus aufgestellt wurden, wird betont. Viele der Lautsprecherdurchsagen sind Ermutigung oder Aufruf, als gute Christ*innen verantwortlich zu leben. Es gibt weiterhin Prediger*innen, die vor den Folgen der menschlichen Sünden und dem Zorn Gottes warnen, der sich für sie in der Pandemie ausdrückt und den Tod bringt; er könne nur durch die Umkehr der Menschen abgewendet werden, so ihre Botschaft. Doch die allermeisten Predigten fordern dazu auf, die Regeln zu befolgen, sie wollen Hoffnung und Glauben stärken und Zuversicht auf die Überwindung der Pandemie wecken.

Der Tod eines Menschen ist ein bedeutender Moment nicht nur für die trauernde Familie und die Großfamilien, sondern für die ganze Ortschaft. Normalerweise wird ein Leichnam zu Hause aufgebahrt. Wenn ein Mensch im Sterben liegt und während der Aufbahrung besuchen viele das Haus der trauenden Familie und die YMA sorgt die ganze Zeit für Tee und kleine Snacks für die Besucher*innen. Jeder YMA-Zweig hat ein Lager mit Bänken und großen Töpfen und Gasöfen, die dazu nötig sind. Die YMA kümmert sich auch um alle Vorkehrungen für die Beerdigung, wie etwa den Sarg, das Ausheben des Grabes und den Transport des Leichnams vom Haus zum Friedhof.

Die Einschränkungen zur Eindämmung der Infektionen haben die Lebensweise der Mizo, die sehr gemeinschaftsorientiert ist, in ihren Grundfesten getroffen. Zwar besitzt die Mehrheit der Mizo heute Mobiltelefone und die Kommunikation über soziale Medien ist Teil des Alltags. Doch das Zusammenkommen und die Gemeinschaft, die die Identität als Mizo prägen, sind in der Pandemie nicht mehr möglich, und die Restriktionen beeinträchtigen ihre traditionellen Bewältigungsstrategien. Dennoch finden die Mizo auf der Basis des gemeinsamen Erbes und des christlichen Glaubens Wege, wie sie in dieser Zeit zusammen sein und sich gegenseitig unterstützen können.

Im Moment gibt es ernannte und freiwillige Helfer*innen, die ihr Bestes geben, um die Kommunikation zwischen den Gemeindemitgliedern aufrechtzuerhalten und im Namen aller Hilfe und Unterstützung zu leisten. Sie gehören zur YMA oder deren lokalen Arbeitsgruppen, die die ganze Gemeinde vertreten. Es war in der Tat ermutigend zu sehen, wie Pläne gemacht und Maßnahmen ergriffen wurden, um sicherzustellen, dass jeder im Ort etwas zu essen hat. Vielleicht werden die Menschen in der Pandemie-Zeit noch aufmerksamer dafür, welche Familien Probleme haben und melden das der YMA, so dass ihnen geholfen wird.

Dr. Marina Ngursangzeli Behera, Theologin aus dem nordost-indischen Bundesstaat Mizoram, arbeitet am Oxford Centre for Mission Studies (OCMS), Großbritannien. Sie war Dozentin am Ökumenischen Institut Bossey (2012-2016) und Professorin am United Theological College (UTC), Bangalore, Indien (2005-2012).

Übersetzung aus dem Englischen: **Michael Biehl**

ISAAC K. MUYONGA

Noch eine Seuche!

Im Kongo ist Covid-19 eine von vielen Plagen

Der Osten der Demokratischen Republik Kongo (DRK) ist seit mehr als zwei Jahrzehnten Kriegs- und Krisengebiet, in dem Milizen ihr Unwesen treiben, Menschen vertreiben, vergewaltigen und töten. Neben der Ausbreitung von HIV/Aids war die Region mehrfach auch von Ebola betroffen – mit Covid-19 sehen sich die Menschen jetzt einer weiteren tödlichen Herausforderung gegenüber. Die langjährigen Erfahrungen der Kirchen bei der Krisenbewältigung bewähren sich jetzt auch angesichts der neuen Seuche, meint der Mediziner Isaac Muyonga. Außerdem sieht er in der afrikanischen Kultur einen teils anderen Umgang mit Leid und Tod als in Europa.

Die Demokratische Republik Kongo (DRK) zählt zu den fragilen Ländern Afrikas südlich der Sahara und befindet sich in einem langen Prozess der Friedenskonsolidierung. Ihre langjährigen Konflikte haben sich auf alle Lebensbereiche ausgewirkt, auch auf das Gesundheitssystem. Wie schwach es ist, darauf weisen die mehrfachen und dauerhaften Ausbrüche von Cholera, Masern, Ebola und anderen Krankheiten hin. Die Covid-19-Pandemie stellt jetzt eine neue Herausforderung dar, die ein starkes Gesundheitssystem braucht, um sie einzudämmen.

Der erste Fall von Covid-19 in der DRK wurde am 10. März 2020 in der Hauptstadt Kinshasa bestätigt, schnell waren 17 von 26 Provinzen betroffen. Covid-19 ist zwar nicht so tödlich wie Ebola und HIV/Aids, mit denen das Land ebenfalls konfrontiert ist, aber aufgrund von Armut und einer insgesamt schlechten Infrastruktur ist es weitaus ansteckender. Mit fast 83 Prozent der positiven Fälle war Kinshasa im Westen des Landes das Epizentrum der Krankheit. Dieser Artikel befasst sich jedoch mit Erfahrungen aus den gut 2000 Kilometer weiter östlich gelegenen Regionen Nord- und Süd-Kivu. Erst kürzlich gab es hier Ebola und nun gehören sie zu den Provinzen, die am stärksten von Covid-19, HIV, Cholera und Masern betroffen sind.

Infektionsketten sind nur schwer zu unterbrechen

Das Gesundheitssystem in diesen Provinzen weist von der Benachrichtigung der Patient*innen bis hin zur Gesundheitsversorgung ernsthafte Schwächen auf. Ein Patient oder eine Patientin bleibt oft lange Zeit zu Hause, infiziert mehrere Kontakte und wird sehr spät ins Krankenhaus eingeliefert. Manchmal wird die Patient*innen auch zu Hause behandelt: Sie gehen dann entweder zu traditionellen Heiler*innen oder zu privaten Gesundheitseinrichtungen, die nicht in die primäre Gesundheitsversorgung integriert sind. Dieses Verhalten zeigt, dass in den Beziehungen zwischen der Gesellschaft und den Gesundheitsstrukturen etwas nicht stimmt. Es fehlt das Vertrauen in die Gesundheitsbehörden und staatlichen Maßnahmen zur Bekämpfung der Pandemie.

Einerseits gibt es noch keine funktionierende Einrichtung einer gemeindenahen Überwachung, um Verdachtsfälle rechtzeitig zu entdecken und die entsprechenden Informationen an die Gesundheitszentren zu melden. Nur so aber könnten medizinische Fachkräfte die Situation überprüfen und über eine angemessene Versorgung entscheiden. Dieser Ansatz, der die Gemeinde, die Leitungsteams der Gesundheitsdistrikte und das Fachpersonal in den Gesundheitseinrichtungen einbezieht, ist als Reaktion auf Ausbrüche jedoch noch nicht wirksam genug integriert.

Andererseits besteht in etlichen Gesundheitseinrichtungen ein erhöhtes Risiko der Übertragung von Covid-19: Das medizinische Fachpersonal infiziert dann die eigene Familie, wodurch das gesamte Umfeld gefährdet ist. Sowohl in Krankenhäusern als auch am Wohnort kann die Übertragungskette so nur schwer unterbrochen werden. Das liegt an den Arbeitsbedingungen in Krankenhäusern und Gesundheitszentren, aber auch an den fehlenden Instrumenten für die Infektionsprävention und -kontrolle.

Die auffälligsten Probleme in der Gesellschaft sind die Hygiene, der Zugang zu sauberem Wasser sowie soziale oder kulturelle Normen.

Das mangelnde Hygieneverhalten ist eine der Hauptursachen für die Ausbreitung von Infektionskrankheiten in der Region, einschließlich Covid-19. Eine zentrale Ursache für Infektionen ist vor allem fehlendes Händewaschen. Das liegt an der Unkenntnis über richtige Hygienemaßnahmen, am begrenzten Zugang zu Handwaschmitteln und an Problemen bei der Wasserversorgung.

Schwierige Hygiene: Seife, Wasser und religiöse Praktiken

Tatsächlich liegen Trinkwasserstellen oft weit von den Haushalten entfernt. Viele Menschen können es sich nicht leisten, für Wasser oder Seife zu bezahlen. Der erschwerte Zugang zu sauberem Wasser zwingt viele dazu, hygienisch bedenkliches Flusswasser zum Trinken oder für den Haushalt zu verwenden. Die Bevölkerung wird zwar auf die Möglichkeit hingewiesen, Wasser mit geeigneten Produkten aufzubereiten, doch einige Gemeindemitglieder behandeln ihr Trinkwasser nicht, weil sie diese Produkte irrtümlicherweise für giftig halten. Schlechte sanitäre Bedingungen tragen ebenfalls zu diesem unzureichenden Hygieneverhalten bei: Einige Menschen konsumieren auch Lebensmittel oder Wasser, obwohl sie unbedeckt aufbewahrt wurden und dadurch möglicherweise infektiösen Erregern ausgesetzt waren. Oder sie essen Tiere, die an unbekannten Ursachen gestorben sind.

Ebenso verhält es sich mit Latrinen. Auch wenn sie zunehmend benutzt werden, hat doch noch nicht jede*r Zugang dazu. Dadurch kommt es zu einer Überlastung der bestehenden Anlagen, vor allem in den Städten und Slums.

Mangelnde Aufklärung über angemessene Gesundheitsverfahren ist ein weiteres häufiges Problem und spielte auch bei anderen Krankheiten wie Ebola und Masern schon eine Rolle. Tatsächlich ist die Mehrheit der Bevölkerung unaufgeklärt, viele sind Analphabet*innen und begegnen moderner Medizin mit Skepsis. Deshalb verlassen sie sich lieber auf traditionelle Behandlungsmethoden, wenn ein Familienmitglied erkrankt ist, was das Risiko von Erkrankungen, Sterbefällen oder der Ausbreitung von Krankheiten weiter erhöht.

Einige Denominationen, die sogenannten Erweckungskirchen, fördern zudem gewisse religiöse Überzeugungen und setzen die Gemeindemitglieder durch seelsorgerliche Handlungen Infektionen aus, wie zum Beispiel durch das Handauflegen bei einem ansteckenden Patienten. Auch eine Reihe kultureller Überzeugungen und Praktiken, wie der Umgang mit Leichen, tragen zur Verbreitung von Krankheiten bei. In manchen Gemeinden ist es gängige Praxis, den Leichnam eines verstorbenen Familienmitglieds zu waschen, wobei viele Gemeindemitglieder ihn vor dem Begräbnis noch berühren.

Kirche als wichtiger Akteur der Krisenbewältigung

In diesem Kontext arbeitet die Baptistische Kirche in Zentralafrika (CBCA) als religiöse Organisation. Ganz allgemein sind die Kirchen in der Demokratischen Republik Kongo stark in den Bereichen Gesundheit, Bildung und Entwicklung engagiert. Schulen, Universitäten, Gesundheitseinrichtungen, soziale Projekte, kirchliche Radio- und Fernsehstationen sind dafür beredte Beispiele. Mehrere andere Bereiche wie soziales Engagement, Kommunikation und psychosoziale Aktivitäten stehen in Kontakt mit diakonischen Einrichtungen, die in allen Regionen und auch in den abgelegenen Orten in der Provinz Kivu vertreten sind. Daher ist die Kirche als aktive Kraft in der Zivilgesellschaft stark involviert.

Weil es an Schulungsmaterial fehlte, das auf der Heiligen Schrift basierte, verfasste die Kirche zum Beispiel schon während der mehrfachen Ebola-Ausbrüche in den letzten Jahren entsprechendes Material. Das vermittelte den Gemeindeleitungen klare und einfache Informationen über Ebola mit praktischen Maßnahmen, die die Gemeinde ergreifen sollte. Diese Publikation bietet Pfarrerinnen und Pfarrern auch theologische Grundlagen aus der Heiligen Schrift. Sie hilft ihnen, ihren Kirchen und den Menschen, denen sie dienen, über die tiefgreifenden kulturellen Probleme im Kongo nachzudenken, die sich auch auf die Zusammenarbeit ausgewirkt haben, um dem Ebola-Ausbruch ein Ende zu bereiten.

Dieselben Prinzipien sind jetzt auch bei der Bekämpfung von Covid-19 wirksam.

Tatsächlich bietet die Kirche durch konfessionelle Krankenhäuser, Gesundheitszentren und medizinisches Personal aktive Pflege, Unterstützung und Behandlung von erkrankten Menschen an. Die Kirche und ihre Leitungen sind Teil der örtlichen Gemeinden, sie genießen Vertrauen und werden respektiert. Dadurch kann die Kirche mit Autorität und Integrität über Krankheitsausbrüche informieren, auf die alle reagieren müssen, um die Infektion unter Kontrolle zu bringen. Die Kirche kann Herz und Verstand der Menschen erreichen, denen sie dient. Sie kann auf Ängste, Verwirrung, Misstrauen und Besorgnis eingehen, die durch die Ausbrüche ausgelöst werden. Nur wenn all diese Probleme angegangen werden, kann auch der gegenwärtige Ausbruch erfolgreich beendet werden.

Leid und Tod bedeuten nicht immer Scheitern

All diese Maßnahmen sollen zu dem beitragen, was die Weltgesundheitsorganisation (WHO) einen Zustand des vollständigen körperlichen, geistigen und sozialen Wohlbefindens nennt. Es sollte jedoch klar sein, dass dieses Wohlbefinden in der DRK wohl eher eine Utopie ist. Gute Lebensqualität, persönliche Zufriedenheit, ein gewisser Wohlstand, psychische Stabilität, sozialer Erfolg, wirtschaftliche und berufliche Zufriedenheit – das alles ist noch lange nicht erreicht.

Im Gegenteil, Gesundheit wird in verschiedenen Weltregionen je nach Hintergrund, Kultur oder Glauben unterschiedlich wahrgenommen. Die CBCA als religiöse Organisation versucht, ihr Handeln in einen bestimmten Kontext zu stellen. Zum Beispiel ist im sozialen Kontext Afrikas die Zugehörigkeit zu einer Gruppe wichtig für das seelische Gleichgewicht des Einzelnen. Im Zusammensein als Teil einer Gruppe, einer spirituellen Familie lassen sich wichtige Fragen zu Identität, Glauben, Armut oder Gesundheit lösen. Die Kirche ist ein Ort der Interaktion und des Austausches mit anderen. Sie ermöglicht den Menschen, ihre Isolation zu verlassen, ihre Gefühle auszudrücken und freundschaftliche Beziehungen zu leben; das wird durch eine dynamische und interaktive afrikanische Liturgie noch verstärkt.

Ein weiterer Unterschied zu anderen Weltregionen ergibt sich aus dem Verständnis von Leiden, Tod und Heilung. Viele Sprichwörter der

Bevölkerung im Kivu bringen zum Ausdruck, dass das Leiden ein natürlicher Teil ihres Lebens ist. Das Leben endet für sie nicht mit dem Tod. Man könnte das vielleicht mit den Freudenschreien vergleichen, die auf die Schmerzen bei der Geburt folgen. Das heißt nicht, dass die Menschen geschaffen wurden, um zu leiden. Aber das Leiden bietet Gelegenheit zum Lernen.

Für einige Kulturen der Kivu ist Sterben eine Ruhephase und unter bestimmten Umständen sogar eine Art von Heilung. Damit ist der Tod auch ein Beweis für die menschlichen Grenzen. Während der Tod hier also manchmal als eine Form der Heilung verstanden wird, bedeutet er für andere Kulturen (etwa in der westlichen Welt) eher eine Enttäuschung und ist ein Zeichen des Scheiterns. Aus diesem Blickwinkel betrachtet hat Covid-19 nicht nur negative, sondern auch positive Auswirkungen. So scheint die CBCA durch den Ausbruch von Covid-19 verstanden zu haben, dass die Kirche dann am stärksten ist, wenn sie im privaten Umfeld vor Ort verwurzelt ist. Die Kirchengebäude mögen geschlossen sein, aber in den Familien bleibt die Kirche stark.

Dr. Isaac K. Muyonga ist Direktor der Gesundheitsabteilung der Baptistischen Kirche in Zentralafrika (CBCA) und Professor für Gemeindegesundheit an der Université Libre des Pays des Grands Lacs (ULPGL) in den Städten Goma und Butembo im Osten der Demokratischen Republik Kongo.

Übersetzung aus dem Englischen: **Cornelia Kabus**

JÖRG ZEHELEIN

Rohrstock Gottes?

Fragen nach göttlichem Wirken in Afrika

Für viele Christ*innen in Tansania ist Corona zwar eine medizinische Realität, viel mehr als in Deutschland aber sehen sie in der Pandemie auch das Wirken Gottes und fragen nach der spirituellen Bedeutung, wie Jörg Zehelein in einer Umfrage herausgefunden hat. Die Deutungsversuche reichen von Corona als „Rohrstock Gottes" bis hin zur Frage nach dem Sinn des Leids und einer Umkehr auch in Bezug auf Konsum, Lebensstil und Umgang miteinander.

Das Corona-Virus ist nicht nur eine Gefahr für die Gesundheit der Menschen. Die Stimmen aus Tansania in diesem Artikel begreifen das Phänomen Corona auch als soziale und religiöse Herausforderung. Wie in anderen Teilen der Welt brachte Corona erhebliche Einschränkungen des täglichen Lebens mit sich. In der Zeit von April bis Juni 2020 wurden Abstands- und Hygieneregeln verordnet, die einige als Angriff auf die traditionell gemeinschaftsbetonte afrikanische Kultur empfanden. Weiterhin wurden Schulen und Universitäten geschlossen, Gottesdienste und Kollekten fielen aus. Der für Tansanias Wirtschaft so wichtige Tourismus brach ein, Besserung ist bis dato (November 2020) nicht in Sicht.

Aktuell sind das Corona-Virus und seine Gefahren jedoch kaum mehr öffentlich Thema. Das tägliche Leben geht scheinbar völlig normal weiter. Das ist zu einem gewissen Teil politisch gewollt, Infektionszahlen werden seit April 2020 auf Anordnung der tansanischen Regierung nicht mehr aktualisiert. Nichtsdestotrotz ist das vom Auswärtigen Amt der Deutschen Bundesregierung als „Risikoland" eingestufte Tansania bisher von Covid-19 weniger betroffen als andere.

Der vorliegende Beitrag stellt dar, wie verschiedene Menschen aus Tansania die Corona-Krise erlebt haben und welche Deutungen für sie relevant waren. Dabei stützt sich der Autor auf Aussagen von April und Mai 2020, als Tansania offiziell Maßnahmen gegen die Ausbreitung des Corona-Virus ergriffen hatte. Hierfür hat er eine qualitative Umfrage im Raum Nordost-Tansania per WhatsApp und E-Mail durchgeführt und 85 Personen aus dem eigenen Lebens- und Arbeitsumfeld angeschrieben. Es gab 24 Rückmeldungen, davon 16 Männer und acht Frauen. Die Hälfte von ihnen waren – zum Teil bereits ordinierte – Theologiestudierende, die anderen waren Universitäts-Dozierende, Pastor, Näherin, Taxi-Fahrer, Tourismus-Unternehmer. Die Befragten waren überwiegend Christ*innen, ihre Vornamen sind fiktiv.

Auch wenn vermutlich mittlerweile nicht wenige von ihnen das Motto „Hamna Corona" (Corona ist passé) vertreten, die in der Befragung geteilten Grundhaltungen bleiben aktuell. Darum und auch auf Grund der besseren Lesbarkeit sind die Antworten und Schlussfolgerungen im Präsens gehalten. Die Umfrage beinhaltete vier Fragen auf Englisch und Swahili, welche die folgenden Ausführungen gliedern. Folgende Fragen wurden gestellt:

1. Haben Sie Veränderungen in Ihrem Leben oder Ihrem Umfeld wahrgenommen?
2. Was ist das Corona-Virus aus Ihrer Sicht?
3. Denken Sie, dass jemand für die Ausbreitung des Corona-Virus Schuld zugewiesen werden muss?
4. Denken Sie, dass Gott etwas mit dieser Krise zu tun hat? Wie sollen wir uns ihm gemäß in dieser Krise verhalten?

Wie Corona gedeutet wurde

In aller Regel begreifen die Befragten das Phänomen Corona (Corona-Virus in Verbindung mit der Krankheit Covid-19) als eine Krankheit oder Pandemie. Dies mag banal klingen, ist jedoch in der Tat bemerkenswert in einer Kultur, die nicht selten als vorwissenschaftlich oder magisch-spiritualisierend dargestellt wird. Eine Ausnahme jener Regel bilden Aussagen, in denen die Existenz eines bedrohlichen Corona-Virus (teilweise) geleugnet wird. Manche sehen einen globalen Konflikt zwischen China und den USA als das wahre Problem, eine Befragte weiß von manchen, die glauben, dass Corona nur Risikopatient*innen und reichere Bevölkerungsschichten träfe. Wiederum andere finden Zuflucht in der Psychologie: „Viele starben wegen der großen Angst, die da war. Anderen wurde gesagt, dass sie Corona haben, aber in Wirklichkeit hatten sie es nicht, sie sind auf Grund ihrer Angst gestorben." (Joshua, Taxifahrer)

Wenn auch obige Aussage aus wissenschaftlicher Sicht haltlos ist, enthält sie doch ein wichtiges Anliegen: Eine Erklärung des Corona-Phänomens ist nicht allein in der Virologie zu finden. Die meisten Befragten müssen die Existenz und Gefahr eines Corona-Virus jedoch nicht leugnen, um weitere Tiefenebenen und Implikationen zu sehen. Einige begreifen das Phänomen Corona nicht nur als Katastrophe für die Gesundheit, sondern auch für die Wirtschaft. Wiederum andere fragen nach einem tieferen Sinn oder der eigentlichen Ursache der Corona-Pandemie: „Das Corona-Virus existiert und tötet, es hat Auswirkungen, aber ich bin unsicher, was der Ursprung ist, das heißt, ist es menschengemacht oder eine von der Natur ausgelöste Katastrophe oder Gottes Strafe oder vor allem etwas Psychologisches?" (Joseph, Theologiestudent)

Mit Blick auf eine religiöse Deutung sehen viele in der Corona-Pandemie einen Erweis der Macht Gottes beziehungsweise ein Strafhandeln Gottes. Vereinzelt werden aber auch dessen Gegenspieler, der Teufel oder Antichrist oder auch Dämonen ins Spiel gebracht.

Wen Schuldzuweisungen treffen

Gibt es jemanden, der verantwortlich oder gar schuldig ist an der Verbreitung des Virus? Auffallend ist zunächst, dass nicht wenige Befragte (14 von 24) diese Frage verneinen. Ein ansteckendes Virus hat sich eben seinen Weg gebahnt – Schuldzuweisung Fehlanzeige. Diejenigen, die doch Schuldige sehen, verurteilen die Achtlosigkeit mancher Infizierter oder politisch Verantwortlicher. Letztere hätten Maßnahmen zu spät ergriffen oder das Wohl der Wirtschaft über die Gesundheit der Menschen gestellt. Auch die Weigerung der Regierung, Fallzahlen zu aktualisieren, wird problematisiert. In außenpolitischer Hinsicht sehen einige die Volksrepublik China als verantwortlich für das Entstehen der Corona-Pandemie.

Eine weitere, äußerst wichtige Perspektive lässt schließlich vorausblicken auf die im folgenden Abschnitt thematisierte Frage nach Gott. Demnach liegt die eigentliche Verantwortung für die Corona-Krise in der Beziehung von Gott und den Menschen. „Ich denke, wir sollten uns selbst in der Verantwortung sehen, weil wir nicht dort stehen, wo wir sollten. Wir beten nicht zu Gott wie wir sollten, wir nehmen die Gnade als selbstverständlich. Leute machen immer weiter mit ihren Sünden, das hat Gott dazu bewegt, diese Krise auszulösen." (Joshua, Taxifahrer)

Wie Gott ins Spiel kommt

Besonders stark vertreten sind zwei Sichtweisen: Corona als Zeugin der Macht Gottes beziehungsweise als Strafhandeln Gottes. „Gott will, dass wir seine Allmacht und Stärke kennen und will uns daran erinnern, dass wir ohne ihn gar nichts sind." (Naserian, Theologiestudentin) In dieser relativ verbreiteten Perspektive (15 von 24 Rückmeldungen) ist Corona ein Erweis der Macht Gottes. „Gott ist alles, Anfang und Ende. Vielleicht ist es Gottes Weg, um das Universum wieder ins Gleichgewicht zu bringen." (Nura, Theologiestudentin)

Wie Nura glauben auch andere, dass Gott seine Macht nicht (nur) als Selbstzweck zeigt. Vielmehr wolle er eine verloren gegangene, gute Ordnung wieder ins Gleichgewicht bringen. Manche denken hier an die Natur, die durch das Corona-Virus quasi gegen die Missachtung und Zerstörung ihrer selbst rebelliert. Doch auch der menschliche Lebensstil kommt in den Blick: „Vielleicht ist das die Art, wie Gott uns sagen will, dass wir langsamer machen sollten im Leben. Denn die Leute sind so beschäftigt mit ihrem Leben und kennen Gott nicht. Die Menschheit hat sich auf ihr eigenes Können und Verstehen verlassen und hat sich von Gott abgewendet. Das ist eine Erinnerung. Er hat immer noch das Heft in der Hand." (Joyce, Büro-Assistentin)

Wenn Gott alle Macht hat, sind die Menschen passiv. Die eigentliche Macht und Fähigkeit, die Corona-Krise zu beenden, liegt dann nicht oder kaum in menschlicher Hand. „Soviel wir auch versuchen, auf unsere Fähigkeiten und Technologien zu setzen, da sind Mächte über unsere Fähigkeiten und Technologien hinaus. ... Letztendlich müssen wir uns selbst demütigen und Gott um Weisheit bitten." (Neema, Universitätsdozentin)

Eine bemerkenswerte Ausnahme ist Pastor Amini, für den sich Gottes Macht und die Möglichkeiten der Menschen nicht gegenseitig ausschließen: „Ein großer Teil der menschlichen Anstrengungen muss von Gott gesegnet und anerkannt werden. Er will, dass wir ihm gehorchen und alle Gaben, die wir haben, im Kampf gegen diese Krise einsetzen."

Corona ist nicht nur Machterweis Gottes, sondern auch Erziehung der Menschen beziehungsweise Ruf zur Umkehr. Der Theologiestudent Baraka bringt die Sichtweise vieler Befragter auf den Punkt. Corona sei der „fimbo ya Mungu" (Rohrstock Gottes). Dieser Gedanke eines erzieherischen Strafhandelns Gottes findet sich in der christlichen und der jüdischen Glaubenstradition vor allem in der Torah und den Prophetenbüchern. Der Theologiestudent Frederick verweist explizit auf 2. Chronik 7, Vers 14. Demnach sollen sich die Menschen demütigen, beten und von ihren Sünden abkehren. Dann wird Gott sie hören und ihr Land heilen. „Damit diese Krise vorübergeht, müssen wir mehr zu Gott beten, damit er uns vergibt, und wir müssen mehr nach seinen Geboten leben, die er uns gelehrt hat. (Shania, Sekretärin) – „Und Gott will, dass wir uns von unseren Sünden abkehren und zu ihm zurückkehren und dass wir ein Leben leben, das ihm gefällt. Darüber hinaus will er, dass wir uns überall auf der Erde gegenseitig lieben." (Biniel, Tourismus-Unternehmer)

Fazit: Gedanken und Anregungen

Zum Nachdenken regt an, den Glauben – wie die meisten hier Befragten – nicht individualisiert und damit abgekoppelt vom sozialen und politischen Leben zu verstehen. Zwar ist es auch in Tansania (zumindest was die hier Befragten betrifft) Common Sense, dass Corona ein bio-medizinisches Faktum und Auslöser einer Pandemie ist, zugleich ist es aber mehr, nämlich eine soziale, wirtschaftliche und religiöse

Krise. Corona ist nicht einfach Widerfahrnis in Raum und Zeit, die Pandemie erscheint als mehrdimensional gedeutete Wirklichkeit. Dies gilt nicht (nur) auf der Ebene des Individuums, sondern für eine ganze Gesellschaft und/oder Glaubensgemeinschaft.

Insbesondere ist Corona ein Ereignis in der Beziehung zwischen Gott und Menschen. Die Idee, Corona als Machterweis Gottes zu sehen, steht im Vordergrund. Sie ist einerseits erschreckend: Der allmächtige Gott lässt seine Muskeln spielen, ohne dafür einen Grund zu brauchen. Andererseits ist das Eingeständnis der Macht Gottes auch entlastend. Niemand hat sein Leben oder seine Gesundheit in der Hand. Es geht um Demut vor der Rätselhaftigkeit des Lebens beziehungsweise Gottes. Das gilt auch für Menschen aus reichen Ländern, die eigentlich ein erhebliches Maß an Kontrolle über Krisen und Krankheiten gewohnt sind.

Dennoch verstört, dass für die meisten der hier gehörten Stimmen die Macht Gottes menschliche Ohnmacht impliziert. Gibt es hier keine Schattierungen oder Abstufungen, eine Synergie der göttlichen und menschlichen Kräfte, wie es sich dann doch in jener einzelnen Stimme von Pastor Amini fand? Vielleicht kommt an dieser Stelle eine erlernte Passivität zum Ausdruck, die in einem ehemals kolonialisierten Land postkolonialer Kritik bedarf: Menschen sind nicht nur Opfer oder Unterdrückte, sondern auch fähige, begabte und gestaltende Personen.

Der Kontrollverlust angesichts der Allmacht Gottes ist vielleicht Grund dafür, dass sich daneben eine zweite Idee deutlich zu Wort meldet: Corona ist Strafe Gottes. Diese Antwort auf die Theodizee-Frage (Warum lässt Gott das Leid zu?) ist klassisch und problematisch zugleich. Das Leiden muss einen Sinn haben und dazu noch einen eindeutigen. Dabei sind hier plötzlich die Menschen gänzlich in Kontrolle, denn nur sie haben es durch ihr Treiben so weit kommen lassen. Von Kontrollverlust ist keine Rede mehr. Kehren die Menschen um, wird alles wieder gut. Was diesen die Umkehr ist, mag manchen in Europa der Corona-Impfstoff sein. Ist er da, wird alles wieder gut. Vielleicht kann ein wenig mehr Kontrollverlust an dieser Stelle hilfreich sein. Dann würden Menschen ihre Möglichkeiten nicht überschätzen und gelassen bleiben. Sie würden aber dennoch das tun, was möglich ist, und zwar im Vertrauen auf einen letztlich doch liebenden Gott und auf das Potenzial engagierter Menschen.

Pfarrer **Dr. Jörg Zehelein** ist seit 2018 Dozent an der Theologischen Fakultät der Tumaini University Makumira in Tansania mit Entsendung durch das bayerische Werk Mission EineWelt in Neuendettelsau. Davor war er als Gemeinde- und Jugendpfarrer in Unterfranken (Bimbach/ Prichsenstadt) tätig und in Greifswald, wo er neben der Arbeit an der Dissertation als Pfarrer im Ehrenamt für Flüchtlingsarbeit beauftragt war.

VERÄNDERUNGEN – AUFBRÜCHE

NIKO PAECH

„... weil die Hütte brennt!"

Kein Klimaschutz ohne Wachstumsstopp

Für den bekannten Wachstumskritiker Niko Paech ist die Corona-Pandemie Ausdruck einer Wachstumskrise, gekennzeichnet durch eine weltweit ungebremste Globalisierung, Digitalisierung und Technisierung, die er als Sackgasse sieht. Kein Klimaschutz ohne Wachstumsstopp, davon ist Paech überzeugt und fordert eine radikale Abkehr von unserer bisherigen Konsum- und Wirtschaftsweise. Nur so sei ein glücklicheres, nachhaltigeres und krisenfesteres Leben möglich.

Vom Mittelalter zur Moderne und wieder zurück

Um frei von Beherrschung, Unwissenheit und materieller Knappheit zu werden, setzte die Menschheit Fortschrittsdynamiken in Gang, über die sie mittlerweile jede Kontrolle verloren hat. Der verheißungsvolle Aufbruch in ein unbeschwertes, aller Mühsal und Fremdbestimmung entledigtes Dasein ist ins Lebensbedrohliche gekippt. Davon zeugen zum einen längst bekannte, sich rasant verschärfende ökologische Krisen, von denen der Klimawandel zwar die prominenteste, aber nur eine von vielen ist. Zum anderen drängen unvorhergesehene Bruchstellen einer global vernetzten und technisierten Zivilisation in den Wahrnehmungsbereich, die in ihrer Wirkmächtigkeit und Eintrittswahrscheinlichkeit bislang unterschätzt wurden, wie etwa die Covid-19-Pandemie. Auch wenn CO_2-Moleküle und Corona-Viren naturwissenschaftlich nicht vergleichbar sind, bilden sie doch eine seltsame Allianz. Vermutlich werden sie als Vorboten einer gesellschaftspolitischen Schubumkehr in die spätmoderne Historie eingehen.

Was am Vorabend dieser nicht mehr abwendbaren Kehre zu besichtigen ist, könnte als erweiterter Typus eines Nachwächterstaates bezeichnet werden, der sich eng verzahnt mit vier industriellen Revolutionen herausgeschält hat. Dieser will nichts mehr regulieren oder einschränken, sondern nur noch Ermöglichungsmaschinerie sein. Anders als sein antiquierter Vorgänger begnügt er sich nicht damit, Kapitalverwertungsinteressen freien Lauf zu lassen, sondern will es auch allen sonstigen Anspruchsgruppen recht machen. Seine oberste Maxime verlangt danach, jeder Tendenz, die nach weiterer Ausdehnung menschlicher Handlungsreichweiten und Entfaltungspotenzialen strebt, vorauseilend den Weg zu ebnen – ganz gleich wie legitim oder repräsentativ das damit beförderte Begehren auch sein mag. Als Letztbegründung für das Nebeneinander vielfältigster Ausdehnungsprozesse muss zumeist das universelle Normengerüst menschlicher Freiheit und sozialer Emanzipation herhalten.

Eine derart konfliktscheue Politik des Jedem-wohl-und-keinem-wehe kann nur in einem nimmersatten Wachstumsexzess enden. Dessen Mittelarsenal stützt sich folgerichtig auf die schlicht gezimmerte, ewig gleiche Logik einer technologischen und ökonomischen Entfesselung. Und nicht nur weil der hehre Zweck die schmutzigen Mittel heiligt, sondern auch, weil sich die Nebenwirkungen dieser fortwährenden Selbstermächtigung erst zukünftig materialisieren, fiel es der Zivilisation leicht, in eine Sackgasse zu geraten, aus der sie im gewohnten Vorwärtsgang nicht mehr herausfinden kann. Überall tun sich Risiken und Verletzlichkeiten auf, vor denen nun erschrocken zurückgewichen wird. Eine bis dato unbeirrte Chancenmaximierung geht in hektische Schadensminimierung über – nicht aus Einsicht in die Notwendigkeit, sondern weil die Hütte brennt. Aber die dominanten Krisenbewältigungsstrategien entpuppen sich als Brandbeschleuniger.

Reaktionsmuster: Kopflos und zum Scheitern verurteilt

Digitalisierungskrise. Erstens wird versucht, noch tiefer in das Labyrinth technischer Innovationen einzudringen, um die Kalamitäten eines entgleisten Fortschritts durch weiteren Fortschritt zu reparieren, der wiederum zusätzliche Risiken und Kontrollverluste heraufbeschwört. Das beste Beispiel bildet die während der Lockdown-Phase aus der Not heraus intensivierte Nutzung digitaler Medien, was nun in einen Beweis dafür umgedeutet wird, wie problemlösend und zukunftsweisend diese Technologie sei. Dabei ist die Corona-Pandemie nicht nur eine Wachstums-, sondern mindestens ebenso eine Digitalisierungskrise. Denn damit eine chinesische Epidemie zu einer Pandemie reifen konnte, bedurfte es eines Netzes weltweiter und hochfrequenter Austauschbeziehungen, sowohl den Güter-, als auch den Personenverkehr betreffend. Wenn alles mit allem grenzenlos verbunden ist, lassen sich auch noch so weit entfernte Störereignisse nicht mehr einhegen, sondern durchdringen rapide den globalen Raum.

Insolvenzverschleppung. Die zweite Reaktion besteht darin, ökonomische und soziale Krisensymptome mit einer stetig expansiveren Ausgabenpolitik zuzukleistern – um keine Verteilungskonflikte oder Unmut über notwendige Lebensstilkorrekturen zu riskieren, der sich als Wählerstimmenverlust äußern könnte. Aber damit türmen sich nicht nur die ökonomischen, sondern auch die ökologischen Schulden weiter auf, was einer doppelten, miteinander verwobenen Insolvenzverschleppung gleichkommt. Die Erfüllung einer Wohlstandsgarantie, auf die sich insbesondere europäische Regierungen festgelegt haben, hätten sich Pippi Langstrumpf und ihr kongenialer Finanzminister, der Baron von Münchhausen, nicht trefflicher ausdenken können: Einfach solange Geld zu drucken, bis das Papier ausgeht.

Statt die Verschuldung je zu tilgen, wird sie durch Aufnahme ständig neuer Kredite in eine unbestimmte Zukunft verschoben und zugleich damit gerechtfertigt, absehbar aus der Krise herauswachsen zu können. Letzteres würde derart exorbitante Wachstumsraten des Bruttoinlandsproduktes voraussetzen, dass gerade dann, wenn diese einträten, eine Katastrophe folgen müsste, weil damit nur ökonomische in umso höhere ökologische Schulden umgewandelt würden. Die dezimierten Lebensgrundlagen können indes weder im Keller der Europäischen Zentralbank (EZB) nachgedruckt werden, noch lassen sie mit sich verhandeln. Schließlich waren und sind alle Versuche, das Bruttoinlandsprodukt von Umweltschäden zu entkoppeln, zum Scheitern verurteilt.

Schizophrenie. Eine dritte Ebene der Kopflosigkeit zeigt sich dort, wo ein- und dieselbe Regierungsinstanz vormittags großangelegte Klimaschutzbemühungen verkündet und nachmittags – als wäre es das Selbstverständlichste der Welt – eine weitere oder intensivierte Förderung aller klimazerstörenden Entwicklungen bekannt gibt: Flughäfen, internationaler Handel, Wohnungsbau, Tourismus, industrielle Landwirtschaft, Ausbau der Energiewirtschaft, Digitalisierung etc. Moderne Politik erinnert an die Novelle „Dr. Jekyll and Mr. Hyde“ sowie an fortgeschrittene Schizophrenie: Während die eine Hand versucht, einen Brand mit Wasser zu löschen, gießt die andere Benzin darauf.

Ausweg: ökologische Stabilität mit ökonomischer Resilienz

Ein ökologisches Überlebensprogramm, das zugleich ökonomisch und sozial resilient ist, wäre nur als global faire Selbstbegrenzung darstellbar, die mit der totalitären Fortschrittskultur brechen müsste. Dazu zählen suffiziente Lebensstile, also eine Entrümpelung der Komfortzone, sowie die partielle Rückkehr zu de-globalisierten Wertschöpfungsprozessen. Letztere reichen von der ergänzenden Selbstversorgung – eigene Produktion, Gemeinschaftsnutzung und Reparaturpraktiken – bis zur Regionalökonomie. Dies ginge mit einem geringeren Einkommen einher, böte aber mehr Versorgungssicherheit und demokratische Kontrolle. Die Industrieversorgung könnte somit auf ein ökologisch verträgliches Niveau zurückgebaut werden. Statt also den öko-suizidalen Prä-Corona-Zustand mittels einer gefährlichen Green-Economy-Strategie zu restaurieren, wären unter anderem folgende Schritte ratsam.

- Verantwortbare Bildungs- und Berufsperspektiven statt Akademisierungswahn: Der Rück- und Umbau ruinöser Industriestrukturen hätte zur Folge, dass die verbleibenden Versorgungssysteme graduell weniger technisiert, folglich arbeitsintensiver wären. Junge Menschen sollten deshalb verstärkt zu einem sesshaften, auf handwerklicher Arbeit und ergänzender Selbstversorgung basierenden Dasein befähigt werden – auch um autonomer zu werden.

- Bestandserhalt und ökonomische Achtsamkeit statt Obsoleszenz: Die Nutzungsdauerverlängerung von Gebrauchsgütern um den Faktor zwei oder drei durch langlebiges Design, Reparatur, Aufarbeitung und Second-Hand-Märkte etc. würde nicht nur den Bedarf an Industrieproduktion, Abfällen sowie Ressourcenverbräuchen mindern, sondern die Abhängigkeit von globalen Lieferketten und von Lebenshaltungskosten senken. Hier können nachhaltige Geschäftsfelder und Lernprozesse, verbunden mit entsprechenden Bildungsprogrammen in Gang gebracht werden, um den gegenwärtigen Ex-und-hopp-Lebensstil zu überwinden.

- Eindämmung des Digitalisierungswahns: Nicht nur weil Corona eine Krise der Digitalisierung ist, sondern weil ökologisch ruinöse und zugleich vulnerable Lebensstile durch nichts so verstärkt werden wie durch digitale Medien, bedarf es (mindestens) eines Rechts auf analoge Kindheit.

- Arbeitszeitverkürzung: Um die reduktiven Wohlstandsanpassungen sozialpolitisch abzufedern, wäre Vollbeschäftigung auf Basis einer 20-Stunden-Woche anzustreben.

- Umbau der Ernährungswirtschaft: Basale Grundbedürfnisse – insbesondere Nahrung – auch im Krisenfall auskömmlich befriedigen zu können, und zwar mit eigenen Mitteln und Ressourcen, setzt voraus, weniger abhängig von Importen und ausländischen Arbeitskräften zu sein. Landwirtschaftliche Arbeit wäre daher vom Stigma der Minderwertigkeit zu befreien, um junge Menschen zu motivieren, wieder im Agrarsektor tätig zu sein. Dies gelänge erstens mittels kleinbäuerlicher, ökologischer und tiergerechter Erzeugung, zweitens kürzerer, also gesundheitsverträglicher Arbeitszeiten, drittens angemessener Einkünfte und viertens demokratischer Mitgestaltung. Die Solidarische Landwirtschaft erfüllt genau diese Bedingungen.

- Lastenausgleich und Subventionsabbau anstelle eines Lebens auf Pump: Überfällig ist das maßvolle Abtragen skandalöser Vermögensspitzen, um die Finanzierung der Krisenfolgen sozial gerecht zu gestalten.

- Postfossiler Verkehr und Tourismus: Viele Flughäfen, der gesamte Kreuzfahrtsektor, Teile der Automobilindustrie wären abzuwickeln. Autofreie Sonntage und Städte sind ein Gebot der Stunde. Lastenfahrräder, Carsharing und der Öffentliche Personennahverkehr (ÖPV) bieten ungenutzte Potenziale. Die kulturellen und landschaftlichen Schönheiten innerhalb eines postfossilen

Radius zu erkunden, hilft gegen Bewegungsmangel, stärkt die heimische Wirtschaft und motiviert zum Schutz der heimischen Natur.

Zukunftsfähige Neujustierung von Gerechtigkeit und Freiheit

Der Irrtum des modernen Zeitalters besteht in der Zuversicht, kraft wissenschaftlichen und technischen Fortschritts wachsenden Wohlstand aus dem physischen Nichts erschaffen zu können. Die Folgen dieses epochalen Widerspruchs innerhalb unveränderter Strukturen korrigieren zu wollen, verschärft alle Eskalationsszenarien: Die ökologischen Nebenwirkungen einer technisierten Ökonomie durch zusätzliche, neuerdings vermeintlich „grüne" Technisierung lindern zu wollen, verkürzt die Distanz zum nächsten Abgrund ebenso, wie Globalisierungskrisen dadurch beherrschen zu wollen, dass die dafür ursächliche Digitalisierung nur noch intensiver eingesetzt wird. Dennoch rangiert die auf dieser Fehleinschätzung gründende Lebensweise noch immer als weltweites Entwicklungsleitbild, was sich auch in den sogenannten Nachhaltigkeitszielen der Vereinten Nationen widerspiegelt, den Sustainable Development Goals (SDGs).

Eine Gerechtigkeitsvorstellung, die darauf beruht, einen vermeintlichen Überschuss verteilen zu wollen, der in einer gerechten Welt nie entstehen dürfte, weil er auf existenzgefährdender Plünderung beruht, führt sich selbst ad absurdum. Globale Gerechtigkeit, die keinen Substanzverzehr bedeutet, ginge mit einer Obergrenze für die von einem einzelnen Individuum vereinnahmten ökologischen Ressourcen einher. Um das Klima zu stabilisieren, stünde jedem Menschen noch eine Tonne an CO_2-Äquivalenten zu.

Eine überwältigende Mehrheit moderner, insbesondere kosmopolitisch ausgerichteter Konsument*innen überschreitet diesen Wert um ein Vielfaches. Dies durch prägnante Anspruchsreduktionen zu korrigieren, entspräche keinem Verzicht, sondern der Rückgabe einer Beute, die weitgehend leistungslos und auf Kosten anderswo und später lebender Menschen okkupiert wurde. Daraus folgt aber auch, den Bewohner*innen des globalen Südens nicht weiter Wohlstandshoffnungen zu vermitteln, die unerfüllbar sind.

Ebenfalls zu justieren wäre eine zukunftsfähige Freiheitsvorstellung. Autonom und frei von Beherrschung kann nur sein, wer seinen materiellen Bedarf auf das fokussiert, was krisenbeständig ist, sich unabhängig von komplexer Technologie, Industrieversorgung und entgrenzter Mobilität kraft eigener Arbeit, Kreativität und mittels nahegelegener sozialer Netze reproduzieren lässt. Souverän ist nicht, wer viel hat, sondern wer wenig braucht.

Prof. Dr. Niko Paech gilt als einer der profiliertesten Wachstumskritiker in Europa. Er ist promovierter Volkswirt und habilitierte sich 2006 mit dem Thema „Nachhaltiges Wirtschaften jenseits von Innovationsorientierung und Wachstum". Von 2008 bis 2016 war er Vertreter des Lehrstuhls für Produktion und Umwelt (PUM) an der Universität Oldenburg, seit 2016 lehrt er als außerplanmäßiger Professor an der Universität Siegen im Studiengang „Plurale Ökonomik". Paech hat den Begriff der „Postwachstumsökonomie" geprägt, die von einer Ökonomie ausgeht, die ohne Wachstum des Bruttoinlandsprodukts über stabile, wenngleich mit einem vergleichsweise reduzierten Konsumniveau einhergehende Versorgungsstrukturen verfügt.

Im Internet:
Homepage Niko Paech:
www.postwachstumsoekonomie.de

Literatur:

- Manfred Folkers, Niko Paech: All you need is less. Eine Kultur des Genug aus ökonomischer und buddhistischer Sicht. Oekom Verlag, München 2020, 256 Seiten, 20,– Euro
- Erhard Eppler, Niko Paech: Was Sie da vorhaben, wäre ja eine Revolution … Ein Streitgespräch über Wachstum, Politik und eine Ethik des Genug. Oekom Verlag, München 2016, 208 Seiten, 14,95 Euro

SARA SPEICHER und PHILIP LEE

Digitale (Un)Gerechtigkeit

Krisenzeiten sind Chance und Gefahr zugleich

Die Weltvereinigung für Christliche Kommunikation (World Association for Christian Communication, WACC) mit Sitz in London engagiert sich seit über 50 Jahren für den Zugang und die Nutzung von Information und Kommunikation als Menschenrecht. In Zeiten von Covid-19 sehen Sara Speicher und Philip Lee neue Chancen durch die Digitalisierung, aber sie warnen auch vor digitaler Ungerechtigkeit angesichts von mächtigen internationalen Playern, von Fake News, undurchsichtigen Algorithmen und sozialer Ungleichheit.

Schon vor dem Ausbruch von Covid-19 war ich daran gewöhnt, aus der Ferne zu kommunizieren – so dachte ich jedenfalls. Ich arbeitete hauptsächlich von meinem Haus in Nordwestengland aus für Organisationen vom kanadischen Toronto bis nach Genf in der Schweiz. Meine Schwestern und Brüder und ihre Familien leben in den USA, ein Teil der Familie meines Mannes lebt in Aotearoa in Neuseeland. Durch meine Arbeit als stellvertretende Generalsekretärin bei der World Association for Christian Communication (WACC) war mir bewusst, dass die digitale Kommunikation – vielleicht mehr als jede andere Form der Kommunikation – ein Menschenrechts-Paradox darstellt: Sie könnte eigentlich ein mächtiges Werkzeug zu sein, um marginalisierten Menschen eine Stimme zu geben. In der Realität jedoch kontrollieren mächtige Unternehmen und Interessen mit der Digitalisierung, was wir wahrnehmen und tun.

Seit ihrer Gründung 1950 durch christliche Rundfunk- und Fernsehanstalten setzt sich die WACC dafür ein, dass alle Menschen Zugang zu Kommunikation und Information haben. Insbesondere marginalisierte und benachteiligte Gemeinschaften sollen dadurch gleichberechtigt und umfassend an der Gesellschaft teilhaben und ihr Leben verbessern können. Dies bedeutet weit mehr, als über entsprechende Geräte oder Breitband-Internet zu verfügen. Es geht darum, ein Umfeld zu schaffen, wo Menschen sich frei ausdrücken können, vertrauenswürdige Nachrichten aus einer Vielzahl von Quellen erhalten, ihre eigene Sprache sprechen, Zugang zu Informationen von öffentlichem Interesse haben, in den Nachrichten fair und gleichberechtigt vertreten sind und vieles mehr.

Die Lockdowns, die Covid-19 bisher begleitet haben, haben keine neuen Kommunikationsprobleme geschaffen. Aber sie haben die Nutzung einer Vielzahl von digitalen Tools massiv beschleunigt. Während eines Kurses von UK Media Trust im August 2020 sagte ein Marketingexperte, in den vergangenen fünf Monaten habe die digitale Nutzung so zugenommen, wie sonst nur in fünf Jahren.

Digitalisierung ist für viele unerschwinglich

Millionen von uns wurden abhängig von Systemen, mit denen sie von zu Hause aus arbeiten oder lernen können. Das Videokonferenz-System Zoom berichtete schon im April von täglich 300 Millionen Sitzungsteilnehmenden, verglichen mit 10 Millionen im Dezember 2019. Microsoft-Teams verzeichnete einen Anstieg der Nutzung um 70 Prozent. Laut einer US-amerikanischen Studie, über die in der New York Times berichtet wurde, hatte die Nutzung von Video-Chats zur Unterhaltung mit Freunden um bis zu 80 Prozent zugenommen. Ähnliche Entwicklungen gab es beim Entertainment (Netflix, YouTube, Streaming-Dienste) und bei sozialen Medien wie Facebook. Der Ökumenische Rat der Kirchen (ÖRK) warb für verlässliche Informationen über Covid-19 für Kirchen, Interviews, Online-Treffen, Gebete und Webinare – er verzeichnete einen Anstieg der Website-Nutzung um fast 45 Prozent.

Zwar gibt es einige Anzeichen dafür, dass sich das bisherige schnelle Tempo des digitalen Wachstums wieder verlangsamt, doch der Sprung für Millionen von Menschen in neue Formen der digitalen Kommunikation wird bleiben und unser Leben verändern. Deshalb muss sich jetzt auch unser Bewusstsein nicht nur für ihr positives Potenzial, sondern auch für die Möglichkeiten wachsender Ungerechtigkeit ebenfalls beschleunigen. Beide Seiten brauchen eine Antwort aus dem christlichen Glauben.

Viele Organisationen, die Versammlungen, Konferenzen und sogar Gottesdienste online abgehalten haben, fanden sie jetzt geografisch integrativer und kooperativer: Bei Bibelarbeiten konnten Menschen aus verschiedenen Ländern ihre Perspektive live einbringen. Mitarbeitende im globalen Norden und im globalen Süden konnten gleichermaßen an Treffen teilnehmen. Konferenzen, die bisher auf diejenigen beschränkt waren, die sich das Reisen leisten konnten, standen nun allen mit digitalem Zugang offen. So konnten Lernprozesse und Erkenntnisse viel breiter geteilt werden. Und es wurden weniger Flugreisen unternommen, was wiederum positive Auswirkungen auf die Umwelt hat.

Aber gleichzeitig mit der Möglichkeit, weltweit mehr Menschen einzubeziehen, besteht auch eine digitale Kluft. Dadurch kann wiederum die Chancenungleichheit verschärft werden. Menschen ohne Zugang zu Breitband- oder robusten 4G-Netzen „können nicht vom Fernunterricht für Kinder, von Telearbeit, vom Zugang zum elektronischen Handel und von Gesundheitsinformationen profitieren", stellt die International Telecommunications Union (ITU) fest, eine Sonderorganisation der UN in Genf. Außerdem verstärken weitere Faktoren die Unterschiede beim praktischen Zugang zu digitalen Technologien: Armut, zu hohe Kosten, digitaler Analphabetismus sowie der doppelte Nachteil, eine Frau oder Mitglied einer marginalisierten Gruppe zu sein. Ein zentrales Thema digitaler Gerechtigkeit ist das Eintreten für Zugang, Erschwinglichkeit und digitale Aufklärung.

Unsere Daten sind die Währung, in der wir zahlen

Es geht jedoch nicht einfach darum, digitale Unternehmen dazu zu bringen, den freien Zugang zu ihren Plattformen und Diensten auszuweiten, denn eines haben wir gelernt: Es ist niemals kostenlos.

Unsere Vorlieben und unser Verhalten, unser Standort und unzählige andere persönliche Daten sind das neue wirtschaftliche Gold. Die sozialen Plattformen, die wir nutzen, sammeln Details darüber, wie wir ihre Dienste nutzen. So können sie die Werbung, die den Großteil ihrer Einnahmen ausmacht, gezielt einsetzen. Der Skandal um das Datenanalyse-Unternehmen Cambridge Analytica 2018 etwa, das versuchte auf US-Wahlen Einfluss zu nehmen, hat auch gezeigt, wie das Datensammeln – legal und illegal – dazu benutzt wird, politische Botschaften systematisch zu verbreiten. Schon damals war Cambridge Analytica nur eines von rund 180 digitalen Unternehmen, die mit Akteuren aus Wirtschaft und Politik weltweit zusammenarbeiteten.

Ob aus Profitgründen oder aus politischem Interesse: Digitale Kommunikationsplattformen nutzen unsere Daten über Algorithmen. „Beliebte" Inhalte werden gepusht, Werbung und Botschaften werden auf unsere Vorlieben und Abneigungen zugeschnitten. Mit dem zunehmenden Einsatz von „persönlichen Assistenten" wie Alexa von Amazon oder Covid-Tracing-Apps, die von Regierungen entwickelt werden, können unsere privaten Daten jeden Winkel unseres öffentlichen und privaten Lebens betreffen. Sie können sowohl für unsere Bequemlichkeit und Gesundheit als auch für Zensur und Kontrolle verwendet werden. Allein schon deswegen müssen Prinzipien wie Vielfalt, Respekt, Dialog und Rechenschaftspflicht zentrale Pfeiler unserer Kampagne für digitale Gerechtigkeit sein.

In der digitalen Welt ist die Wahrheit bedroht

Als Social Media-Plattformen sich erstmals etablierten, war ein Teil des aufregenden Versprechens die Fähigkeit, externe Kontrollen der Kommunikation zu umgehen und uns frei und individuell ausdrücken zu können. Jetzt sehen wir eine zunehmende Manipulation, die dem Einzelnen nur noch die Illusion einer freien Meinungsäusserung vermittelt. Dies ist zum Teil auf Algorithmen zurückzuführen, die solche Plattformen verwenden und die oft kontroverse oder sensationslüsterne Inhalte „belohnen": Dadurch, dass sie an die Spitze der Nachrichten-Feeds gerückt werden, gehen sie mit größerer Wahrscheinlichkeit viral.

Ohne die Strenge des investigativen Journalismus sind die Menschen Halbwahrheiten und Lügen ausgesetzt. Unabhängige Medien sind bereits durch die Umleitung von Werbeeinnahmen auf Social Media-Plattformen existenziell bedroht. Nun sehen sie sich zusätzlich mit öffentlichem Misstrauen konfrontiert, das von einigen politischen Interessen gefördert wird. Annie Game, Vorstandsmitglied von IFEX, einem globalen Netzwerk zur Förderung der Meinungsfreiheit, sagt dazu:

> *„Trotz der Bemühungen um eine rechtzeitige Überprüfung der Fakten und eine verantwortungsbewusste Moderation von Inhalten ist es viel einfacher, Fehlinformationen zu verbreiten, als ihnen entgegenzuwirken. Die Lüge verbreitet sich viral, die Korrektur im Allgemeinen nicht. Das Problem wird noch dadurch verschärft, dass einige Staats- und Regierungschefs der Welt diese Krise und das Podium, das sie ihnen bietet, dazu missbrauchen, um ihre Botschaften zu platzieren und Medien zu verunglimpfen. Dadurch wird Verwirrung und Misstrauen unter den Menschen gesät, die bereits unter der Pandemie leiden und eigentlich dringend Antworten benötigen."*

Wir beobachten auch eine Zunahme von Online-Hassreden, die in manchen Kreisen als „Meinungsfreiheit" gerechtfertigt werden. Die Ausübung dieser „Meinungsfreiheit" durch einige Menschen ist in Wirklichkeit jedoch missbräuchlich und gewalttätig. Sie erstickt die Meinungsäußerung anderer Einzelpersonen und gefährdeter Gruppen wie Frauen und Migrant*innen. Die Furcht vor gezielten Beschimpfungen und Drohungen senkt die Bereitschaft, sich online zu äußern und an einer kritischen Debatte zu beteiligen. Im Sinne der digitalen Gerechtigkeit dürfen wir jedoch nicht zu Online-Hass und Fehlinformationen schweigen. Als Einzelne, Kirchen und Organisationen müssen wir uns online und offline in einen respektvollen Austausch begeben. Wir müssen vertrauenswürdige Nachrichten teilen und unterstützen. Und wir müssen uns für diejenigen einsetzen, die vom Hass betroffen sind.

Mehr soziale Gerechtigkeit im digitalen Zeitalter

Die Covid-19-Pandemie hat diese und viele andere Probleme weiter verschärft. Es ist nun ein noch dringenderes Anliegen, Gerechtigkeit in den Mittelpunkt unserer digitalen Zukunft zu stellen. Tatsächlich bietet die Pandemie aber auch für einige die Chance eines gesellschaftlichen „Neustarts“ und verbesserten Wiederaufbaus sowie die Möglichkeit, Gleichheit, Gerechtigkeit und Gleichberechtigung in unsere politischen, wirtschaftlichen und kulturellen Systeme zu integrieren. UN-Generalsekretär António Guterres hat erklärt: „Jetzt ist es an der Zeit, unsere Anstrengungen zu verdoppeln, um integrativere und nachhaltigere Volkswirtschaften und Gesellschaften aufzubauen, die angesichts von Pandemien, Klimawandel und anderen globalen Herausforderungen widerstandsfähiger sind. Der Aufschwung muss zu einer anderen Wirtschaft führen.“

Die WACC und der Ökumenische Rat der Kirchen befassen sich zusammen mit der Evangelischen Mission Weltweit (EMW), der Evangelischen Kirche in Deutschland (EKD), Brot für die Welt und dem Christlichen Studentenweltbund mit diesen theologischen, ethischen, sozialen und Gerechtigkeitsfragen und bereiten derzeit ein Symposium über Kommunikation für soziale Gerechtigkeit im digitalen Zeitalter vor, das im September 2021 stattfinden soll.

Mit ihrem einzigartigen Netzwerk von Basisgemeinschaften, Medienagenturen, Akademiker*innen und Aktivist*innen der Zivilgesellschaft befasst sich die WACC ihrerseits mit digitaler Gerechtigkeit, die eine ihrer Prioritäten ist. Wir sind uns sehr bewusst, dass es ohne Kommunikation nicht möglich ist, die Spaltungen zu heilen und eine Zukunft in Solidarität zu gestalten. Dieselben digitalen Plattformen, die heute Gerüchte, Fehlinformationen und gefälschte Nachrichten anheizen, sind auch unerlässlich dafür, uns miteinander zu vernetzen. Sie können zu einem besseren Verständnis zwischen den Menschen, zu einer größeren Beteiligung und zu mehr Rechenschaftspflicht privater und öffentlicher Einrichtungen beitragen.

Aber das setzt voraus, dass wir alle die digitalen Werkzeuge aktiv und bewusst nutzen, dass wir uns für eine wirksame und unabhängige Überwachung und Regulierung der Technologie einsetzen, dass wir weiterhin online und offline unser Engagement für Liebe, Einheit und Versöhnung sichtbar machen. Dann können wir uns auf eine digitale Zukunft freuen, in der Menschen und Gesellschaften mit all der Fantasie und Kreativität kommunizieren können, die uns zur Verfügung steht.

Sara Speicher ist stellvertretende Generalsekretärin der Weltvereinigung für christliche Kommunikation (WACC). Seit 2004 ist sie Medien- und Kommunikationsberaterin und hat mit vielen Organisationen wie dem Ökumenischen Rat der Kirchen, dem Ökumenischen Aktionsbündnis (Ecumenical Advocacy Alliance), der Welt-AIDS-Kampagne, Cordaid und der Young Women's Christian Association (YWCA) zusammengearbeitet.

Philip Lee ist Generalsekretär der Weltvereinigung für christliche Kommunikation (WACC) und Herausgeber der internationalen Zeitschrift Media Development. Ausgabe 4/2020 beschäftigt sich mit dem Thema "Communicating in Difficult Times": https://waccglobal.org/media-development-2/

Übersetzung aus dem Englischen: **Cornelia Kabus**

Im Internet:
World Association of Christian Comunication (WACC):
www.waccglobal.org

ANNA-NICOLE HEINRICH

#glaubengemeinsam – einfach machen!

EKD-Jugend organisiert erstmals Hackathon

„Wie kann Glauben heute gemeinsam gelebt werden?“, fragten sich einige junge Leute zu Beginn der Corona-Pandemie und fanden eine innovative Antwort: Unter Federführung von Jugenddelegierten der EKD-Synode initiierten sie vom 3. bis 5. April 2020 erstmals einen ökumenischen „Hackathon“ in der Evangelischen Kirche in Deutschland (EKD), ein digitales Vernetzungstreffen auf der Suche nach neuen Lösungen. „Einfach mal machen“, lautete das Motto dieses ersten #glaubengemeinsam-Hackthons, wie Mitinitiatorin Anna-Nicole Heinrich berichtet. Vom 26. bis 28. März 2021 hat der zweite Hackathon stattgefunden, weitere sind in Planung.

Als im März 2020 die ersten Ausgangsbeschränkungen in Deutschland verhängt werden, scheint Vieles wie gelähmt. Veranstaltungen und Sitzungen werden abgesagt oder ins Digitale verlegt. Viele kirchliche Akteur*innen scheinen im ersten Moment ratlos, wie sie mit dieser neuen Situation des „Herunterfahrens“ umgehen sollen. Genau in dieser Situation fragt sich eine Handvoll junger Leute aus ganz Deutschland, die Jugenddelegierte der EKD-Synode sind: „Wollen wir diese kurze Ratlosigkeit nicht einfach mal schnell nutzen, um ein kleines Projekt zu starten, das uns gerade so in den Kopf gekommen ist? – Einfach mal machen und schauen, ob wir Mitstreiter*innen und Unterstützer*innen in dieser irgendwie besonderen Zeit finden? Wenn nicht jetzt, wann dann? Also los, lasst uns den ersten kirchlichen Hackathon starten!“

Einen „Hacka ...“ was? Das Wort lässt bei vielen Leuten erstmal ein großes Fragezeichen aufleuchten. Doch eigentlich ist es ganz einfach. Der Begriff setzt sich aus den Wörtern „hacken“ und „Marathon“ zusammen und kommt aus der Soft- und Hardware-Branche.

Dort hat es sich als Format etabliert, um Innovationen zu schaffen und eine Vernetzung verschiedener Akteur*innen anzuregen. Dabei können die Ziele sehr unterschiedlich sein. Konzerne veranstalten Hackathons zum Beispiel, um neue Entwickler*innen zu entdecken, Sicherheitslücken zu schließen oder innovative Ideen rund um ihre Produkte zu fördern. Die Szene der freien Soft- und Hardware-Entwickler*innen dagegen nutzt Hackathons vor allem, um die Community zu vernetzen, zu erweitern und an Herausforderungen zu arbeiten.

Die Herausforderung des #glaubengemeinsam-Hackathons war weit gefasst. Es ging um die Frage: „Wie kann Glaube heute gemeinsam gelebt werden?" Ziel war es, in einer Zeit des Stillstands einen Raum zu eröffnen, in dem gemeinsam und über alle Grenzen hinweg an Ideen, Projekten und Produkten gearbeitet werden konnte. Es wurden analoge und digitale Lösungen gesucht. Ein Hackathon schien für diese Herausforderung zu Beginn des ersten Lockdowns 2020 die richtige Methode zu sein, um möglichst schnell viele Leute synchron zusammenzubringen.

50 neue Projektideen in nur 48 Stunden

Nachdem wortwörtlich über Nacht die gesamte Infrastruktur entstanden war, angefangen von einer Homepage über ein Logo bis hin zu einem breiten Social Media-Auftritt, sprangen eine Vielzahl von Unterstützer*innen mit hinein ins Abenteuer „erster kirchlicher Hackathon". Die Evangelische Arbeitsstelle für missionarische Kirchenentwicklung und diakonische Profilbildung (midi) und das Fresh X-Netzwerk (beide in Berlin), das Bistum Hildesheim und das in Baden beheimatete Barcamp Kirche online konnten als Mitinitiator*innen gewonnen werden, die Evangelische Kirche in Deutschland (EKD) übernahm die Schirmherrschaft.

Während des Hackathons fungierte der Evangelische Presseverband Bayern (EPV) als Pressepartner und berichtete aktuell. Ausgehend von dem Motto: „Einfach mal machen!" arbeiteten etwa 20 Menschen mit viel Herzblut an ihrem neuen Projekt. Die vielfältigen Netzwerke, die durch die Unterstützer*innen in kürzester Zeit aktiviert werden konnten, waren ein Erfolgsgarant für die breite Beteiligung am #glaubengemeinsam-Hackathon. Nach nur sieben Tagen Bewerbungsphase nahmen dann vom 3. bis 5. April 2020 genau 651 Menschen teil, davon waren 81 Mentor*innen, die die Teilnehmer*innen mit ihrer jeweiligen Expertise begleiteten.

Es wurden über 100 Ideen zur Bearbeitung eingereicht und nach 48 Stunden Hackathon 50 konkrete Projekte abgegeben. Die Gemeinschaft der Teilnehmer*innen war bunt gemischt. Neben kirchlich Verbundenen, die einfach mal was ändern wollten oder neue Ideen hatten, waren auch einige Leute dabei, die eigentlich nicht auf dem Radar der Initator*innen waren. Zum Beispiel schrieb jemand während des Hackathons auf der Arbeitsplattform: „Ich habe mit Kirche nicht mehr viel am Hut, aber dieser Hackathon macht wieder Lust, sich mit meinem Glauben auseinanderzusetzen."

Der Hackathon 2020 war ein voller Erfolg und deshalb fand im Frühjahr 2021 auch bereits der zweite #glaubengemeinsam-Hackathon statt. Infos dazu und auch die Dokumentation von 2020 sind auf der Homepage zu finden: www.glaubengemeinsam.de. Der Hackathon 2021 fand aufbauend auf den Erkenntnissen des Vorjahres statt, die in den nächsten drei Abschnitten kurz benannt werden und hoffentlich so auch als Impuls für Post-Corona-Zeiten dienen können.

Die Kraft des Netzwerks und der Vernetzung

Die vielen Multiplikator*innen sorgten durch ihre beruflichen und persönlichen Netzwerke innerhalb weniger Tage dafür, dass die Informationen über den ersten #glaubengemeinsam-Hackathon schnell an viele verschiedene Menschen herangetragen wurden. Obwohl die Informationen hauptsächlich bei institutionellen Strukturen platziert wurden, kamen sie schnell auch an der Basis bei haupt- und ehrenamtlich engagierten Menschen an, die unterschiedlich christlich sozialisiert sind und so auch theologisch ein weites Spektrum abbilden.

Vor allem aus der Tech-Szene, zu der Kreative wie Web-Designer*innen, Software-Architekt*innen oder Entwickler*innen gehören, nahmen interessierte, aber kirchlich eher distanzierte Menschen teil. Dabei zeigte sich, dass ein Netzwerk sehr gut auch über strukturelle Grenzen hinweg funktioniert, wenn die Inhalte im Mittelpunkt stehen und ein Raum eröffnet wird, in dem Gruppen zusammen an ihren Zukunftsideen arbeiten können. Es überrascht, wie viele Menschen sich unter diesen Bedingungen mal eben spontan ein ganzes Wochenende Zeit genommen haben, um an dieser sehr offenen Fragestellung zu arbeiten: „Wie kann man Glauben heute gemeinsam leben?“ Der Netzwerkcharakter des Hackathons hat ein Wir-Gefühl geboten, das von den Teilnehmer*innen außerordentlich gut angenommen und umgesetzt wurde. Es ist beeindruckend, wie viele unterschiedliche Menschen Bock haben, Energie in neue Ideen für unseren gemeinsamen Glauben zu stecken, denn die erarbeiteten Projektideen sind frei verfügbar und werden so wieder ins Netzwerk eingespeist.

Getragen von diesem Gefühl ist es eine nachvollziehbare Folge, dass sich viele in den Hackathon-Teams, die sich genau daran stoßen, dass dieses Wir-Gefühl in kirchlichen Strukturen oft fehlt, jetzt Ideen entwickelt haben, um es stärker in den Vordergrund zu rücken. Dabei zeigte sich, dass in vielen Projekten die Verknüpfung und gegenseitige Bereicherung von analoger und digitaler Kommunikation eine wichtige Rolle spielt. Einige Teams beschäftigten sich mit Best-Practice-Plattformen, andere mit Wiki-Plattformen und natürlich befassten sich auch Teams mit der Frage, wie man Pionier*innen der Kirchen zusammenbringen und vernetzen kann.

Einen Schritt in diese Richtung scheint jetzt auch die EKD-Synode gegangen zu sein. Bei ihrem letzten Treffen im November 2020 hat sie mit einem neuen Reformpapier „Kirche auf gutem Grund – 12 Leitsätze zur Zukunft einer aufgeschlossenen Kirche“ genau dies benannt. So steht in Leitsatz 6 zu Digitalisierung:

> *„Wir setzen digitale Lösungen ein, um Menschen besser zusammenzubringen und zu erreichen, aber auch um als Kirche besser und leichter erreichbar zu sein. Es wird sich hoffentlich zeigen, dass die Hoffnung der Hackathon-Community aufgeht und ein mutiges, netzwerkorientiertes Agieren auch zu einer Bündelung von Wertvollem und einer Konzentration auf den Inhalt führt.“*

Die Kraft der Ökumene und der geistlichen Verbundenheit

Die Ausrichtung von #glaubengemeinsam war von Anfang an ökumenisch und überkonfessionell, denn alle an der Entstehung Beteiligten sind der festen Überzeugung, dass man in ökumenischer und konfessioneller Verbundenheit viel erreichen kann. Gute Ideen im Hackathon hängen nicht an einer Konfession, denn es zeigte sich, dass vor allem in der Offenheit die Kraft liegt, und nicht in der Ab- und Eingrenzung. Man sah, dass besonders in der Vielfalt der Frömmigkeitsrichtungen und im Austausch darüber sehr viel Energie steckt, die gute Ideen hervorbringt. Die ökumenische Kraft, die im Hackathon sichtbar wurde, ist einer der größten Schätze.

Vor allem im geistlichen Kontext des #glaubengemeinsam-Hackathons zeigte sich durchgehend eine hohe Verbundenheit unter allen Teilnehmer*innen, da das Gemeinschaftsgefühl wichtig für das Erleben des Wochenendes war. Hierarchien dagegen spielten genauso wie kirchliche Zugehörigkeiten keine Rolle: „Wer dabei ist, ist dabei und ist Teil der Crowd, egal ob ehrenamtlich, hauptamtlich, leitend und leidend." Diese geistliche Verbundenheit hatte eine sehr offene und gewinnbringende Kommunikation zur Folge, die die Projekte und Herausforderungen in den Mittelpunkt stellte und nicht Persönlichkeiten und persönliche Anliegen. So zeigte sich bei den Reaktionen zur Abschlussandacht am letzten Abend, dass beim Hackathon nicht nur über Kirche und Glaubensthemen diskutiert wurde, sondern dass die Veranstaltung selbst zu einem gemeinschaftlichen, ökumenischen Glaubenserlebnis mit einer spirituellen Dimension geworden war.

Die Kraft des gemeinsamen Arbeitens und des Ehrenamtes

Damit diese Form von Gemeinschaft entstehen konnte, war das vernetzte Arbeiten während des Hackathons sehr wichtig, denn dadurch wurde eine Verzahnung von synchronem und asynchronem Arbeiten möglich, also von zeitgleichem (live) und zeitversetztem Arbeiten (etwa in Foren oder Blogs). Live-Video-Übertragungen und Live-Chats waren notwendig, um die Gesamtgruppe sowie die Projektgruppen untereinander über 48 Stunden zu motivieren, das Gemeinschaftsgefühl herzustellen und aufrechtzuerhalten sowie über

Zwischenstände zu informieren. Hiervon ausgehend wurde es durch technisch vernetztes Arbeiten (z.B. durch Slack und Shared Documents) sowie klare Absprachen möglich, innerhalb der Projektgruppe asynchron und flexibel zusammenzuarbeiten. Jeder und jede konnte sich nach eigenen Möglichkeiten einbringen.

Aspekte wie Kinderbetreuung, berufliche oder unvorhergesehene Termine konnten gut und ohne Rechtfertigungsdruck berücksichtigt werden. So konnten die größtmöglichen zeitlichen Ressourcen aller Teilnehmenden produktiv eingebracht werden. Die Methode Hackathon zeichnet sich grundsätzlich durch einen wertschätzenden Kommunikationsstil aus, der nie bewertet, aber stark wahrnimmt, berät, Unterstützung anbietet und alle Ergebnisse würdigt. Diese Arbeitsform und -kultur sollte in Zukunft Prozesse in der evangelischen Kirche und auch das Ehrenamt durchstrahlen. Ein Hackathon-Projekt benennt es konkret: „Ehrenamt darf nicht immer auf Stetigkeit und dauerhafte Beteiligung setzen, sondern man muss sich flexibel und prozessorientiert einbringen können." Es scheint, als könnte #glaubengemeinsam ein solcher Raum sein, in dem durch Hackathons eine Form von flexibler Partizipation entsteht, die – durch synchrone und asynchrone Anteile selbstbestimmter Beteiligung – Gemeinschaft erzeugt.

„Die Situation einfach mal nutzen"

Ohne die kurze Ratlosigkeit bei kirchlichen Akteur*innen, die die EKD-Jugenddelegierten zu Beginn der Corona-Zeit zumindest gesehen haben wollten (Konjunktiv II), hätte es diese Ad-hoc-Initiative unseres Hackathons in dieser Form wohl nicht gegeben. Irritationen im System führen anscheinend zu Neuem, vielleicht kann man sogar sagen, zu Innovativem. Das erste Wochenende im April 2020 hat gezeigt: Ein Hackathon kann mit nur 12 Euro Gesamtkosten, ohne jegliches Präsenztreffen, ohne lange Entscheidungswege und in nicht einmal zwei Wochen realisiert werden. Engagierte Menschen, die für die Idee brennen, kirchliche Strukturen, die unterstützen und ermöglichen, beratend zur Seite stehen und somit selbst engagiert Teil der Idee werden, waren und sind der Erfolgsgarant für #glaubengemeinsam. Ohne dieses großartige Zusammenspiel wäre es nicht möglich gewesen, den Hackathon so fliegen zu lassen.

In den nächsten Runden von #glaubengemeinsam wird sich zeigen müssen, ob die beschrieben Kräfte nicht nur in der Hackathon-Struktur selbst, sondern auch darüber hinaus auf fruchtbaren Boden fallen und andere Systeme nachhaltig beeinflussen. Das #glaubengemeinsam-Team glaubt daran, dass das Netzwerk gemeinsam etwas bewirken kann: „Vernetzt, verbunden, flexibel“ und die Aussage „Einfach mal machen!“ bleiben somit hoffentlich auch in der Post-Corona-Zeit die beiden Mottos der Hackathon-Crowd.

Anna-Nicole Heinrich (24) studiert in Regensburg „Menschenbild & Werte“ sowie „Digital Humanities“. Sie ist Präses der 13. Synode der Evangelischen Kirche in Deutschland (EKD) und stellvertretende Vorsitzende der Arbeitsgemeinschaft Evangelische Jugend (aej) in Deutschland e.V. Sie war Anfang 2020 maßgeblich an der Initiative zum ersten kirchlichen #glaubengemeinsam-Hackathon beteiligt.

Im Internet: www.glaubengemeinsam.de

Literatur:

- Handbuch der Open Knowledge Foundation Deutschland e.V. (Hg.): www.handbuch.jugendhackt.de
- Juliane Fischer und Yvonne Renner: Analyse des Kirchenbildes im Hackathon #glaubengemeinsam: https://puk.bayern-evangelisch.de/downloads/20-05-20-Kirchenbild_Hackathon.pdf
- EKD: 12 Leitsätze zur Zukunft einer aufgeschlossenen Kirche (2020): www.ekd.de/zwoelf-leitsaetze-zur-zukunft-einer-aufgeschlossenen-kirche-60102.htm

„Was für ein Potenzial“

Hackathon-Teilnehmer*innen über ihre Erfahrungen

- *„Auch im Blick auf Frömmigkeitsstile und theologische Ausrichtung war alles vertreten, was man sich bei Kirchens vorstellen kann. Es hätte also auch genügend Anlass für Auseinandersetzungen gegeben. Für mich war es wunderbar zu erleben, wie sich all diese Menschen zusammenfanden und intensiv und fröhlich an ihren Projekten arbeiteten. Auch wenn es zu keiner persönlichen Begegnung im ‚real life‘ kam, war eine große und lebendige Gemeinschaft während des Hackathons zu spüren!“ (Uwe H.)*

- *„Wir sind Fynn, Lukas, Kolja und Felix und haben aus Versehen eine Band gegründet, ohne uns jemals getroffen zu haben.“*

- *„Das hat mir sehr gutgetan: Zu erleben, wie viele Menschen motiviert und engagiert sind – und einfach machen können, wenn man sie lässt – und nicht ausbremst. Der Heilige Geist weht und wirkt durch die digitalen Medien. Was für ein Potenzial!“*

- *„Großes Lob – Ihr habt gezeigt, was junge Menschen unserer Kirche zeigen können! Dass Ihr das Ganze von Anfang an ökumenisch aufgestellt habt, das ist toll und zukunftsweisend. Ich habe viel gelernt an diesem WE, wieder neu connected und ordentlich Ermutigung getankt für unsere Kirche und den weiteren Weg.“*

MIKE K. LEE

Innovation und neue Erkenntnis

Internationale Gemeinden stärker vernetzt

Rund 140 Gemeinden zählt der Internationale Kirchenkonvent (IKK) Rheinland-Westfalen und auch sie mussten ihre Angebote in der Corona-Krise völlig umstellen und digitalisieren. Aber anders als bei den durch Kirchensteuern abgesicherten deutschen landeskirchlichen Gemeinden bedeutete die Verringerung von Präsenzgottesdiensten für sie das Ausbleiben von Kollekten – ihre wichtigste Finanzquelle. Gleichzeitig aber, so berichtet IKK-Geschäftsführer Mike Lee, bildeten die internationalen Gemeinden neue, transregionale und transkulturelle Gemeinschaften und erlebten sogar, dass Menschen neu zum Glauben kamen.

Schon beim ersten Lockdown im März 2020 haben sich die Gemeinden des Internationalen Kirchenkonvents (IKK) Rheinland-Westfalen schnell und situationsgerecht darauf eingestellt: So hatte eine koreanische Gemeinde in Köln ihre Gottesdienste bereits Ende Februar vorsorglich auf YouTube eingestellt. Eine persische Gemeinde in Westfalen bot Gottesdienste und Bibelkurse während der Woche auf Instagram an. Und eine afrikanische Gemeinde in Düsseldorf richtete über Zoom eine Online-Lounge zum Gespräch ein. Andere Gemeinden machten dagegen eher niederschwelligen Gebrauch von digitalen Medien und versorgten ihre Mitglieder per Handy mit geistlichem Input.

In diesen technisch weniger versierten Gemeinden kontaktierten Hauptamtliche ihre Gemeindemitglieder telefonisch und begleiteten sie mit täglichen Andachten und Seelsorgegesprächen. Ein afrikanischer Pastor in Duisburg nahm das tägliche Glockengeläut seiner Wohnsitzgemeinde um 19.30 Uhr zum Anlass, zu einer Gebetszeit einzuladen. Und auch das Komitee des IKK richtete in der Karwoche einen „Virtuellen Gebetsraum“ ein, in dem Geschwister aus internationalen Gemeinden zusammenkamen, um für persönliche, gesellschaftliche und globale Anliegen in der Corona-Krise zu beten. Diese wenigen Streiflichter veranschaulichen, dass die internationalen Gemeinden innovative und kreative Wege gefunden haben, um das geistliche Leben ihrer Gemeinden auch im Lockdown lebendig zu erhalten.

Seit den Lockerungen Anfang Mai konnten unter Schutzauflagen wieder Gottesdienste stattfinden. Ein EKD-Eckpunktepapier dazu, die Handlungsempfehlungen der Landeskirchen, die behördlichen Vorgaben und individuelle Beratungsgespräche erwiesen sich dabei als wichtige Orientierung für viele internationale Gemeinden. Hierbei hat sich die Nutzung von landeskirchlichen Räumlichkeiten insofern als hilfreich für sie erwiesen, als die landeskirchlichen Glaubensgeschwister aufgrund ihres direkten Kontakts mit Gesundheitsbehörden schnelleren Informationszugang hatten und somit auch als Vermittler fungieren konnten.

Vielfältige Angebote, je nach Gemeinde

So waren internationale Gemeinden in angemieteten Räumen lediglich dazu angehalten, dem von der Gastgemeinde vorgelegten behördlich genehmigten Schutzkonzept zuzustimmen, um dort ihre Gottesdienste zu feiern. Zudem haben sie von der aufwändigen Logistik der jeweiligen Gastgebergemeinde sehr profitiert: Nummerierung von Sitzplätzen, Ausfüllen von Kontaktformularen, Bereitstellung von Desinfektionsmitteln, Einrichtung von Lüftungssystemen. Es gab aber auch internationale Gemeinden, die noch pedantischere Maßnahmen umgesetzt haben: Dort wurden die Gottesdienstbesucher*innen am Eingang mit Fiebermessgeräten überprüft und bei Covid-19-Verdacht wurde ihnen die Teilnahme am Gottesdienst verwehrt.

Auf der anderen Seite gab es auch internationale Gemeinden, die ihre Gottesdienste frühzeitig komplett auf digitale Formate umgestellt haben. Für manche war es eine zwangsläufige Entscheidung, weil sie von der Gebäudevermietung strenge Restriktionen auferlegt bekommen hatten. Für andere war der Verzicht auf Präsenzgottesdienste in solidarischer Rücksichtnahme begründet, weil etwa Gottesdienstbesucher*innen aus entfernteren Einzugsgebieten kamen und sich durch die Nutzung von öffentlichen Verkehrsmitteln einem erhöhten Infektionsrisiko ausgesetzt hätten, oder auch weil Gemeinden aus mehrheitlich älteren Leuten bestanden und besonders gefährdet waren.

Interessanterweise nahmen internationale Gemeinden, die auf Präsenzgottesdienste verzichteten und sich auf digitale Formen beschränkten, diese Umstellung als große Bereicherung wahr. So haben frankophone Gemeinden wie die *Communauté protestante de Langue Francaise*, die deutschlandweit und europaweit verteilt sind, über digitale Medien ihre transregionalen Gemeinschaften intensivieren können. Auch die in Deutschland verteilten brasilianischen Gemeinden der *Communidade Crista Brasileira* konnten so die Beziehungen zu ihren Schwesterkirchen solidarisch stärken.

Bemerkenswert war auch, dass internationale Gemeinden digitale Plattformen effektiv genutzt haben, um das Gebetsleben zu kultivieren. Viele Gemeinden haben sich mehrmals in der Woche zum gemeinsamen Gebet getroffen. Eine frankophone afrikanische Gemeinde hat berichtet, dass sie das wöchentliche digitale Gebetstreffen, das im Lockdown entstanden ist, auch bei Wiederaufnahme von Präsenzgottesdiensten fortführen werde, weil es ein wesentlicher Bestandteil des Gemeindelebens geworden sei. Eine andere internationale Gemeinde zieht in Erwägung, zusätzlich zu den Präsenzgottesdiensten am Sonntag einen regelmäßigen digitalen Gottesdienst am Samstag einzurichten, um noch mehr Gemeindemitgliedern die Teilnahme zu ermöglichen.

An diesen Beispielen wird deutlich, dass internationale Gemeinden des IKKs ihre Gottesdienstangebote zwar unterschiedlich, aber situationsgerecht aufrechterhalten und sogar erweitert haben. So berichtet eine brasilianische Gemeinde in Düsseldorf, dass sie während des Lockdowns ihre eigenen, unbeschränkt nutzbaren Lieder für die Gemeinde komponiert habe, um Konflikte mit dem Urheberrecht (GEMA) zu vermeiden, was erfreulicherweise zur Erweiterung des Repertoires an Gemeindeliedern geführt habe.

Keine Kollekten und vereinzelt Verschwörungsglaube

Trotz der Innovationen, mit denen die internationalen Gemeinden der Krise begegneten, haben viele unter den Corona-Einschränkungen finanziell erheblich gelitten, da die wöchentlichen Kollekten, ihre finanzielle Haupteinnahmequelle, plötzlich wegfielen. Die hohen Mietkosten für Gottesdiensträume insbesondere in Gewerbegebieten sowie Gehaltskosten von Hauptamtlichen ließen sich nur noch schwer begleichen. Nur wenige Gemeinden haben es geschafft, in kürzester Zeit auf digitale Spendenaktionen umzustellen. In Reaktion auf diesen prekären Umstand hat die Evangelische Kirche in Deutschland (EKD) im Auftrag der Konferenz der Beauftragten für die Arbeit mit internationalen Gemeinden in einem Schreiben an die Landeskirchen an deren geschwisterliche Solidarität appelliert, die Mietzahlungen für die Nutzung landeskirchlicher Räume während der Krise zu stornieren oder zumindest zu stunden. Auf dieses Schreiben haben einige Landeskirchen erfreulicherweise positiv reagiert. Außerdem haben landeskirchliche Beauftragte für die Arbeit mit internationalen Gemeinden Geld aus ihren Etats bereitgestellt, um hilfsbedürftige Gemeinden mit provisorisch eingerichteten Corona-Hilfsfonds zu unterstützen.

Eine weitere Herausforderung hat sich bei der Frage nach der theologischen Deutung von Corona herauskristallisiert. Obwohl nicht bekannt ist, dass die internationalen Gemeinden des IKKs Verschwörungstheorien vertreten oder flächendeckend verbreitet haben, sind bei manchen Gottesdienstbesuchen theologisch fragwürdige Äußerungen zutage getreten: Von der Überzeugung, dass für die Corona-Pandemie bestimmte Menschen im Hintergrund verantwortlich seien bis hin zur Proklamation, dass Gott überhaupt nichts mit Corona zu tun habe, beweg(t)en sich internationale Gemeinden in einem Spannungsfeld unterschiedlicher theologischer Deutungen, die auf einen dualistischen Ursachenzusammenhang schließen lassen. Demnach wird die Ursache von Covid-19 entweder auf einen strafenden Akt Gottes oder auf Satans destruktives Wirken zurückgeführt.

Die Ungewissheit und die Komplexität der Corona-Pandemie haben die internationalen Gemeinden jedoch vor die Herausforderung gestellt, verschiedene Ebenen wahrzunehmen (wie z.B. eine ökologisch-theologische Deutung) und sich nicht nur auf einen Deutungsansatz festzulegen. Eine ausgewogene theologische Positionierung zur Coronakrise hat zum Beispiel die Allafrikanische Kirchenkonferenz in ihren „Zehn theologischen Thesen zur Covid-19-Pandemie" dargelegt (vgl. Artikel von E. M. Conradie) oder auch die christliche Hilfsorganisation Tearfund mit ihren „Theological Resources for Covid-19" (https://learn.tearfund.org/en). Diese Stimmen aus der weltweiten Ökumene, auf die der IKK Rheinland-Westfalen seine Mitgliedskirchen aufmerksam gemacht hat, haben den Blick auf die Krise geschärft und gegebenenfalls auch korrigiert.

Weltweite Vernetzung mit missionarischer Wirkung

Die Corona-Krise hat die Innovationskraft und die Agilität der internationalen Gemeinden zum Vorschein gebracht. Viele haben ihre Angebote in kürzester Zeit auf digitale Medien umgestellt, die andere bereits vorher selbstverständlich genutzt hatten. Hinzu kommt, dass sich viele dieser Gemeinden als Teil einer weltweiten Diaspora betrachten und in transnationalen Netzwerken eingebunden sind. Der EKD-Referent für Internationale Gemeinden, Bendix Balke, hat auf das Beispiel der Eritreischen Evangelisch-Lutherischen Gemeinde in der Nähe von Frankfurt hingewiesen, die ihre Ostergottesdienste 2020 als Videokonferenz gefeiert hat. Da die Gemeinde zu der Zeit keinen Pastor hatte, nahmen sie Kontakt mit einem eritreischen Pastor in den USA auf, der für sie die Festgottesdienste per Videokonferenz gestaltete. Dazu gesellten sich weitere Teilnehmer*innen aus Deutschland, Schweiz, USA, Kanada und Israel. Hier bildete sich eine christliche Gemeinschaft aus aller Welt, die durch die gemeinsame Sprache Tigrinya verbunden war.

Als weiteres Beispiel sei hier auch kurz die English-speaking Christian Congregation (ECC) in Bochum erwähnt, zu deren Online-Gottesdiensten sich englischsprachige Menschen aus 30 verschiedenen Nationen zugeschaltet haben. An diesen beiden Beispielen erkennt man, dass internationale Gemeinden ihre digitalen Möglichkeiten ausschöpfen, um transregionale und transkulturelle Gemeinschaften zu bilden und auch als Gelegenheit zur Verkündigung des Evangeliums zu nutzen. Berichte darüber, dass Menschen in den Herkunftsländern einer in Deutschland ansässigen Diaspora-Gemeinde durch deren Online-Gottesdienste zum christlichen Glauben gefunden haben, sind keine Seltenheit.

Auch die Landeskirchen reagieren auf die Corona-Pandemie mit fortschreitender Digitalisierung, um das Kirchenleben zu gewährleisten. Aber hier könnten landeskirchliche Gemeinden von internationalen Gemeinden lernen, die Digitalisierung als Möglichkeit zur weltweiten Vernetzung mit der Ökumene und auch für die Mission wahrzunehmen. Wie kann die sechste These der Barmer Theologischen Erklärung, nämlich die Botschaft der freien Gnade Gottes an alles Volk auszurichten, mit den digitalen Möglichkeiten heutzutage umgesetzt werden? Die internationalen Gemeinden zeigen uns, wie das funktioniert.

Auf der anderen Seite können internationale von landeskirchlichen Gemeinden lernen, wie man einer solchen Krise mit ausgewogener Theologie und gesundem Menschenverstand konstruktiv begegnet. Wo diese Ausgewogenheit nicht gewährleistet ist, ist eine Gemeinde gefährdet, Verschwörungstheorien anheimzufallen. Das von der Mehrheit der Gesellschaft entgegengebrachte Vertrauen in Wissenschaft, Bundes- und Landesregierung sowie deren Kommunen während der Krise war für die Glaubensgeschwister aus den internationalen Gemeinden, in deren Herkunftsländern oft suboptimale politische Verhältnisse herrschen, eine Horizonterweiterung und beschleunigte einen Reifeprozess zu gesellschaftsverantwortlichem Christsein.

In dieser Krise kam auch der Umgang Martin Luthers mit der Pest in Wittenberg 1527 als reformatorisches Vermächtnis neu ins Bewusstsein. Damals schrieb Luther in einem Brief an Pfarrer Peter Boos, dass er alle notwendigen Vorsichtsmaßnahmen befolgte, Sorge für seine eigene Gesundheit und die der Mitmenschen trage, aber wenn nötig auch bereit sei, sein eigenes Leben für seine Nächsten zu opfern und ihnen zu helfen (Martin Luther: Ob man vor dem Sterben fliehen möge. Ausgewählte Schriften Bd. II.) Luthers Weisheit war richtungsweisend für den kirchlichen Umgang mit der Pandemie und wurde sowohl in landeskirchlichen als auch in internationalen Gemeinden rezipiert. Diese Balance von umsichtiger Eigenverantwortung und opferbereiter Nächstenliebe hat den Umgang mit der Corona-Pandemie im Wesentlichen bestimmt und war ein wichtiger Teil dessen, was die internationalen von den landeskirchlichen Gemeinden übernommen haben.

Pastor **Mike Kwang-Yul Lee** ist seit September 2019 Dezernent für Internationale Gemeinden und Interkulturelle Öffnung im Bereich der beiden evangelischen Landeskirchen im Rheinland und in Westfalen und er ist Geschäftsführer des Internationalen Kirchenkonvents (IKK) Rheinland-Westfalen; sein Büro ist im Landeskirchenamt in Düsseldorf. Der Theologe koreanischer Herkunft studierte Theologie in den USA und Kanada, er war Pastor für deutschsprachige Dienste in koreanischen Gemeinden und zuletzt für ein Gemeindegründungsprojekt des Bundes Evangelisch-Freikirchlicher Gemeinden verantwortlich.

Der Internationale Kirchenkonvent (IKK)

Der Internationale Kirchenkonvent (IKK) Rheinland-Westfalen ist ein Netzwerk aus im weitesten Sinne reformatorischen Gemeinden aus aller Welt mit Schwerpunkt in Nordrhein-Westfalen. Es sind rund 140 Gemeinden anderer Sprache und Herkunft, die untereinander und mit den beiden evangelischen Landeskirchen im Rheinland und in Westfalen eine ökumenische Zusammenarbeit vereinbart haben.

Dabei handelt es sich größtenteils um Kirchen, die wegen ihres begrenzten Aktionsradius oder ihrer theologischen Überzeugung nicht Mitglied der bundesweiten Arbeitsgemeinschaft Christlicher Kirchen (ACK) sind. Ihr Spektrum reicht von charismatisch-pfingstlerischen Gemeinden über presbyterianische und methodistische Gemeinden bis hin zu lutherischen und reformierten Auslandsgemeinden. Der Internationale Kirchenkonvent (IKK) ist im Oktober 2012 aus dem sogenannten „Listenprozess" erwachsen, der 1999 als Programm der Vereinten Evangelischen Mission (VEM) gestartet ist.

ROLF ZWICK

Krise als Experimentierfeld

Weigle-Haus in Essen setzt auf Digitalisierung

Während viele Kirchengemeinden ihre Aktivitäten während der Corona-Zeit zeitweise eingestellt oder nur zögernd umgestellt haben, hat das Weigle-Haus (WH) in der Ruhrgebietsstadt Essen von Anfang an auf Digitalisierung gesetzt. Federführend dabei die traditionell große Jugendarbeit, wie WH-Pfarrer Rolf Zwick berichtet. Schon zu Beginn der Pandemie haben junge Leute zahlreiche neue digitale Formate auf YouTube und später auch auf anderen Plattformen entwickelt und Gottesdienste im Livestream für die Erwachsenengemeinde ermöglicht. Ein anhaltender Prozess der Digitalisierung, der die Gemeinde verändert hat.

Zu Beginn der zweiten Welle der Corona-Pandemie im November 2020 hieß es, man müsse Weihnachten retten. Weil ja offensichtlich sonst nichts mehr zu retten war von diesem Jahr. „Weihnachten retten" war ein Synonym dafür, irgendetwas erleben zu wollen, was noch so sein sollte wie früher. Auch wenn es früher nicht immer gut war. Aber es gab die Sehnsucht, in die Zeit vor der Pandemie zurückzukehren.

In unserer Gemeinde und der Jugendarbeit des Weigle-Hauses (WH) in Essen sind insbesondere die jungen Leute einen anderen Weg gegangen. Von Anfang an, schon ab März 2020, haben sie den Lockdown und die Unmöglichkeit, einfach so weiter zu machen wie bisher, dazu genutzt, mit Neuem zu experimentieren. Sie haben ausprobiert, wie Jugendarbeit als digitales Format funktionieren kann, und sie haben genau diese Formate umgesetzt. Auch wenn aufgrund des kurzfristigen Ausfalls aller Präsenzangebote zunächst viel Improvisationstalent nötig war.

Schnell war ein alter YouTube-Kanal des WH mit gerade mal 26 Abonnent*innen reaktiviert und neue Accounts auf anderen Plattformen eingerichtet. Inzwischen hat der YouTube-Kanal fast 1000 Abonnent*innen, über 500 Videos online und hatte 2020 insgesamt 130.000

Aufrufe. Um diese digitalen Formate umzusetzen, wurde ein provisorisches Studio eingerichtet, Kameras wurden geliehen, leistungsstarke Rechner zusammengebaut, Kicker und Billiardtisch beiseite geschoben, um Raum für das Studio zu bekommen. Von hier wurde täglich meist mehrere Stunden gesendet, in Programmen mit vielen Ehrenamtlichen und dem Team der sieben hauptamtlichen Gemeinde- und Sozialpädagog*innen. Plötzlich gab es online und im Livestream Talkshows zu aktuellen Themen, Fitnesstraining für zu Hause statt bei uns in der Turnhalle, Jugendgottesdienste, Online-Gaming, Konfirmandenunterricht oder Kochshows für Newcomer, weil die Pommesbude um die Ecke zu hatte.

Nichts war mehr wie vorher. Denn Jugendarbeit mit Präsenzangeboten für etwa 600 bis 800 Jugendliche wöchentlich in unseren drei kirchlichen Jugendhäusern im Essener Stadtgebiet war nicht mehr möglich. Langsam wurde auch klar, dass nichts wieder werden würde wie vorher. Fingen anfangs noch viele Sätze an mit „Wenn Corona vorbei ist, dann …", wurde die ständige Veränderung in der Pandemie schnell zur Normalität.

Erwachsenengemeinde lässt sich inspirieren

Das Weigle-Haus in Essen hat in seiner über 100-jährigen Geschichte viele Krisen erlebt: Zur Nazizeit gehörte es zur Bekennenden Kirche und hat sogar einen Angriff der Hitler-Jugend zurückgeschlagen. Im 2. Weltkrieg ist es zerstört worden und hat danach seine überkonfessionelle, stadtweite Jugendarbeit neu organisiert. Mittlerweile ist auch eine eigenständige Erwachsenengemeinde entstanden: eine Personalgemeinde innerhalb der Evangelischen Kirche im Rheinland mit einem lebendigen Gemeindeleben und rund 150 bis 200 Gottesdienstbesucher*innen in normalen Zeiten. Seit 2015 zählen auch viele Geflüchtete vor allem aus Iran, Irak, Syrien und Afghanistan dazu, es gab und gibt Kirchenasyl, einen internationalen Bibelkreis, der in Deutsch, Arabisch und Farsi stattfindet und einen Pastor, der aus dem Irak stammt, auf einer durch Spenden finanzierten Stelle.

Die Erwachsenen ließen sich mitnehmen in die neue digitale Welt und sehr schnell stellte die Gemeindeleitung eine Finanzrücklage, die eigentlich für neue Stühle im Gemeindesaal gedacht war, für den Kauf von Rechnern, Kameras und Bildschirmen zur Verfügung. Die Älteren ließen sich von den Jüngeren schulen und für die Technik begeistern, denn auch die Erwachsenengemeinde profitierte von der Digitalisierung: Jeden Sonntag wird der 10-Uhr-Gottesdienst jetzt live über Youtube gestreamt und im Lauf der Woche Hunderte Male angeklickt Das sonst übliche Gemeindecafé nach dem Gottesdienst wurde zum Video-Treff und andere Sitzungen per Zoom organisiert. Die ursprünglich geplante Wochenend-Gemeindefreizeit fand als eintägiger digitaler Workshop statt und auch der internationale Bibelkreis und etliche Hauskreise treffen sich jetzt per Zoom.

Außerdem haben wir in den Sommermonaten zahlreiche Openair-Gottesdienste auf dem großen Platz vor dem Haus gefeiert, die live übertragen wurden. Das waren wirkliche Feste, weil alle, die wollten, sich endlich mal wieder richtig treffen konnten – sogar zur Konfirmation – und es durfte mit Abstand gesungen werden. Eine kurze Zeit immerhin. Der verschärfte Lockdown kurz vor Weihnachten führte dann wieder zu neuen digitalen Formaten, denn während Sonntagsgottesdienste weiter stattfinden durften, waren in der Jugendarbeit alle Präsenzveranstaltungen verboten. Bei den hybriden Gottesdiensten dürfen etwa 40 bis 50 Besucher*innen im großen Saal teilnehmen, 200 bis 400 sehen den Livestream zu Hause.

Viele Ehren- und Hauptamtliche haben in dieser Zeit des Experimentierens neue Talente und Kompetenzen etwa als Moderator*innen und Influencer*innen entdeckt. Als Gastgeber*in von Talkshows, beim Kochen vor der Kamera und mit Freestyle Rap, der sich zu einem eigenen Internetformat „Rap Nation“ entwickelt hat. Jugendgottesdienste, die zunächst als Youtube-Formate stattfanden, wechselten später zu Zoom, um mehr Kommunikation zu ermöglichen. Beim zweiten Lockdown kamen mit Instagram, Twitch, Facebook, Website und Discord noch weitere Online-Plattformen hinzu.

Andere Qualität des Zusammenseins

Die Zeit der Pandemie hat uns immer wieder an unsere Grenzen gebracht, aber auch wichtige Erfahrungen machen lassen. In der Anfangszeit der Corona-Krise haben wir uns in der Gemeinde und in der Jugendarbeit gestritten, wie wir die Hygieneregeln umsetzen, wie wir Gottesdienst feiern wollen und ob wir mit unseren Gremien online oder in Präsenz tagen. Nach und nach haben sich dann neue Arbeitsformen etabliert und wurden weiterentwickelt.

Wir haben neue Formen der digitalen Gemeinschaft entdeckt, aber auch wie wertvoll das gute alte Telefon sein kann. Wir haben die unterschiedlichen Kleingruppen der Gemeinde und Jugendarbeit ermutigt, sich auch in der Corona-Zeit zu treffen, virtuell oder real, je nachdem, wie die aktuellen Verordnungen es gerade zuließen. Dennoch gab es Konflikte, die wir vorher nicht kannten, auch rings um Weihnachten: Die einen fanden es verantwortungslos, sich während der Pandemie überhaupt zu treffen, und die anderen meinten, dass die Gemeinde ihren Auftrag nicht wahrnimmt, wenn sie sich zurückzieht und die staatlich verordneten Kontaktbeschränkungen übererfüllt. Immer wieder mussten wir die unterschiedlichen Bedürfnisse neu diskutieren und unsere Arbeit nachjustieren.

Wir haben erfahren, dass die kleine Gruppe ein großer Schatz ist, weil sie für Christ*innen in Krisen schon immer überlebenswichtig war, wenn sie verfolgt oder orientierungslos waren. Vor allem die 50 bis 60 Geschwister unserer Gemeinde, die schon vor ihrer Flucht nach Deutschland in ihren muslimischen Heimatländern ihr Christsein gelebt haben, haben von diesen Erfahrungen erzählt. Sie haben sich oft unter schwierigsten Umständen in geheimen Hauskirchen getroffen, so wie es viele Christ*innen auch weiterhin in aller Welt tun. Diese Erfahrungen wiederum haben Menschen bei uns jetzt in der Pandemie ermutigt, neue Formen des Zusammenseins auszuprobieren. Auch für manche in der Generation 80 plus ist es inzwischen normal, einen Gottesdienst im Internet zu feiern oder einen Zoom-Hauskreis zu hosten.

Neuorientierung in allen Lebensbereichen

Wir haben in dieser Krise gelernt, wie Prioritäten sich verändern, dass Gesundheit wichtiger ist als Urlaub in der Ferne und dass es ein großer Wert ist, sich mit lieben Menschen zu treffen. Manche entdecken auch die Natur neu und freuen sich, dass die Umwelt sauberer ist, dass weniger Flugzeuge fliegen und sie mehr Vögel hören als vorher. Plötzlich war auch mehr Zeit da und wir haben über manches neu nachgedacht. Tod und Krankheit wird jetzt häufiger thematisiert als je zuvor und auch die Lebenssituationen der Gemeindemitglieder: Während die einen keine Ruhe finden, weil ihre Kinder nicht in die Kita können und sie das Home-Office bewältigen müssen, wissen andere nicht, wie sie die Einsamkeit ertragen sollen. Menschen in prekären Verhältnissen, Geflüchtete, Hartz IV-Empfänger*innen und andere, denen wegen Corona gekündigt wurde, sind doppelt benachteiligt. Behördentermine fallen aus und finanzielle Unterstützung kommt verspätet oder gar nicht an. Für Geflüchtete und Menschen bei uns im Kirchenasyl gibt es kaum Ansprechpartner*innen in den Ämtern, die Behörden arbeiten noch langsamer als vorher.

Die multikulturelle Struktur unserer Gemeinde lebt davon, dass Menschen sich begegnen. Als im zweiten Lockdown kurz vor Weihnachten in vielen Gemeinden auch die Gottesdienste abgesagt wurden, war uns wichtig, wenigstens für einige die Möglichkeit der Begegnung zu erhalten. Und so haben wir das ganze Jahr über bis heute jeden Sonntag ein hybrides Format angeboten. In den säkularen Medien ist oftmals mit Verwunderung zur Kenntnis genommen worden, dass Kirchen Gottesdienste abgesagt haben, obwohl sie hätten stattfinden dürfen. Die Sichtbarkeit kirchlichen Handelns wurde oft vermisst, auch wenn viele kreative Formate neu entwickelt wurden.

Weihnachten aber konnten wir nur retten, indem wir es ganz anders gefeiert haben. So wird auch die Zukunft der Kirche nur gelingen, wenn vieles anders wird. Viele Gemeinden haben in der Pandemie auf andere, hauptsächlich digitale Formate umgestellt. Damit sind Bedürfnisse von Gläubigen plötzlich in den Blick gekommen, die vorher ignoriert wurden. Zum Beispiel Gottesdienst nicht morgens um 10 Uhr in einer kalten Kirche zu erleben, sondern gemütlich zu Hause irgendwann beim Frühstück. So ist die Kirche von ihrer Komm-Struktur abgerückt und in die Häuser der Menschen gekommen. Die Wahl zwischen verschiedenen digitalen Angeboten und die eigene Entscheidungsmöglichkeit hat viele neu angesprochen.

Eine im Juni 2020 veröffentlichte Studie der Evangelischen Arbeitsstelle für missionarische Kirchenentwicklung und diakonische Profilbildung (midi) über „Digitale Verkündigungsformate während der Corona-Krise“ hat ergeben, dass 81 Prozent der befragten Gemeinden digitale Formate angeboten haben und 72 Prozent auch in Zukunft weiter damit arbeiten wollen. Wenn man die Aufrufe der digitalen Angebote mit der Besucherzahl vor Corona vergleicht, ergibt sich eine Steigerung von 287 Prozent! Selbst abzüglich der Menschen, die nur kurz reingeguckt haben, ist das eine enorme Zunahme.

Das Bisherige kann nicht einfach in digitale Formate umgesetzt werden. Kinder und Jugendliche etwa können Bewegungsdrang und Gemeinschaftsbedürfnis nicht einfach durch digitale Angebote ausgleichen. Sie leiden besonders unter den Einschränkungen. Hier hat die kirchliche Arbeit einen großen Einbruch erlebt, der nicht so schnell aufzuholen sein wird. Die Möglichkeiten der Interaktion jedoch können laut Studie ausgebaut werden. Sowieso müssen ja auch digitale Gottesdienste nicht einfach abgefilmte Clips der gewohnten Gottesdienste sein. Ehrlich gesagt: Pfarrer*in im Talar vor dem Altar mit abgelesenem Text kommt im Internet noch weniger gut an als im Präsenzgottesdienst. Anderes aber funktioniert gut: So kann man zum Beispiel ökumenische Partner*innen wunderbar auch 10.000 Kilometer entfernt einfach zuschalten.

Mut zur Veränderung auch nach der Pandemie

Das Neue an all dem ist auch, dass Ehrenamtliche verantwortlich einbezogen werden, weil viele Pfarrpersonen weder die Technik beherrschen, noch immer die Richtigen sind, um vor der Kamera zu moderieren. So hat auch die midi-Studie herausgefunden, dass die Digitalisierung eine größere Beteiligung von ehren- und hauptamtlichen Mitarbeiter*innen ermöglicht hat als vorher üblich. Wenn Pfarrer*innen im Gottesdienst „nur“ die Predigt machen und Musik, Gebete und Moderation etwa den Ehrenamtlichen überlassen, kommt das digital gut und kann später auch Präsenzgottesdienste beleben.

Tatsächlich ist kirchliches Handeln in Corona-Zeiten mehr auf das Wesentliche konzentriert und gibt Hinweise darauf, welche Formate in Zukunft überdacht werden müssen. Gerade durch die mit der Krise einhergehenden finanziellen Einbußen stellen sich diese Fragen neu.

Die Pandemie hat die Gemeinden vor neue Herausforderungen gestellt und gleichzeitig in eine Richtung gewiesen, die sie zukunftsfähiger macht – die Veränderungs-Unwilligkeit vieler Gemeinden wurde überwunden. Und es wurden Menschen erreicht, die das Interesse an den traditionellen Formen kirchlichen Lebens längst verloren hatten. Junge Menschen rückten in den Fokus, sowohl als Macher*innen digitaler Angebote als auch als Adressat*innen. Allerdings ist vielen Gemeindemitgliedern auch schmerzhaft bewusst geworden, dass die Stärke kirchlichen Lebens in Beziehungen liegt. Gerade, weil Nähe nicht möglich war, haben sie eine neue Wertschätzung erfahren.

Kirche kommt in Bewegung und das tut ihr gut. Biblische Texte über Hoffnung und Gerechtigkeit bekommen in der Krise neue Relevanz. In vielen Texten ist die Notwendigkeit zur Umkehr und zum Wandel zentral. Und deshalb ist zu hoffen, dass in der Pandemie und danach nicht die Tendenz überwiegt, zum Gewohnten zurückzukehren, sondern der Mut zur Veränderung die Zukunft bestimmt.

Rolf Zwick, Theologe und Sozialpädagoge, ist seit 1996 Pfarrer im Weigle-Haus in Essen, einem freien Werk innerhalb der Evangelischen Kirche im Rheinland.

Im Internet:
Weigle-Haus: www.weigle-haus.de

midi-Studie: www.mi-di.de (weiter auf: Materialien)
Evangelische Arbeitsstelle für missionarische Kirchenentwicklung und diakonische Profilbildung (midi), kostenloser Download der Ad-hoc-Studie über „Digitale Verkündigungsformate während der Corona-Krise“:

ERNELI MARTENS

Jenseits der Komfortzone

Die Pandemie rückt den Tod ins Zentrum

Die Corona-Pandemie hat die deutsche Gesellschaft innerhalb kürzester Zeit aus ihrer gewohnten Komfortzone in einen für viele kaum erträglichen neuen Alltag im Angesicht des Todes versetzt, so die Analyse von Pastorin Erneli Martens. Sie kennt sich aus mit den Krisen der Seele, denn sie leitet seit zwei Jahrzehnten die Hamburger Notfall- und Feuerwehrseelsorge. Mut und Gottvertrauen, aber auch Kommunikation und tröstliche Nähe müssen in dieser Situation neu buchstabiert werden.

Eine Pandemie ist eine das gesamte Volk, die gesamte Weltbevölkerung erfassende Erkrankung, die alle Kontinente und alle Staaten betrifft, einen nach dem anderen. Eins der Bilder, die sich eingeprägt haben, waren Filmaufnahmen der Weltmetropolen, die wie ausgestorben vor den Augen der Kamera lagen. In ihrer Rede an die Nation am 18. März 2020 beschrieb die Bundeskanzlerin den Ernst der Lage dann so: „Dass wir diese Krise überwinden werden, dessen bin ich vollkommen sicher. Aber wie hoch werden die Opferzahlen sein? Wie viele geliebte Menschen werden wir verlieren? Wir haben es zu einem großen Teil selbst in der Hand." Diese Sätze haben sich mir nachhaltig eingebrannt: Wir haben es in der Hand?! – Auch wer stirbt?!

Wie sollen die Menschen damit umgehen in einer Gesellschaft wie der unseren? Denn wer denkt schon über das Sterben nach – im Normalfall? Eigentlich kaum einer. In der öffentlichen Wahrnehmung wird nicht gestorben. Verblüfft reagieren Menschen, wenn sie erfahren, dass jedes Jahr rund ein Prozent der Menschen in Deutschland sterben. 18.000 Todesfälle sind es in Hamburg. In ganz Deutschland waren es 2019 nach Angaben des Statistischen Bundesamtes 939.500 Menschen, fast eine Million von insgesamt 81,85 Millionen Mitbürgerinnen und Mitbürgern. So groß ist der Markt, den sich Bestatter*innen teilen. Dabei liegt die Lebenserwartung für Männer bei 78,6 Jahren und für Frauen bei 83,4 Jahren. In der Notfallseelsorge kann ich immer wieder beobachten, wie wenige Menschen mit dem Tod rechnen und ihn als Möglichkeit des eigenen Lebens in die Existenz integrieren.

Wenn sich schon in gewöhnlichen Zeiten kaum einer mit dem Tod auseinandersetzen will, wie soll es dann in einer solchen akuten Krise geschehen? Im Angesicht des Todes zeigt sich Manches von seiner ver-rückten, seiner unerwarteten Seite. In der Religion wird von der offenbarenden Kraft des Todes gesprochen. Der Tod lässt erkennbar werden, was auch schon vorher existierte, nur nicht gesehen werden wollte oder konnte. So hat Corona beziehungsweise das Sars-CoV-2-Virus eine ver-rückende Wirkung: Eine Pandemie rückt buchstäblich den Tod ins Bild und in den Blick. Jetzt führt kein Weg dran vorbei. Die Ansage der Bundeskanzlerin ist für sich genommen schon erschreckend genug. Doch spürbar gerät die Gesellschaft mit ihren Institutionen und Organisationen, mit ihren Bürgerinnen und Bürgern über mehrere Schritte, die nahezu gleichzeitig stattfinden, aus der gemeinsamen Komfortzone. Dies möchte ich im Folgenden skizzieren:

Einschränkung wesentlicher Bedürfnisse

Für die Individuen in unserer Leistungsgesellschaft werden die Bedürfnisse in fast unvorstellbarer Weise begrenzt. Wie im Zeitraffer müssen Selbstverwirklichung und Ich-Bedürfnisse zurückgefahren werden. Sie sind in dieser Krise – zweitrangig. Reisen, Urlaube, große Meetings, Messen – alles wird zurückgestellt. Auch die nächste Stufe der sozialen Bedürfnisse: Freundschaft, Liebe, Gruppenzugehörigkeiten – alles wird auf ein Minimum reduziert. Feste, Hochzeiten, Geburtstage fallen entweder aus oder finden nur begrenzt statt. Alles wird wie auf Eis gelegt, in den Warteraum der eigenen Geschichte verbracht.

Noch sorgt der Staat mit seinen Programmen für die materielle Sicherheit und versucht die Auswirkungen der Pandemie zu begrenzen – jede und jeder ist ihm dankbar dafür und weiß doch zugleich, dass das nicht lange so bleiben wird. Die Unsicherheit wächst.

Elementare Bedürfnisse der eigenen Existenz können nicht länger gelebt werden. Wie schnell das alles zurückgesetzt wird, haben seit März 2020 alle lebhaft vor Augen. Der vertraute Alltag wird fremd. Geliebte kleine Rituale und Wege funktionieren nicht mehr. Die Routinen werden außer Kraft gesetzt. Zugleich aber ist die Bedrohung gewachsen: Es geht um Leben und Tod. Aus dem Katastrophenschutz wissen wir, was zu tun ist, wenn wir bei den Grundbedürfnissen angekommen sind, die in Ablaufschemata übersetzt werden. Da heißt es: „Warm – satt – trocken“ halten. Doch bei einer Pandemie fehlt es an Vorstellungen, was konkret und in welchen Schritten umzusetzen ist. Zwar haben wir es zumeist warm und werden satt, aber das Grundvertrauen ist erschüttert.

Verlust an Sprachkompetenz

Das Empfinden, auf elementare Bedürfnisse reduziert zu werden, korreliert auf besondere Weise mit einem Verlust der alltäglichen Sprachkompetenz. Wie kann zum Ausdruck gebracht werden, was gerade erlebt wird? Wenn noch nicht einmal beschrieben werden kann, wie das heißt, was gerade geschieht? Plötzlich müssen Fachleute mir meinen Alltag und mein dazu angemessenes Verhalten erklären. Dadurch entsteht ein Verlust an Sprache, eine Reduktion der Kommunikationsmöglichkeiten und damit auch ein Verlust von Fähigkeiten, das Leben zu verstehen und einzuordnen.

Stattdessen werden neue Worte und Sätze wie eine Flutwelle herangespült, ungekannte Vokabeln greifen Raum. Social Distancing, PCR-Tests, Fast Tracks, FFP2-Masken, AHA-Regeln, Schmierinfektionen, Virologen, Epidemiologen, Lancet-Studien, Sperrstunden, Ausgangssperren, Beherbungsverbote ... immer neue Regeln und Verordnungen werden erfunden, angepasst, aktualisiert und sind oft kleinteilig von Bundesland zu Bundesland verschieden.

Die Welt wird mir fremd. Meine Sprache sucht nach einem Halt. Worte bleiben wie im Hals stecken. Sie können sich mit den von mir gemachten Erfahrungen nicht verbinden. Die neu zu lernenden Vokabeln suchen im Gehirn vergeblich nach Anknüpfungspunkten und Erfahrungen. Aber es gibt keine Blaupause – auch im eigenen Leben nicht, und gleichzeitig geht es um Leben und Tod. Die tödliche Bedrohung wird auf vielen Ebenen gleichzeitig wahrgenommen. Auf der persönlichen Ebene ist sie spürbar. Die Institutionen erleben sie. Die Behörden leiden darunter, auch die Einsatzorganisationen.

Wie sehr dieses Erleben als Überforderung wahrgenommen wird, das im übertragenen Sinne einer Flutwelle gleicht, kann ich immer dann wahrnehmen, wenn ich dafür werbe, Nachrichten zu sehen, Podcasts zu hören, ganz einfach sich zu informieren. Schon nach kurzer Zeit *tauchen* viele einfach *ab* oder auch *unter*, um nicht überwältigt zu werden.

Verlust körperlicher Sicherheit und realer Beziehung

In Feuerwehr und Rettungsdienst, auch in der Notfallseelsorge, wollen wir Menschen retten – und dies geschieht nahezu ausschließlich im direkten, realen Kontakt. Doch nun trägt gerade dieser Kontakt die neue Gefahr in sich und wird deshalb durch das Krisenmanagement der Gesundheitsämter zwangsweise auf ein Minimum beschränkt.

In einem Unglücksfall, in Notsituationen hilft gegen das Erschrecken und Entsetzen das konkrete Beziehungsgeschehen, wie es sich im Anschauen, Ansprechen, Anhören, Anfassen, Wahrnehmen und im Kontakt manifestiert. Das ist eins der Grundprinzipien in der Akut-Intervention. Im Bereich der Psychosozialen Notfallversorgung, zu der die Notfallseelsorge gehört, aber eben auch in der nicht-polizeilichen Gefahrenabwehr werden Mitarbeitende daher gerade im Bereich der Beziehungsaufnahme und Kontaktgestaltung geschult. Gegen Angst, gegen Unsicherheit, in der Not – da hilft Beziehung.

In Zeiten der Pandemie aber soll ohne dieses wichtige Handwerkszeug der Akutintervention gerettet werden. Ja, es scheint, als würde es den Einsatzorganisationen geradewegs aus der Hand genommen. Der Kontakt wird maximal minimiert, mit schwerwiegenden Folgen. Denn wo Bindungs- und Beziehungslosigkeit Raum greifen, gibt es keinen Schutz vor der Angst.

Wertediskussion: Infragestellung des Selbstwertes

Ein Rückbau der Möglichkeiten, Bedürfnisse auszuleben, eine Reduktion der Sprachfähigkeit und ein Verlust an Bindungsqualität – diese drei Faktoren allein wären schon genug, um eine Gesellschaft aus der Komfortzone zu treiben. Hinzu kommt jedoch auch noch eine Wertediskussion, die hier am Beispiel der Systemrelevanz aufgemacht wird: Sie spiegelt sich in der Diskussion über „systemrelevante“ Berufsgruppen wider. Aber wer gilt in Zeiten einer Pandemie als systemrelevant?

Eine narzisstisch geprägte Gesellschaft erträgt es kaum, dass ihre Protagonist*innen, Unternehmer*innen, Berater*innen, Wirtschaftsbosse, Medienvertreter*innen, Politiker*innen und so weiter nicht systemrelevant sein sollen. Die erfolgreichen Player der Freizeit- und Tourismusindustrie nicht systemrelevant? Die Kirchen in dieser Not – nicht systemrelevant? Erntehelfer*innen hingegen wurden gezielt eingeladen. Sie stachen den Spargel, sorgten mit der Aussaat im Frühjahr für frisches Gemüse im Sommer und ernteten den Wein im Herbst.

Die einen wurden mit dem Lockdown aus dem Verkehr gezogen – doch die anderen mussten, weil systemrelevant, aktiv bleiben. Diese systemrelevanten Bevölkerungs- und Berufsgruppen waren oft selbst von ihrer neuen Position überrascht. Neben denen, von denen wir es alle erwartet haben wie Pflegekräften, Ärzt*innen oder der Feuerwehr, wurden jetzt auch viele andere als systemrelevant in den Einsatz geschickt: Lieferdienste fahren weiter, Kassierer*innen werden vom Einzelhandel an die Kassen gebeten, und Verkäufer*innen von den Bäckereien. Sie sind es, die den „Laden am Laufen“ halten.

Es bildet sich eine „verkehrte Welt“ in einer Gesellschaft, deren Mitglieder bis dahin mehrheitlich überzeugt davon waren, dass auf jeden Fall systemrelevant ist, wer sich selbst als groß und mächtig betrachtet. Angesichts der drohenden Gefahr durch die Pandemie findet jedoch eine Neubewertung statt und das wird Auswirkungen auf unsere Gesellschaft haben, die wir jetzt noch nicht abschätzen können.

Eine ver-rückte Welt macht Angst, erzeugt „blinde Flecken“

Wenn eine Pandemie auf eine nicht vorbereitete Gesellschaft trifft, gerät diese in wenigen Schritten, wie jetzt skizziert, aus ihrer Komfortzone: Wesentliche Bedürfnisse der individualisierten Gesellschaft verlieren ihre Berechtigung. Über manche Strecken reicht die Alltagssprache nicht mehr zur Erfassung der Lage aus. Die Beziehungen werden einem Dauerstresstest unterzogen und schließlich erleben viele eine Umwertung der Werte, die ihre eigene gesellschaftliche Position und Rolle in Frage stellt. Von dieser Bewegung sind neben den einzelnen Akteur*innen auch Institutionen und Organisationen betroffen. So geriet und gerät die Gesellschaft unter enormen Druck.

Deshalb ist es folgerichtig, dass der drohende Tod durch eine Pandemie Angst verursacht, die nicht kompensiert wird. Sie schüchtert ein, macht aggressiv und befördert, dass Menschen die Komplexität der Weltwahrnehmung reduzieren. Diese Reduktion wird im Bild gesprochen als „Angst, die den Menschen auf einem Auge blind werden lässt“ beschrieben. Sie zerstört Vertrauen und Beziehungen und schlägt uns Menschen mit Blindheit. Wir können nicht mehr umfassend erkennen und sehen, was zwingend erforderlich ist. Die Lagebeschreibung wird unvollkommen, die Risikobewertung droht nicht umfassend zu sein. Not-wendendes kann zum Teil nicht mehr erkannt werden. Wir sehen nicht, was es auch noch zu sehen gibt. So kommt es zu blinden Flecken: Als ob eine Gesellschaft wie das berühmte Kaninchen vor der Schlange sitzt, so werden Todeszahlen notiert, ob mit oder an Corona gestorben. Sie sind zu einer der wesentlichen Kennzahlen der Pandemie geworden.

Doch dieses verengte Blickfeld lässt uns nicht mehr erkennen, wer sonst noch alles schwer unter den Folgen von Corona zu leiden hat, unter Umständen mit tödlichem Ausgang. Für die Erfassung der Infektionszahlen und Corona-Toten werden Millionen in die Hand genommen. Im Schatten dieser Statistik sterben gleichzeitig jedoch viele andere, ohne dass ihr Tod wahrgenommen wird. Sie sterben unter unwürdigen Bedingungen, auch einsam. Doch wer will das wissen? In welcher Statistik werden wir Menschen wie sie wiederfinden? In der Corona-Statistik? Wohl kaum.

Gerade hier lohnt es sich, den Blick auf weltweite Zusammenhänge zu lenken, denn blinde Flecken gibt es auch in der Wahrnehmung der globalisierten Welt. Erst Ende Oktober 2020, als die UN-Welternährungsorganisation (FAO) den Friedensnobelpreis erhielt, wurde in den Medien ein Bewusstsein dafür geweckt, dass zurzeit in einigen Ländern Menschen nicht mehr mit Grundnahrungsmitteln versorgt werden können, weil Lieferketten unterbrochen sind und Nahrung nicht mehr auf den Weg gebracht werden kann. So hat sich die Zahl der Hungernden weltweit innerhalb eines halben Jahres auf rund 650 Millionen Menschen verdoppelt. Hunger ist tödlich und führt zu Kriegen. Wer den Frieden will, braucht deshalb eine Antwort auf den Hunger und darf auch angesichts einer Pandemie nicht vergessen, dass Probleme weltweit zu bedenken bleiben.

Das Dilemma ist unverkennbar. Und auch hier gilt: In einem ethischen Konflikt zu Entscheidungen zu finden, setzt enorme komplexe Bewältigungs- und Beratungsstrategien voraus. Aber der öffentliche Diskurs bildet dies eben wegen der umfassenden Krisenerfahrung derzeit nur im Ansatz ab.

Die große Herausforderung besteht meines Erachtens darin, die Risiken der Pandemie angemessen darzustellen und immer wieder die Kraft aufzubringen, die Lagebeschreibungen zu korrigieren und die Maßnahmen den neuen Erkenntnissen anzupassen. Das ist mühsam. Die Ergebnisse sind manchmal nur schwer auszuhalten. Doch diese Informationen ermöglichen einen anderen Überblick über die Krise. Einen neuen Blick auf die Menschen unserer Gesellschaft und auf die Herausforderungen, denen sie sich ausgesetzt sehen. Das allein schon erfordert Mut und Gottvertrauen, Nüchternheit und Hoffnung zugleich.

Aus der Perspektive einer Feuerwehrseelsorgerin, die für die Notfallseelsorge verantwortlich ist, bedeutet das, sich immer wieder neu in die Krisenkommunikation der Feuerwehr mit ihrem Rettungsdienst in Hamburg einbinden zu lassen. Es kann auch heißen, die Ängste und Sorgen der Mitarbeitenden zu teilen – und gemeinsam nach konkreten Schritten aus der Krise zu suchen. Für die Arbeit vor Ort und bei den Menschen ist die eigene Haltung wesentlich: Denn es gilt, das

Leid zu teilen. Es zu würdigen und ihm, so gut es geht, mit Gottvertrauen zu begegnen.

Erneli Martens, Pastorin der Evangelisch-Lutherischen Kirche in Norddeutschland, ist seit gut 20 Jahren Leiterin der Notfall- und Feuerwehrseelsorge in Hamburg; ihr Büro ist unter dem Dach der Feuerwache am Berliner Tor.

FORUM

JOHANN HINRICH CLAUSSEN

Vertiefung statt Symbolpolitik

Wie Post-Kolonialismus-Debatte gelingen kann

Für den EKD-Kulturbeauftragten Johann Hinrich Claussen sind manche Post-Kolonialismus-Debatten, wie sie etwa rings um den Bau und die Eröffnung des Humboldt Forums Ende 2020 im historischen Berliner Schloss geführt wurden, mehr Symbolpolitik als echte historische Auseinandersetzung. Gemeinsam mit dem Deutschen Kulturrat hat er sich an der Debatte beteiligt und fordert, die Rolle der Mission in kolonialen Zeiten neu zu bewerten und sie auch als Vorläuferin heutiger Nichtregierungsorganisationen (NGOs) zu verstehen.

Es ist mir ein unlösbares Rätsel, warum wichtige Themen, an denen Fachleute seit Jahren intensiv arbeiten, von der Öffentlichkeit einige Zeit gar nicht, dann aber plötzlich doch wahrgenommen und hocherregt diskutiert werden. Was muss geschehen, welche Faktoren müssen zusammenspielen, damit endlich über ein dringliches Thema debattiert wird? Und welche Rolle sollten wir Kirchenleute dann dabei spielen?

Ein Beispiel dafür ist der Debattenkomplex „Postkolonialismus". Nicht eben ein neues Thema, würden Fachleute sagen. Doch auf einmal ist es in aller Munde. Wie konnte das geschehen? Nach der Wiedervereinigung Deutschlands wurde nach schier endlosen Debatten ein folgenreicher, aber nicht zu Ende gedachter Beschluss gefasst: Ein Repräsentationsbau der DDR, der „Palast der Republik", in der Mitte Berlins sollte abgerissen und an seiner Stelle das alte königliche Stadtschloss wiederaufgebaut werden. Eine große Gruppe hochengagierter Bürgerinnen und Bürger hatte erfolgreich darauf hingewirkt und versprochen, erhebliche Spendenbeträge zu sammeln.

Das Problem nur: Man hatte keine Ahnung, was in das neu-alte Schloss hineinkommen, wie man es nutzen sollte. Da kam – zunächst nur aus der Not geboren – die Idee auf, die Schätze aus dem

Ethnologischen Museum in Berlin-Dahlem umzusiedeln und so mehr Besucher*innen zu zeigen. Doch während diese Idee noch ventiliert wurde, kamen aus Nachbarländern Nachrichten über dringliche Forderungen, dass die ehemals großen Kolonialmächte die geraubten Kulturgüter zurückgeben sollten. Der französische Präsident erklärte sogar mit großer Geste, dass er dies bald tun werde.

In diesem Zuge wurden auch verschleppte Konflikte von Deutschland mit ehemals deutschen Kolonien wieder virulent. Der Bundestag hatte wenige Jahre zuvor einen Beschluss zum „Genozid an den Armeniern" während des Ersten Weltkriegs gefasst. Nun wurde gefragt, ob Ähnliches nicht mit Blick auf Namibia (1884-1915 Deutsch-Südwestafrika) und Tansania (1885-1918 Deutsch-Ostafrika) geschehen müsste. Dann wurden in Depots Ethnologischer Museen menschliche Überreste gefunden. Was sollte mit ihnen geschehen, wie könnte man sie zurückgeben und an wen?

Inzwischen war denen, die für den Inhalt des wiederaufgebauten Schlosses kulturpolitisch Verantwortung trugen, klar geworden, dass ein Ethnologisches Museum bisheriger Art für das Schloss nicht in Frage käme. Ein Humboldt Forum sollte entstehen, ein Museum ganz anderer Art, eine Plattforum der Weltbegegnungen. Doch was sollte man sich darunter konkret vorstellen? Währenddessen sammelten sich Aktivist*innen, wurden laut, protestierten wütend. Inzwischen leben Menschen, die aus den ehemaligen deutschen Kolonialgebieten stammen, hier und forderten Mitsprache ein. Wie bindet man sie ein? Oder die Vertreter*innen der Kulturen, aus denen die Objekte der ethnologischen Sammlungen stammen? Aufgebrachte, aber auch interessante Debatten flammten auf und legten sich wieder, anderes schob sich in den Vordergrund. Dann genügte ein kleines Ereignis und schon ging es wieder los.

Ich beobachtete dies irritiert und interessiert, fragte mich, ob und wann ich mich beteiligen sollte, fragte bei Kolleginnen und Kollegen der Berliner Kirche nach, welche nachbarschaftlichen Interessen sie anmelden würden, dann meldete ich mich zu Wort oder ließ es sein, fand mal Gehör und mal auch nicht. Manchmal ärgerte ich mich über die Erregungen, manchmal dachte ich mir, dass es sie eben braucht, damit ein Thema zum Thema wird.

Mit flinken Äußerungen die eigene Identität stabilisieren

Zu jeder Debatte gehört eine Portion Absurdität, sonst zündet sie nicht. Ein schlechtes Beispiel dafür waren die Streitigkeiten um das Kuppelkreuz auf dem Berliner Schloss. Eigentlich war es einfach: Wenn man sich für eine historische Rekonstruktion entscheidet, muss man die dazugehörige Kuppel mit ihrem Kreuz bauen. Hätte man ein modernes Bauwerk für die Begegnung der Weltkulturen – natürlich ohne Kreuz – haben wollen, hätte man das früher beschließen müssen. Nun kommt die Symbolpolitik ins Spiel. Sie beschäftigt sich nicht mit echten Problemen, sondern will mit flinken Meinungsäußerungen die eigene Identität stabilisieren. So erklärte der Berliner Kultursenator von der „Linken", der im eigenen Lager für Stimmung sorgen wollte, auf das Schloss dürfe kein Kreuz. Christ*innen mit DDR-Geschichte fühlten sich da an bittere Ausgrenzungen erinnert.

Die evangelische Kirche hatte hier keine eigenen Interessen. Allerdings freue ich mich als Theologe über jede Diskussion um das Kreuz. Soll das christliche Grundsymbol doch dies sein: ein Skandal – den einen eine Torheit, den anderen ein Hinweis auf die paradoxe Kraft Gottes. Die Debatte um das Kuppelkreuz hätte zum Glücksfall werden können, wenn sie auf eine echte inhaltliche Frage aufmerksam gemacht hätte: Das Humboldt Forum soll eine Begegnung der Welten inszenieren, das aber kann nur gelingen, wenn dabei ein Verständnis für Religion sichtbar wird. Denn zum einen sind viele der ethnologischen Exponate Kult-Objekte, zum anderen lebt die aktuelle Relevanz des Forums auch von der gegenwärtigen Religionsfrage. Bisher wurde diese Bedeutung der Religionsfrage für das Humboldt Forum nicht ausreichend diskutiert. Vielleicht jetzt? Leider nein.

Naiv wie ich bin, war ich überrascht, dass diese Debatte nach zwei Jahren ein zweites Mal aufflackerte, als nämlich das Kreuz tatsächlich auf die Kuppel gesetzt werden sollte. Doch nun wurde über ein Detail gestritten, das vorher keiner beachtet hatte – den Vers, den Friedrich Wilhelm IV. am unteren Rand der Kuppel hatte anbringen lassen:

> *„Es ist in keinem andern Heil, ist auch kein anderer Name den Menschen gegeben, denn in dem Namen Jesu, zur Ehre Gottes des Vaters. Dass in dem Namen Jesu sich beugen sollen aller derer Knie, die im Himmel und auf Erden und unter der Erde sind."*

Das sei, schrieben einige wütende Journalist*innen, die Re-Proklamation eines reaktionären Gottesgnadentums, ein Sinnspruch religiöser Intoleranz! In der Bibel hätten sie nachlesen können, dass die beiden Verse, die der König hier zusammengefügt hatte, keineswegs für Staatsfrömmigkeit und Unduldsamkeit stehen. Im Gegenteil, es sind herrschaftskritische Verse, die für Glaubensfreiheit eintreten. „Es ist in keinem andern Heil", sagt Petrus, der als Anführer einer winzigen Gemeinschaft armer Leute gefangen genommen und vor den Hohen Rat gezerrt worden war. Mit diesem Bekenntnis protestiert er gegen die religiöse Obrigkeit und verteidigt das Recht, seinen Glauben frei zu verkünden. „Im Namen Jesu sollen sich beugen die Knie aller" – damit zitiert Paulus den ältesten christlichen Hymnus. Es ist ein Lobpreis, der sich die Freiheit aller Liebeslieder nimmt, den Geliebten für den einzig Wahren zu halten. Und der ist ein zu Unrecht schmählich Hingerichteter. Das ist paradox, ekstatisch, aber auch subversiv. Denn in Wirklichkeit mussten damals alle ihre Knie vor dem Kaiser beugen.

Es scheint absurd, dass Friedrich Wilhelm IV. ausgerechnet diese Verse für sein romantisches Gottesgnadentum vereinnahmt hat. Man kann von einem Missbrauch der Bibel sprechen. Aber darauf habe ich vergeblich aufmerksam zu machen versucht. So verstärkte die Debatte den fatalen Eindruck, als gebe es nur diese Alternative: hier reaktionäres Christentum – dort säkulare Moderne.

Zur inhaltlichen Klärung, was denn im Schloss geschehen und was das Humboldt Forum nun werden sollte, hat die hocherregte Debatte um diese Baudetails rein gar nichts beigetragen. Mitte Dezember 2020 ist es digital eröffnet worden, aber ausgerechnet mit einer Ausstellung – um Himmels willen! – über Elfenbein. Als ich davon erfuhr, dachte ich an einen humorbegabten Kulturpolitiker, der mir einmal gesagt hat: „Von mir aus kann man das Kreuz auf die Kuppel setzen, wenn man nur das Schloss darunter gleich wieder abreißt."

Neue Ansätze für gelingende Kolonialismus-Debatte

Doch es geht auch anders. Das habe ich in der Zusammenarbeit mit dem Deutschen Kulturrat e.V. in Berlin, dem Dachverband der deutschen Kulturverbände, erleben dürfen. In die Debatte um Restitutionen von Kulturschätzen aus kolonialen Unrechtskontexten schaltete der Kulturrat sich mit einem klugen Kriterien- und Forderungskatalog ein. Darin fand ich zu meiner Freude den Hinweis, dass auch die Kirchen und die Missionswerke eingebunden werden sollten. Zwar stand dahinter ein klischeehaftes Bild der Mission als bloßem Seitenstück des Kolonialismus, doch damit ergab sich die Gelegenheit zu einem echten Austausch.

Wir machten uns gleich an die Arbeit und gestalteten eine Schwerpunktausgabe der Zeitung des Kulturrates Politik & Kultur (Nr. 9/2019, Mission (im)possible?). Hier hatten wir Platz und Gelegenheit für eine ausführliche und differenzierte Darstellung dessen, was Mission war und ist, so wie es in einer normalen Zeitung undenkbar wäre. Es gelang, viele missionstheologische Stimmen mit anderen Positionen ins Gespräch zu bringen. Politik & Kultur kann man auf der Website des Deutschen Kulturrats kostenlos herunterladen – bei diesem Schwerpunktthema geschah dies über 70.000 Mal. Das war ein schöner Erfolg, der dazu führte, dass die Artikel mit anderen Beiträgen auch noch als Buch veröffentlicht wurden (auch dies kann man gratis herunterladen).

Ich habe bei dieser Arbeit selbst viel gelernt und konnte eine These ausprobieren: Die evangelische Mission versteht man nicht, wenn man sie nur als kirchliche Parallele zum staatlichen und wirtschaftlichen Kolonialismus betrachtet, sondern man muss sie auch als Vorgängerin der heutigen Nichtregierungsorganisationen, der NGOs, auffassen.

Man bedenke nur diese Parallelen: die Anfänge in kleinsten Gruppen hochengagierter Idealist*innen, das Arbeiten unabhängig von oder gegen etablierte Institutionen, die Organisation in Netzwerken, das kreative Fundraising, der Einsatz neuester Medien, das Nonkonformistische, das Engagement für Kulturtransfer, Entwicklungshilfe, Bildung, Gesundheit, Empowerment und Fair Trade. Aber auch: der extreme idealistische Anspruch, die damit verbundene Übergriffigkeit, der Glaube, selbst stets auf der Seite des Guten zu stehen, die Moralpolitik, die Unwilligkeit, sich einbinden zu lassen, die moralische Selbst- und Fremdüberforderung, schließlich die bewusst-unbewusste Komplizenschaft mit dem politisch-wirtschaftlichen System der Herkunftsgesellschaft. So erscheint die Missionsgeschichte auch ein ferner Spiegel, vor dem heutige NGOs über sich selbst, ihre Stärken und Schwächen, nachdenken können.

In Bälde möchte ich diese Linie noch weiter ausziehen und fragen, ob man heutige Postkolonialismus-Debatten nicht auch als Säkularisate älterer Diskurse in den Missionsgesellschaften verstehen kann. In der Öffentlichkeit ist ja kaum bekannt, dass viele Herausforderungen, denen sich deutsche Kultureinrichtungen heute stellen müssen – wie können wir partnerschaftlich mit Partnern aus dem globalen Süden umgehen, wie können wir unsere europäische Perspektive durchbrechen, wie können wir Ressourcen und Verantwortungen teilen – schon seit Jahrzehnten in den Missionsgesellschaften diskutiert werden, mehr noch: Hier wurde schon vieles versucht, entschieden, umgesetzt, mit guten und schwierigen Ergebnissen, was für Fachleute aus dem Kulturbereich interessant sein könnte.

Eigentlich wollten wir darüber mit dem Deutschen Kulturrat eine Werkstatt-Tagung veranstalten, doch dann kam Corona. Aber irgendwann wird es möglich sein. Ich fände es lohnend. Denn hier zeigt sich, wie eine Debatte einmal auch gelingen kann. Ein wichtiges Thema wird auf die Tagesordnung gesetzt: Man begnügt sich nicht mit schnellen Erregungen, auf die nichts folgt, man macht sich gemeinsam mit anderen Fachleuten und Institutionen an die Arbeit, man lernt Eigenes und Fremdes besser verstehen, man informiert die Öffentlichkeit, die für so etwas vielleicht doch einmal ein Ohr hat. Ich würde mich sehr freuen, wenn möglichst viele Missions-Fachleute an dieser Debatte mitwirken würden.

Dr. Johann Hinrich Claussen ist der Kulturbeauftragte des Rates der Evangelischen Kirche in Deutschland (EKD) und Honorarprofessor für Systematische Theologie in Berlin. Er hat evangelische Theologie in Tübingen, Hamburg und London studiert und war von 2004 bis 2014 Propst in Hamburg. Seit vielen Jahren schreibt Claussen regelmäßig Beiträge für überregionale Medien wie die Frankfurter Allgemeine Zeitung, die Süddeutsche Zeitung und den

Spiegel. Zudem hat er zahlreiche Bücher veröffentlicht und verfasst regelmäßig seinen Blog „Kulturbeutel" im evangelischen Monatsmagazin chrismon. Neu ist sein Podcast „Draußen mit Claussen" bei www.reflab.ch.

Buchtipps:
Johann Hinrich Claussen: Die seltsamsten Orte der Religionen. Von versteckten Kirchen, magischen Bäumen und verbotenen Schreinen. Verlag C.H. Beck, München 2020, 239 Seiten, 20.- Euro
Ders.: Über den Takt in der Religion. Fundstücke – Glaubenssachen. Radius Verlag, Stuttgart 2020, 232 Seiten, 20.- Euro

Im Internet:
Deutscher Kulturrat e.V. (Berlin): www.kulturrat.de
dort unter Publikationen weiter zur Zeitung: Politik&Kultur, Nr.9/2019, Mission (im)possible?
oder unter Publikationen weiter zu Bücher: Olaf Zimmermann und Theo Geißler (Hg.) Kolonialismus-Debatte: Bestandsaufnahme und Konsequenzen (Okt. 2019)

MARTIN KEIPER

Jahrbuch Mission wird 70

Spiegel und Chronik weltweiter Missionsthemen

Seit 1951 erscheint das Jahrbuch Mission im Verlag der Deutschen Evangelischen Missionshilfe, 2021 genau sieben Jahrzehnte. Beim Blick in alte und aktuelle Jahrgänge entsteht nicht nur eine Art Chronik der jüngeren Missionsgeschichte, meint der langjährige EMW-Öffentlichkeitsreferent Martin Keiper, sondern man erkennt auch, welchen immer neuen Herausforderungen sich die Verantwortlichen stellen mussten. Das Thema blieb, die Fragen aber entstanden immer wieder neu.

Wer in Bibliothekskatalogen unter den Stichworten „Jahrbuch" und „Mission" sucht, bekommt eine Vielzahl von Treffern – jedenfalls bis in die 1920er Jahre hinein. Als Herausgeber treten die Missionskonferenzen auf, von denen es 1913 im Deutschen Reich zwei Dutzend gab. Nach einer im „Jahrbuch der Vereinigten Deutschen Missionskonferenzen" von 1914 abgedruckten Übersicht (94 ff) ist die älteste die 1879 gegründete Missionskonferenz in der Provinz Sachsen, die damals jüngste war die Mecklenburger Missionskonferenz, gegründet 1907. Einige wenige gaben mehr oder weniger umfängliche eigene Jahrbücher heraus, zum Beispiel die im Königreich Sachsen, im Großherzogtum Hessen-Darmstadt oder die Missionskonferenz im Konsistorialbezirk Kassel.

Gemeinsames Produkt, meist an die Mitglieder als Jahresgabe verteilt, war das „Jahrbuch der Vereinigten Deutschen Missionskonferenzen", das von 1913 bis 1922 unter diesem Titel im Selbstverlag der Missionskonferenz in der Provinz Brandenburg erschien. 1923 in „Die Deutsche Evangelische Heidenmission" umbenannt, kam dessen letzte Ausgabe 1941 heraus.

Zehn Jahre später veröffentlichte der Verlag der Deutschen Evangelischen Missionshilfe die erste Nachkriegsausgabe unter dem Titel

„Deutsche Evangelische Weltmission". In seinem Geleitwort verwies der Missionswissenschaftler Walter Freytag als Vorsitzender des Deutschen Evangelischen Missionsrates auf die „notwendige Neubesinnung über das Wesen der Mission nach der Schrift und im Blick auf die gegenwärtige Lage der Christenheit". Die 80 Seiten des Jahrbuchs 1951 spiegeln schon in der Papierqualität die noch kargen ersten Nachkriegsjahre wider. Andererseits konnte berichtet werden, dass in Deutschland bereits wieder 15 Missionskonferenzen ihre Arbeit aufgenommen hatten. In den 1960ern war ihre Zahl auf 17 mit über 6000 Mitgliedern gewachsen und sie boten eine beeindruckende Vielzahl von Veranstaltungen, die im Jahrbuch des Folgejahrs gelistet wurden – man brauchte dafür immerhin drei Seiten.

Eingeleitet wurden die Jahrbücher bis Anfang der 1970er Jahre von einem Überblick über die Missionsarbeit im vergangenen Jahr. Diese „Rundschau über die Arbeit der deutschen evangelischen Missionen", meist um die 20 Seiten, war nicht so „deutsch" wie der Titel vermuten ließ. Niels Peter Moritzen, von 1962 bis 1967 theologischer Referent des Deutschen Evangelischen Missionsrats (DEMR) erklärte im Jahrbuch 1964, dass es „um den deutschen Anteil im Gesamtbild der Weltmission" gehe. So war 1964 etwa zu berichten über die Gründung der Allafrikanischen Kirchenkonferenz, über die Ostasiatische Christliche Konferenz (aus der später die CCA wurde) und über die Weltmissionskonferenz in Mexiko City – sämtlich Ereignisse, die man heute als Landmarken der ökumenischen Entwicklung betrachtet.

Nach der „Rundschau" folgten jeweils vier bis fünf längere Einzelbeiträge, die sich meist ebenfalls auf aktuellere Entwicklungen bezogen. Im zitierten 1964er Jahrbuch ging es um den Ökumenischen Rat der Kirchen (ÖRK) und die Mission nach dem Zusammenschluss mit dem Internationalen Missionsrat, um Mission und zwischenkirchliche Hilfe und um die Grundsatzfrage der Integration von Kirche und Mission – man versuchte, die Themen aufzugreifen, von denen die Mission bewegt wurde. Schon in den 1960er Jahren vertiefte man aber auch bestimmte Themen durch Schwerpunktsetzung, 1967 mit dem Thema Kirche und Jugend, 1968 über den „Dialog mit Menschen anderen Glaubens".

Nicht nur die „Rundschau“- Beiträge des DEMR-Theologen Moritzen hatten etwas Enzyklopädisches, sondern auch die von ihm (und auch seinen Nachfolgern) zusammengestellte „Literaturschau“. So verzeichnet das Jahrbuch 1967 insgesamt 255 Neuerscheinungen auf dem „Gebiet der Weltmission oder nahe benachbarten Gebieten“, zum Teil nur mit den bibliografischen Angaben, teilweise aber auch mit Kurzbesprechungen.

Heute würde man dies als „Serviceteil“ bezeichnen, die Verantwortlichen nannten es „Arbeitsteil“, wohl im Gegensatz zu den Studientexten im ersten Abschnitt des Jahrbuchs. Zum Service gehörte auch die „Statistik deutscher evangelischer Mission“ – detaillierte Angaben über die Zahl und Einsatzgebiete der „aktiven Missionskräfte in den Arbeitsgebieten“ (1968 wurden 1350 gezählt, darin eingeschlossen 429 Ehefrauen) und der Beschäftigten in der „Heimat“. Zusammen mit dem Adressenverzeichnis machte dieser „Arbeitsteil“ etwa die Hälfte des Umfangs von 130 Seiten aus.

1969 kam es zu einer Fusion: Das „Lutherische Missionsjahrbuch“, das seit 1922 (zusammen mit dem Sächsischen) erschienen war, wurde mit dem „Jahrbuch Evangelischer Mission“ vereinigt und trug dann den Titel „Evangelische Mission“ mit dem Zusatz des jeweiligen Jahres. Gleichzeitig wechselte das Format von A5 auf Taschenbuch-Größe. Der Zusammenschluss erfolge „im Zuge der notwendigen Konzentration der Missionspresse“, wie Herausgeber Walter Ruf schrieb. Man wollte das Jahrbuch interessanter machen und experimentierte mit dem Umschlag: 1969 erschien erstmals ein Bild auf dem Titel, allerdings nur für zwei Jahre. Von 1971 bis 1994 sollte die Vielfalt der Inhalte für sich sprechen und die Redaktion präsentierte die Titel einiger Beiträge auf dem Cover, auch als das „Evangelisch“ aus dem Titel verschwand und man nun als „Jahrbuch Mission“ auftrat.

1974, um ein Beispiel zu nennen, stellte die Redaktion die Weltmissionskonferenz in Bangkok als „Aufmacher“ prominent heraus, gefolgt von einem 20-seitigen Artikel über die Renaissance und Krise des Islams und sein Verhältnis zu Mission und Dialog. Verfasser war der Sprecher des Islamischen Weltkongresses für Deutschland, Mohammed S. Abdullah. Mehr für den internen Betrieb gedacht waren Thesen zur „Heimatarbeit“, wobei der Autor Artur Schorzmann schon allein diese Bezeichnung kritisierte. „Die ‚Heimatarbeit' der Mission ist ein Begriff von vorgestern für eine Aufgabe von heute und morgen." Das Plädoyer des Gemeindedienst-Pfarrers der Vereinten Evangelischen Mission (VEM) galt einer breiten missionarischen Bildungsarbeit in und mit Gemeinden, statt diese nur als Hilfs- und Spendensammel-Bewegung für die „eigentliche" Tätigkeit der Mission in Übersee zu betrachten.

Zehn Jahre später, 1984, ein Fokus auf Evangelium und Kultur, angeregt durch die ÖRK-Vollversammlung im kanadischen Vancouver, mit Beispielen unter anderem aus Indonesien und der DDR. Aus Anlass der „Kongo-Konferenz" hundert Jahre zuvor folgten zwei Texte zum Kolonialismus, und zwar aus (selbstkritischer) deutscher Sicht (Gustav Warneck, den Begründer der Missionswissenschaft zitierend, der die deutsche Kolonialbewegung als „große göttliche Missionsangelegenheit" bezeichnet hatte) und aus der Sicht eines in Württemberg lebenden ghanaischen Universitätsdozenten über die Folgen des Kolonialismus für Afrika. Nicht jedes Jahr bot solche Ereignisse, aus denen sich quasi von selbst die Themen der Jahrbuch-Beiträge ergaben.

Um die Frage nach Verkäuflichkeit mussten sich die Jahrbuch-Verantwortlichen jahrzehntelang keine Gedanken machen. Noch bis Anfang der 1990er Jahre betrug die Auflage rund 10.000 Exemplare. Wenn man angesichts dieser Zahlen heute von den guten alten Zeiten schwärmt, sollte man allerdings eine Besonderheit evangelischer Publizistik der damaligen Zeit berücksichtigen: Jahrzehntelang wurden – nicht nur im Arbeitsbereich Mission – hohe Auflagen von Druckschriften produziert und sehr großzügig unter Interessierte und Nicht-Interessierte verteilt. Letzteres nennt die Werbung „Streuverluste" und so täuschte man sich über die tatsächliche Zahl der Leserschaft hinweg. In Zeiten gut gefüllter Kassen bestellten viele Missionswerke und Kirchen hohe Stückzahlen des Jahrbuchs Mission und stellten diese ihren Pfarrerinnen und Pfarrern kostenlos zur Verfügung – ob sie nun an Missionsthemen interessiert waren oder nicht.

Dieser Umstand war natürlich auch den Verantwortlichen in Verlag und Redaktion bewusst. Die Zahl der Missionsinteressierten und

-engagierten sank, in den Gemeinden stand eher das Thema Entwicklung im Fokus, und es ging darum, mit spannenden Themen neue Zielgruppen zu erreichen. Das war sicher einer der Gründe, weshalb ab 1989 die Redaktion und der Herausgeber, der Verband evangelischer Missionskonferenzen, für jeden Jahrgang ein Schwerpunktthema festlegte, das ab 1995 auf dem Umschlag besonders hervorgehoben wurde. Die Beiträge wurden kürzer und zahlreicher, man suchte auch nach Autor*innen von außerhalb der „Missionsszene“ und bemühte sich um eine andere Sprache, die den Zugang erleichtern sollte.

Damit, und erst recht mit einem vollständigen Relaunch im Jahr 2000, wollten Verlag und Herausgeber das Jahrbuch auch für den Buchhandel attraktiver machen. Das gelang auch – hing aber stark vom Thema ab: Vom Jahrbuch 2000, Thema „Jerusalem“, wurde über den Buchhandel fast ein Fünftel der Auflage von 5.000 Exemplaren abgesetzt – Zahlen, die seitdem nie wieder erreicht wurden. Je mehr Kirche, je mehr Mission auf dem Titel, desto geringer die Nachfrage.

Bücher zum Thema Mission treffen auf eine sehr, sehr kleine Zielgruppe von Interessierten, und diese ist in den letzten Jahrzehnten sicher weiter geschrumpft. Kein Wunder, dass die wenigen verbliebenen Verlage mit weltmissionarischen Titeln längst dazu übergegangen sind, ihre Neuerscheinungen in Digitaldruck-Auflagen von 100 bis 250 Exemplaren herstellen zu lassen – und damit gut auskommen. Im Vergleich dazu nehmen sich die Jahrbuch-Auflagen der letzten Jahre – zwischen 2.500 und 3.000 Stück – geradezu bestsellerhaft üppig aus. Dazu hat sicher eine kluge Themenwahl beigetragen – was zum Beispiel bedeutete, einen Jahrbuch-Schwerpunkt zum Reformationsjubiläum zu machen, weil man den Eindruck hatte, hier würde der globale Aspekt übersehen. Und damit Erfolg hatte – die Ausgabe ist praktisch vergriffen.

1951 bis 2021: Legt man die Jahrbücher nebeneinander, so wird eine ständige Veränderung sichtbar – in den inhaltlichen Schwerpunkten, in der Sprache und der Gestaltung. Nur am Thema Mission hat sich nichts geändert. Dass man daraus 70 interessante Bücher machen konnte, lässt auch für die Zukunft hoffen.

Martin Keiper ist freiberuflicher Journalist und Layouter. Bis zu seiner Pensionierung 2017 war er fast 30 Jahre lang Referent in der Öffentlichkeitsarbeit der Evangelischen Mission Weltweit (EMW) und Geschäftsführer des Missionshilfe Verlags.

THOMAS RICHTER

In 80 Büchern um die Welt

Kirchenhistorische Ausstellung virtuell in Aachen

Eigentlich sollte im Juni 2020 in Aachen eine große Konferenz über „Missionsgeschichte und außereuropäische Kirchengeschichte" stattfinden, begleitet von einer Ausstellung der Missionsbibliothek und katholischen Dokumentationsstelle des Internationalen Katholischen Missionswerkes missio e.V. (mikado) in Aachen. Die Konferenz wurde corona-bedingt abgesagt, die Ausstellung jedoch wurde zu einer virtuellen Schau samt umfangreichem Katalog mit dem Titel: „In 80 Büchern um die Welt". mikado-Bibliothekar und Autor Thomas Richter erläutert die Bedeutung der Ausstellung, und warum die Geschichte der Mission heute stärker interdisziplinär erforscht werden sollte.

Um das Jahr 1904 entwarfen die Oblaten der Unbefleckten Empfängnis (OMI) eine kleine Werbebroschüre für ihre Missionsarbeit im damaligen Deutsch-Südwestafrika, heute Namibia. Das querformatige

Werbung von 1904 für die Missionsarbeit des Oblatenordens (OMI) im damaligen Deutsch-Südwestafrika

„Missionskarawane“ der Patres von Windhuk nach Okavango im Norden des Landes

Sympathiewerbung mit einem „Neger“-Jungen

Heft zeigt in vielen hochwertigen Fotografien die Landschaft und Tierwelt der deutschen Kolonie und überdies das Wirken der Missionare vor Ort – allesamt Männer. Dramaturgisch ist es als Rundreise durch das Land angelegt, beginnend mit dem Hafen von Swakopmund und den kaiserlichen Postschiffen, durch die Trockenflusslandschaft Richtung Windhuk und von dort als „Missionskarawane nach dem Okavango“ in den Norden.

Die Broschüre erschien kurz nach Beginn der brutalen Offensive der deutschen Truppen gegen die einheimische Herero- und Nama-Bevölkerung; die Diskussion darüber, ob das damals ein Genozid war, hält heute noch an. Zweifelsohne sollte die Broschüre die Spendenbereitschaft für die Oblatenmission in Südwestafrika erhöhen und versuchte dabei, an patriotische Gefühle anzuknüpfen. Dennoch ist es geradezu verstörend, in welcher Weise Bilder und Texte zwischen zwei Extremen oszillieren. Neben rassentheoriebegründeter Abwertung der Einheimischen steht deren Beschulung durch die Oblatenpatres (obgleich die Infantilisierung eines der zeitgenössischen Konzepte war, um Inferiorität zu konstruieren). Neben schwarzen Sträflingen in Ketten steht ein liebenswerter schwarzer Junge mit einer Katze auf dem Arm. Neben dem Zitat, dass „keiner der Neger, die in [unseren] Missionen erzogen sind,

Der Apostolische Präfekt Augustinus Nachtwey OMI und der deutsche General Lothar von Trotha beim Kaffeekränzchen auf der Veranda

seine Hand in das Blut eines Weißen getaucht [hat]“ steht ein Foto, das den Apostolischen Präfekten Augustinus Nachtwey OMI und General Lothar von Trotha beim Kaffeekränzchen auf der Veranda zeigt.

Missionsliteratur von vielen Interessen geleitet

Obgleich nicht paradigmatisch, so zeigt dieses kleine Heft doch Grundprobleme der Missionsgeschichtsschreibung auf. Historiker*innen sind für die Hochphase der europäischen Mission in Afrika, Lateinamerika, Ozeanien und Asien beinahe ausschließlich auf Quellen der Europäer angewiesen: mit europäischen Augen wurde wahrgenommen, für ein europäisches Publikum wurde geschrieben. Die kolonialen Begrenzungen zeigten sich, gerade in Afrika, auch in der Literatur. Publikationen der Missionsgesellschaften und Missionsorden, darunter besonders die Ordenszeitschriften, sind wichtige Quellenbestände.

Werbeprospekt einer schlesischen Fabrik für Raubtierfallen als Beilage im Deutschen Kolonialatlas

Hier zeigt sich ein relevantes Spannungsfeld, wenn eine aus der Sicht des 21. Jahrhunderts zu Recht als rassistisch bezeichnete Sprache verwendet wird. Das Überlegenheitsgefühl der Weißen um 1900 wird in zeitgenössischen Publikationen vergesellschaftet mit Entdeckergeist, völkerkundlichen Interessen und einer gewissen Exotik: Dem „Deutschen Kolonialaltas“ etwa lag ein Werbeprospekt einer schlesischen Raubtierfallen-Fabrik bei. Der Norddeutsche Lloyd, eine große Bremer Reederei, gab einen Auto-Reiseführer für die Insel Ceylon heraus und richtete sich an Europäer, die vermögend genug waren, ihr eigenes Automobil verladen zu lassen.

Gerade auch deshalb muss die Geschichte der Mission(en) heute interdisziplinär angegangen werden, denn Mission geschah stets im Geflecht von religiösen, wissenschaftlichen, ökonomischen, politischen und sozialen Interessen. So ist auch Missionsliteratur – sei sie aus dem 16. oder dem 20. Jahrhundert – nie absichtslos. Nicht zuletzt spielen Entwicklungen der Theologie(n) eine wichtige Rolle. Mit der zunehmenden Verselbständigung der (nicht mehr ganz) jungen Kirchen der südlichen Hemisphäre kommen stets neue Impulse für die bislang noch immer europäisch dominierte Kirchengeschichtsschreibung hinzu. Früher stand oft der Missionar und sein beinahe heldenhafter Einsatz für die Verbreitung des Evangeliums im Fokus,

Die Bremer Reederei Norddeutsche Lloyd wirbt mit einem Auto-Reiseführer um reiche Europäer, die ihr eigenes Auto nach Ceylon (heute Sri Lanka) mitnehmen sollen.

Zeitschriftenbeiträge um 1900 lesen sich mitunter wie Biografien von Heiligen. Für den Mainzer Studienrat und Priester Karl Faustmann etwa war sonnenklar, dass die göttliche Gnade auf dem Osloer Vikar Johannes Olav Fallize ruhte, wenn dieser als „Apostel“ im protestantischen Norwegen standhaft die „römisch-katholische Haltung auch in der Diaspora, ohne einen Abstrich“ verkündete – obgleich Fallize in seiner luxemburgischen Heimat nicht unumstritten war.

Auch die Sicht der Missionierten erforschen

An dieses Bild knüpfte auch die Kommunikation der (sogenannten) Missionserfolge in der Heimat an. Missionsmuseen der Orden nahmen aus heutiger Sicht eine seltsame Mittelposition ein zwischen semiwissenschaftlich geführten ethnologischen Sammlungen (z.B. mit „Götzenfiguren“), ordenseigenen Ausbildungsstätten und kirchlichen Leistungsschauen. Auch die Jugend sollte für die Mission (und nebenbei zum Ordenseintritt oder zu Spenden) begeistert wer-

Ausmalbild für Kinder von 1935: ein heldenhafter Missionar auf dem Scheiterhaufen den – nicht nur mit Tierpräparaten in Ausstellungen, sondern auch mit speziell auf Kinder abgestimmten Medien. Eine Stilblüte dieser Bemühungen ist das Kinder-Malbuch „Mes missions à colorier" von 1935. Nicht nur, dass es bereits Farbvorschriften machte, wie das Blankobild auszumalen sei; spielerisch wollte es den Kindern wohl auch nahebringen, wie wertvoll das (katholische) Martyrium unter den „Wilden" für die Ausbreitung des Evangeliums sei. Wie pädagogisch wertvoll ein Ausmalbild eines Missionars auf dem Scheiterhaufen ist, sei dahingestellt.

Heute – und zukünftig noch mehr – müssen aber die Sicht der Missionierten und ihre Reaktionen auf dieses Missionsgeschehen zur Sprache kommen, das oft asymmetrisch geprägt war. So gilt es, mit Begriffspaaren wie Erfolg und Misserfolg, Freiwilligkeit und Zwang, Schuld und Befreiung in Zukunft vorsichtiger und differenzierter umzugehen. Das gilt im Übrigen nicht allein für die Hochphase des Kolonialismus zwischen Mitte des 19. und Mitte des 20. Jahrhunderts, sondern trifft ebenso für die Epoche der Entdeckungen und Weltausbreitung des Christentums seit dem 16. Jahrhundert zu. Denn auch die Reiseberichte der Frühen Neuzeit verfolgten Absichten, darunter auch jene der Evangelisierung. Für dieses Ziel war eine intensive Landeskunde freilich unerlässlich: Das Werk des Herrnhuters Missionars David Cranz (1723 -1777) über Geschichte, Menschen und Kultur Grönlands etwa erlebte zahlreiche Neuauflagen und Übersetzungen.

Missionsbibliotheken leisten wichtige Beiträge zur interdisziplinären Erforschung der Missionsgeschichte. Diese Leistung gilt es zu erkennen, insbesondere vor dem Hintergrund der Schließung zahlreicher Missionsbibliotheken bei Werken und Orden in den letzten Jahren. Nicht selten enthalten sie Werke aus der missionarischen Praxis wie Katechismen, Schulbibeln und Liederbücher in indigenen Sprachen Afrikas, Asiens und Lateinamerikas. Missionsbibliotheken ermöglichen so auch die Erforschung des Wandels von Missionstheologien und Missionsverständnissen der großen Konfessionen seit dem 16. Jahrhundert und nicht zuletzt auch den „Dreh" der Perspektive: von der Sicht auf(!) die Missionierten hin zur Geschichtsschreibung aus(!) der Sicht der Missionierten mit deren eigenen Beiträgen zum Verständnis von Missionsgeschichte.

Mit den notwendigen quellenkritischen Instrumentarien im Hinterkopf eröffnet die Missionsliteratur darüber hinaus Erkenntnisgewinne für andere Wissensgebiete, insbesondere der Ethnologie, der Linguistik, der Literaturwissenschaft und der Geografie. Manchmal ermöglichen von Missionaren mitgebrachte Schriften sogar das Überdenken der europäischen Form des Buches, wenn man beispielsweise an asiatische Holzdruckplatten oder Palmblattmanuskripte denkt.

Neue Forschungstrends zu historischen Spannungsfeldern

Um diese Forschungstrends zu verdeutlichen, hatte die Missionsbibliothek und katholische Dokumentationsstelle (mikado) von missio Aachen 2020 eine Ausstellung unter dem Titel „In 80 Büchern um die Welt" geplant. Dabei stand das Ziel im Vordergrund, genau diese Spannungsfelder der gegenwärtigen Missionsgeschichte zu verdeutlichen: Wie wurde(n) in verschiedenen Zeiten die Geschichte(n) der Mission(en) geschrieben? Für welches Publikum wurde publiziert? Wie unterscheiden sich protestantische und katholische Missionsliteratur? Wie wurden Artefakte in Missionsmuseen aufbereitet? Welche Interaktionen ergaben sich für Missionarinnen und Missionare im kolonialen Kontext – der für das Deutsche Reich zugleich auch Kulturkampfkontext bedeutete? Inwiefern sind Ethnologie und Religionswissenschaft Tätigkeitsfelder der Mission? Wie spiegelt sich das in Bezug auf den jeweiligen Zielkontinent, die dort vorherrschenden klimatischen, herrschaftlichen und religiösen Kontexte?

Die Faszination und Vielgestaltigkeit all dieser Fragestellungen der modernen Missionsgeschichte führten dazu, dass sich mehr als zwanzig Autor*innen für das Ausstellungsprojekt meldeten. Katalog und Ausstellung heben in 80 exemplarisch herausgegriffenen Büchern die – ganz unterschiedliche – europäische Sicht auf Mission seit dem 16. Jahrhundert hervor. Mit dieser Auswahl wird dann wiederum das hauptsächliche Desiderat deutlich: Es kommt auf eine Änderung der Blickrichtung an. Erstens muss die Sicht der Missionierten unbedingt zur Sprache kommen; zweitens muss die Sicht der Missionierenden kritisch in ihren jeweiligen Denkmustern und Entstehungszusammenhängen kontextualisiert werden. Die Ausstellung will dies – mit einer virtuellen Reise einmal um die ganze Welt – exemplarisch herausstellen.

Dr. des. Thomas Richter ist seit 2019 Bibliothekar bei mikado, der Bibliothek und Dokumentation, sowie dem Bildarchiv und Archiv des Internationalen Katholischen Missionswerkes missio e.V. in Aachen. Er studierte Geschichte, katholische Theologie und Anglistik an der Rheinisch-Westfälischen Technischen Hochschule (RWTH) Aachen. Für seine Promotion zu einem Thema der Frühen Neuzeit der Konfessionsgeschichte erhielt er ein Stipendium und lehrte anschließend als wissenschaftlicher Mitarbeiter im Arbeitsgebiet Kirchengeschichte des Instituts für Katholische Theologie an der RWTH.

„Von der Kunst die Krise zu deuten“

Der Kunstteil fordert die Redaktion des Jahrbuchs jedes Jahr neu heraus. Wie verbinden sich Glaube und Kunst, wie beziehen sich Kunst und Religion aufeinander? Und 2020-21 natürlich: Können sie etwas zur Bewältigung einer Krise wie der Pandemie leisten?

60 Künstler*innen sind der Aufforderung der evangelisch-lutherischen Kirche in Norddeutschland unter dem oben genannten Titel nachgekommen. Ihre Werke sind ihre Antworten, und sie werden über eine Website zugänglich gemacht. Einige von ihnen haben die Erfahrung in dieser Zeit künstlerisch verarbeitet in Gemälden, Videos, Installationen. Aber auch die Einladung zum Tanz als ein Weg aus der Erstarrung wurde in Videos umgesetzt. Die Initiatorin Anna Luise Klafs vom Kulturhimmel führt aus, dass viele der Beiträge mit den Polaritäten spielen, die diese Krise mit sich bringt: Schutz und Abgrenzung, Nähe und Distanz, Hilflosigkeit und Kreativität.

Der verbindende Grundgedanke: Kunst und Religion mögen vielleicht nicht systemrelevant sein – aber in Krisenzeiten können sie überlebenswichtig werden! Zwei der Preisträger*innen, Shirin Goldenstein und Marc W1353l, schreiben: „Kunst und Religion können uns helfen … das gerade Unvorstellbare begreiflicher zu machen … können uns dabei helfen, Wünsche und Träume zu formulieren. Kunst und Religion können uns helfen, in Metaphern zu denken und unsere moralischen und gesellschaftlichen Ziele auch dann zu fokussieren, wenn unsere Alltagsroutine nicht ausreicht, um das, was mit uns gerade passiert, zu verarbeiten.“

In diesem Sinne passen diese preisgekrönten Arbeiten wunderbar in dieses Jahrbuch, in dem unsere Autor*innen vielfältig beschreiben, wie sie versuchen, begreiflich zu machen und zu verarbeiten, was gerade passiert. Die Künstler*innen erweitern diese Auseinandersetzung durch das in Szene Setzen, um uns bildhaft und gedanklich aus der Erstarrung in Bewegung zu bringen.

Unser herzlicher Dank geht an die Preisträger*innen, die uns freundlicherweise gestatten, Bilder ihrer Arbeiten mit Beschreibung (teils gekürzt) abzudrucken und an die Initiator*innen des Wettbewerbs.

https://kulturhimmel.de kultur himmel

„Sie tanzen“

Achim Kirsch und Stina Kurzhöfer

In einem tänzerischen Dialog, der eine filmte die andere bei ihrem Tanz und umgekehrt, entstanden Videosequenzen, die Stina Kurzhöfer und Achim Kirsch nutzten, um daraus Tanz-Animationen zu entwickeln.

Maskiert und verkleidet inszenierten sie sich in kurzen Bewegungsbildern, um sie in hundert- und tausendfach, einzeln gezeichneten und gemalten Bildern neu zu entfalten.

Gestalten aus einer anderen Welt, halb Tier, halb Mensch, Fabel, Märchen oder Mythos. Irgendwoher, aus einer nicht definierbaren Welt, scheinen diese Geschöpfe auf, um gemeinsam zum Tanze zu bitten.

Der erlebbare Moment ist einzig und im Live-Charakter unwiederholbar.

(aus der Beschreibung der gesamten Videoinstallation, die unter **https://youtu.be/TxCo2MoPPvY** zu finden ist)

Achim Kirsch, Jahrgang 1973, ist seit 1997 freischaffend künstlerisch mit Malerei/Fotografie/Trickfilm tätig. Davor Studium der Philosophie, Germanistik und Kunst u.a. an der Kunsthochschule für Medien in Köln.

Stina Kurzhöfer, Jahrgang 1980, ist Fotografin und hat u.a. Freie Kunst studiert an der Muthesius-Kunsthochschule in Kiel (Master of Fine Arts performative Installationen).

Dystanz – eine multimediale Rauminstallation

Shirin Goldstein und Marc W1353l

Materialien: Digitalfotografie gerahmt, NATO-Draht, Spiegel
Maße: Raum 3x4m, Wandtableau 1,5x2 m, NATO-Draht 2,5x0,8 m

Das Projekt Dystanz ist eine multimediale Rauminstallation und besteht aus einem Fototableau, Spiegeln und einem NATO-Draht. Das Wort Dystanz steht für Distanz, also eine Entfernung und Zurückhaltung, und unterteilt sich dabei in die pathologische Vorsilbe dys- und das Wort Tanz. Die Fotografien sind während unseres letztens Treffens im Künstlerhaus Schloss Plüschow entstanden. Weitere gemeinsame Workshops und Arbeitstreffen unserer künstlerischen Kooperation konnten durch die Covid-19-Pandemie nicht stattfinden, deshalb existiert unsere Rauminstallation bisher lediglich auf dem Papier.

Unsere Arbeit spiegelt derzeitige Gefühle wieder, die jede*n betreffen, die*der Abstand halten muss und trotz der Gefahr und der notwendigen Vorsicht eine tiefe Verbundenheit zu ihren*seinen Mitmenschen spürt. Etwas unerwartet Hoffnungsvolles zeigt sich durch die Überwindung der angsteinflößenden Klingen. Die Überlagerungen der Fotografien zeigen die Kraft, die entsteht, wenn Zusammensein im Geiste stattfindet.

Shirin Goldstein, 1985 in Schwerin geboren, lebt und arbeitet in Schwerin und Leipzig. **http://www.shiringoldstein.de/**

Marc W1353l (Marc Wiesel), Architekt, Jahrgang 1973, lebt und arbeitet in Wismar und Bonn. Sein Schwerpunkt ist multimediale Konzeptkunst.

Lockdown Week I – VI 2020/21

Lisa Hoffmann

6-teilige Serie
50 x 75 cm Pigmentdruck

Lisa Hoffmann, Kiel. Geboren 1989. Sie studierte Bildende Kunst an der Muthesius Kunsthochschule Kiel und an der Königlichen Kunsthochschule Den Haag. **https://www.lhoffmann.com**

Die aus sechs Teilen bestehende Arbeit Lockdown Week I – VI 2020/21 setzt sich mit den Bildern auseinander, die innerhalb des ersten deutschen, sechs Wochen andauernden Lockdowns weltweit im Rahmen der Pandemie veröffentlicht wurden. Jedes Bild besteht aus mehreren Hundert der in der jeweiligen Woche weltweit veröffentlichten und in Archiven und sozialen Netzwerken recherchierten Bilder.

Wir haben uns an die seit Jahrzehnten etablierten Bildkonzepte und Dokumentar-Strategien gewöhnt. Diese Gewöhnung führt zur Abstumpfung, und letztlich durch die Menge an täglich veröffentlichten und konsumierten Bildern, so die Annahme, zu einer Passivität der Wahrnehmung. In ihrer rechenbasierten Praxis sucht Lisa Hoffmann nach neuen künstlerischen Dokumentarpraktiken, die zu einem Sensibilisieren der sinnlich ästhetischen Wahrnehmung führen. So soll eine aktive Auseinandersetzung und Interaktion mit den Inhalten geschaffen werden, die hilft zu verstehen, die hilft zu deuten, die die eigenen Erinnerungen und Erfahrungen einbezieht und somit zu einem reflexiven Umgang mit Bildern und dem eigenen Handeln – auch und insbesondere gegenüber anderen – führt.

Begleitende Fragen des künstlerischen Prozesses waren: Gibt es ein gemeinsames visuelles Narrativ, das überall auftaucht? Können neue visuelle Ansätze helfen zu verstehen, helfen die Krise zu deuten? Wie hat sich unser Blick und unsere Wahrnehmung durch eine weltweit gemeinsame Pandemie auf Menschen, Länder und Geschehnisse verändert, die außerhalb des eigenen Horizonts liegen? Wie kann die Menge an vorhandenen Bildern, die kaum zu bewältigen ist, genutzt werden, um das Ausmaß der Pandemie zu verstehen?

Lisa Hoffmann stilisiert nicht wie üblich nur ein oder wenige Bilder als Bildikonen, sondern bezieht die Perspektive einer Vielzahl von weltweit betroffenen Menschen mit ein. Es gibt kein klares Bild, das einfach zu entziffern und dadurch schnell zu vergessen ist. Es sind Bilder, die die Auseinandersetzung fordern.

Rezensionen

WELTMISSION, ÖKUMENE, THEOLOGIE

Michael Klessmann: **Ambivalenz und Glaube.**
Warum sich in der Gegenwart Glaubensgewissheit zu Glaubensambivalenz wandeln muss.
Kohlhammer Verlag, Stuttgart 2018, 289 Seiten, 34.- Euro

Der Praktische Theologe Michael Klessmann hat an der Kirchlichen Hochschule Wuppertal gelehrt und ist Lehrsupervisor der Deutschen Gesellschaft für Personalführung (DGFP). In diesem Buch legt er seine Position dar, dass in der gegenwärtigen Zeit neu über „Glaube“ und „Ambivalenz“ nachgedacht werden muss. Es sei nicht damit getan, Ambivalenz mit dem Begriff „Anfechtung“ abzutun (Tentatio, einer der drei Kennzeichen christlicher Existenz neben Oratio und Meditatio). Das gelte ebenso für den theologischen Topos der Heilsgewissheit.

„Der Begriff des Glaubens muss in postmoderner Zeit erweitert und differenzierter gedacht werden. Die bisherigen Konnotationen ... passen nicht mehr zu einer Welt, die in zunehmendem Maß durch Flexibilität, Vieldeutigkeit, Widersprüchlichkeit und Brüchigkeit gekennzeichnet ist; und sie passen zum anderen nicht mehr zu einer Welt, in der uns durch die Medien die Abgründe und Gewaltzusammenhänge des Lebens täglich so drastisch vor Augen geführt werden...“, so die zentrale These Klessmanns. Stattdessen sollten Zweifel, Unsicherheit und Anfechtung „als dauerhafter, ja als notwendiger Bestandteil des Glaubens gelten“, wie er im Vorwort schreibt. Diese These macht Klessmann mit Hinweisen auf Anthropologie, Entwicklungspsychologie, Hermeneutik und Theologie plausibel. Seine Sprache ist klar und leicht verständlich; viele Beispiele dienen zur Erläuterung des Gesagten.

Als Superintendent und Pfarrer, der in ländlicher Gegend tätig ist, habe ich mich besonders für die Ausführungen zur praktischen Arbeit im Pfarramt interessiert. Aus der Fülle kirchlicher Praxis greift der Autor die Themen Predigt, Seelsorge, Liturgie, Kasualien und Religionsunterricht als Handlungsfelder auf. Ein Beispiel daraus: Biographische und familiäre Knotenpunkte des Lebens wie Geburten, Hochzeiten oder Bestattungen seien „in hohem Maß“ ambivalent besetzt. Beteiligte seien gerade in diesen Übergangssituationen von widerstreitenden Gefühlen, Sehnsüchten und Wünschen, aber auch von Verletzungen hin- und hergerissen. Wenn eine Seelsorgerin darauf etwa Bezug nehme, müsse ihr Handeln „notwendigerweise einen zwiespältigen Charakter“ aufweisen. Deshalb solle die Kasualrede „innovativ“ sein, um der Einzigartigkeit der Beteiligten und ihrer besonderen Situation gerecht zu werden. Nach Ansicht Klessmanns gehört dazu auch die Klärung vorab, wie mit den Ambivalenzen des Lebens behutsam umgegangen werden könne.

Ich stimme einem anderen Rezensenten dieses Buches zu, Christian Stasch, wenn er formuliert, dies sei „ein materialreiches, gut und verständlich geschriebenes Buch, das entlastend und ermutigend wirkt: Ambivalenz ist nicht das Gegenüber des Glaubens, sondern gehört zu ihm. Der Glaube wird dadurch nicht karg, sondern kräftig“. In der Tat! Es gilt meines Erachtens auch eine Entdeckung zu machen, nämlich dass die Ambivalenz des Glaubens zur „Wahrnehmung von Lebensschönheit“ führt.

Markus Nietzke

Glenn J. Schwartz: **Wenn Nächstenliebe klein macht.**
Finanzielle Abhängigkeit in Mission und Gemeinde überwinden.
Aus dem Englischen von Anna-Lena Matthias.
Neufeld Verlag, Cuxhaven 2020, 300 Seiten, 19,90 Euro

Der US-amerikanische Missionar Glenn J. Schwartz hat im Laufe seines Lebens auf allen Kontinenten Erfahrungen in der Mission gesammelt und als interkultureller Missionswissenschaftler geforscht. Seine Botschaft: Abhängigkeit tötet die Menschenwürde – sie ist eine schwere, aber heilbare Krankheit.

Das Buch will Missionsgesellschaften und Spender*innen zum Nach- und Umdenken bewegen. Im Vorwort schreibt Johannes Reimer von der freikirchlichen Theologischen Hochschule Ewersbach: „Finanziell und organisatorisch stark und geistlich angeschlagen – das ist die Mixtur, aus der das dominante Verhalten westlicher Missionsgesellschaften ... entsteht.“ Andere seiner Formulierungen wie „Schwartz plädiert für eine geistgeführte Mission“ oder „würdevolles und selbstloses Geben statt herrschsüchtiges Binden der Bedürftigen an unsere

Hilfe“ lösen bei landeskirchlich sozialisierten Leser*innen wohl eher Befremden aus. Das legt sich aber schnell, geht es doch um aktuell viel diskutierte Fragen wie die, ob Partnerschaft auf Augenhöhe überhaupt möglich ist und ob sie auch ohne Geld funktioniert?

Glenn Schwartz ist davon überzeugt, dass Partnerschaft mit Geld von außen nicht funktionieren kann, weil die Geldgeber*innen meistens die Bedingungen diktieren und Eigeninitiative ersticken würden. Seine provokanten Thesen sind mit zahlreichen Beispielen versehen. Er schreibt bewusst nicht nur für Expert*innen. In leicht verständlicher Sprache gibt er Denk- und Diskussionsanstöße für Hauskreise, Partnerschaftsgruppen oder Leitungsgremien in Gemeinden und Organisationen. Zum Beispiel betont er, dass aktive, lebendige Gemeinden auf ihre eigene Kraft setzen und weniger um Unterstützung bitten, stattdessen seien sie umgekehrt bereit, notwendige Dachorganisationen mehrerer Gemeinden oder interkonfessionelle Verbünde zu unterstützen. Ausländisches Geld führe zu Bequemlichkeit und zu Neid, zudem zu Misstrauen seitens der nicht-christlichen Bevölkerung.

Daneben stellt Schwartz auch unbequeme Fragen: Woher kommt der Reichtum der gebenden Kirchen? Vermittelt unser Tun nicht den Eindruck, dass Evangelium und Wohlstand zusammenhängen? Muss Partnerschaft nicht mehr sein als Geld von außen, plus lokale Arbeitskraft, plus Rechenschaftspflicht gegenüber den Geldgeber*innen? Und welche Rolle spielt die eigene Spiritualität für das Engagement? Daneben streift der Autor auch entwicklungspolitische Zusammenhänge („faire Bezahlung ist besser als Spenden“) und nennt Kriterien für gelingende Spenden und Programme.

Kritisch anzumerken ist zu dem Buch, dass die zitierte Literatur und die Beispiele recht alt sind, und die Sprache ist nicht gendergerecht. Das vom Autor kritisierte Überlegenheitsgefühl und einen als „Mission“ getarnten Kurzzeit-Tourismus gibt es in der beschriebenen Art und Weise in landeskirchlichen Zusammenhängen nicht. Seine US-amerikanische Perspektive kann stören, aber auch zu genauerem Blick auf die eigenen Verquickungen von Geld und Glauben führen. Ich freue mich darauf, mit ökumenischen Partnerschaftsgruppen meiner westfälischen Landeskirche über dieses Buch ins Gespräch zu kommen.

Kirsten Potz

Christian A. Schwarz: **Gott ist unkaputtbar.**
12 Antworten auf die Relevanzkrise des Christentums.
Gerth Medien, Asslar 2020, 160 Seiten, 18.- Euro

Der Buchtitel dieses Bestsellerautors und Gemeindebauexperten Christian A. Schwarz macht neugierig. In 12 thesenhaften Kapiteln will er Antworten auf die von ihm diagnostizierte „Relevanzkrise" geben. Das tut er, indem er empirisch erhobene Daten aus einer weltweiten Gemeindebefragung auswertet und Vorschläge zur Erneuerung der Christenheit vorträgt. Es macht sich dabei natürlich gut, auf Dietrich Bonhoeffer und seine Vision für eine zukünftige Gestalt der Kirche zurückzugreifen. Schwarz sieht zudem gegenwärtig einen epochalen Wandel, der alle bisherigen Erneuerungskonzepte in Frage stellt. Diese Situation motiviert ihn dazu, nicht zu resignieren, sondern seine Therapie für eine Kirche in der Krise in 12 Thesen darzulegen.

Der vorliegende schmale Band soll allerdings nur Appetit machen auf mehr. Schwarz plant nämlich drei umfängliche Buchtrilogien, die die hier angerissenen Themen ausführlicher darstellen sollen. Das ist auch nötig, denn eine Schwäche des ersten Bandes ist die thesenhafte Behandlung von wahrlich großen Themen. Der Autor spricht sie zwar an, aber es fehlen in den einzelnen Kapiteln oftmals klare Begründungen und auch Erklärungen.

Folgen kann ich Schwarz, wenn er als These zum Beispiel das Leitungsproblem vieler Kirchen erwähnt, die in der jüngsten Vergangenheit von schlimmen Skandalen geschüttelt wurden. Interessant finde ich auch, dass er der westlichen Kirche vorschlägt, vom spirituellen Reichtum der östlichen Kirchen zu lernen; verschüttete geistliche Traditionen wiederzubeleben, ist sicher wichtig. Auch andere Themen wie etwa unterschiedliche geistliche Stile zu fördern oder Kommunikation auf Augenhöhe zu praktizieren, können in der Krise helfen. Es ist auch richtig, das Thema Glaube und Wissenschaft zu erwähnen und auf die Klärung falscher Konzepte zu drängen. Interessant fand ich auch die These, „die 10/90 Realität anzuerkennen", die besagt, dass Christ*innen etwa 90 Prozent ihrer Zeit unter Nicht-Christen verbringen, da gibt es sicher Nachholbedarf in den Gemeinden.

Was Schwarz allerdings unter der „biblischen Realität der Energie Gottes“ versteht, die auch Verständnis für die „transpersonale Dimension Gottes“ erwecken soll, erschließt sich mir nicht. Gerade im Pietismus und den Erweckungsbewegungen der letzten Jahrhunderte hat auch die westliche Christenheit Gottes Dynamis (Kraft) erfahren. Sie ist jedoch nicht einfach verfügbar, gerade das hat ja auch Bonhoeffer mit der „Ohnmacht Gottes“ ausgedrückt.

Weiter finde ich keine „transpersonalen Seiten“ in der biblischen Tradition; vielmehr begegnet Israel ein höchst personaler Gott, ein Du, das liebt und Liebe einfordert. In der neunten These spricht der Autor den wachsenden Fundamentalismus an; hier ist er mir jedoch nicht präzise genug. Nur zu behaupten, Fundamentalismus sei mit einer „Brille“ zu vergleichen, mit der wir „die Wirklichkeit betrachten“ ist zu einfach, denn jeder trägt eine bestimmte Brille. Wichtig ist, dass ich mein Vorverständnis möglichst offen kommuniziere. Fundamentalist*innen sind ja immer die Anderen. Schwarz regt zum Nachdenken an. Ob jedoch gerade seine 12 Thesen das Heilmittel sind, um ein erneuertes Christentum 3.0 zu ermöglichen, scheint mir fraglich.

Bernd Brandl

Jörg Hübner: **Christoph Blumhardt.**

Prediger, Politiker, Pazifist.

Evangelische Verlagsanstalt (EVA), Leipzig 2019, 376 Seiten, 25.- Euro

Diese Biografie des Akademiedirektors von Bad Boll, dem Wirkungsort Blumhardts (1842-1919), orientiert sich, wie es einleitend heißt „ausschließlich am nun zugänglichen... umfänglichen Archivmaterial aus dem Familienarchiv Blumhardt“. Es hat den Anspruch, den württembergischen Theologen und späteren SPD-Politiker „möglichst unverstellt, vollständig und umfassend darzustellen“. Aber warum wurden Quellen aus dem Landeskirchlichen Archiv mit Nachlass des Autors Eugen Jäckh nicht eingesehen und biografische Aufzeichnungen etwa von Gottliebin Dittus als verkürzt kritisiert? Hübner geht es nach eigenen Angaben um eine Würdigung; sein Fokus ist: Die „lebendige Hoffnung und das politische Engagement Blumhardts sollen in der jüngeren Generation Beachtung finden!“.

Sechs Kapitel zeichnen sein Lebenswerk nach: Die Welt überwinden, Weltchristentum und Evangelium des Lebens, Werde ein wahrer Mensch, Menschheitsliebe ist das Losungswort, Vorwärts zum Zukunftsstaat und Die Welt des Krieges überwinden. Jedes ist in biografische Stationen und theologische Wegmarken unterteilt. Dem folgen ein umfangreicher Anhang, eine Zeittafel, Unveröffentlichtes, Literaturliste und Sachregister. Denken und Wirken Blumhardts werden engagiert beschrieben.

Die positive Rezeption des Lebens und Wirkens seines Vaters in Möttlingen, Johann Christoph Blumhardt, inklusive Heilungswundern, ist auf die frühen Jahre begrenzt. Es wäre hilfreich gewesen zu erfahren, wie sich der Vater vom Pietismus absetzte, dass Bekehrung kein Schwerpunkt war, Ökumene wichtig wurde, beide eine neue Ausgießung des Geistes sowie das Kommen eines universalen Gottesreiches erwarteten und wie dies den Sohn und seine Schritte in die Öffentlichkeit prägte. Wurde Blumhardt im Gebrauch biblischer Begriffe ideologisch, wie Ulrich Heckel im Vorwort meint? Wo bietet er Anhaltspunkte, dass er diese sogar „ins Gegenteil…" verkehrte oder schlicht „aus religiöser Verwurzelung" Kraft schöpfte?

Blumhardt bezog seine Reich Gottes-Verkündigung immer auf die Taten Jesu, seine Kritik an der Kirche meinte nicht die ganze Christenheit. Aber er forderte beide häufig auf, deutlich zu machen, was „am Tag Jesu Christi Bestand" habe. Welches Gesamtbild bleibt von Blumhardt, der auf das Reich Gottes hoffte? Kategorien eines Politikers und Pazifisten werden ihm nicht gerecht; leiteten ihn doch nicht primär Hoffnungen auf politische Entwicklungen. Schon 1904 hatte er sich, nach nur fünf Jahren im Landtag, von der Parteipolitik verabschiedet.

Hübner erkennt: Er „verfolgte andere Absichten als die der Partei" und konstatiert seinen Optimismus: „…ein Vorwärtsschreiten im Kommen des Reiches Gottes, das war die Überzeugung, die sich in der letzten Phase des Wirkens Blumhardts durch alle Andachten hindurchziehen sollte." Prägten seine Predigten nicht bereits seit langem die Hoffnung, dass Gott sich über allem Versagen der Menschen als souverän durchsetzen und sein Heil in der Welt zum Wirken bringen würde? Die Lektüre des Buches ist empfehlenswert; weitere Texte von und über Blumhardt verhelfen zu einem abgerundeten Gesamtbild.

Traugott Farnbacher

Matthias Maier, Peter Vogt (Hg.):

Die Herrnhuter Brüdergemeine.

Reihe Bensheimer Hefte (Heft 117), Kirchen der Gegenwart (Band 6)

Vandenhoeck & Ruprecht Verlage, Göttingen 2020, 264 Seiten, 25.-Euro

In diesem neuen Band der Bensheimer Hefte beschreiben zwölf Autoren und zwei Autorinnen, viele von ihnen über Jahre Kirchenleitungsmitglieder, den Werdegang und die gegenwärtige Ausprägung der Herrnhuter Brüdergemeine (BG) in verschiedenen Weltregionen. Diese Beiträge geraten unterschiedlich dicht. Während manches eher lexikalisch formuliert ist, merkt man anderen die Begeisterung für die Brüdergemeine an. Etwa wenn Archivar Dietrich Meyer den frühen „Blut- und Wundenkult“ des BG-Gründers Nikolaus Ludwig Graf von Zinzendorf liebevoll spöttisch als „religiöse Entwicklung ... mit einer ganz eigenen, expressiv dadaistischen Poesie“ bezeichnet.

Das Herz des Buches aber bilden die Nachzeichnung der Missionsgeschichte und der Missionstheologie. Bereits ein Jahrhundert vor anderen deutschen Missionsgesellschaften und nur fünf Jahre nach der Gründung wurden 1732 die ersten beiden Handwerker von der Gemeinde im sächsischen Herrnhut auf die Karibikinsel Saint Thomas ausgesendet, nachdem man durch einen ehemaligen Sklaven von der Menschenschinderei in den brutalen Sklavenhaltergesellschaften dort erfahren hatte. Graf Zinzendorf, bei dem mährische Exilanten Zuflucht gefunden hatten, gab den beiden mit auf den Weg, nicht die „Herrnhuter Elle“ als Maßstab anzulegen, sondern mit Verständnis für andere Verhältnisse vorzugehen – ein früher Aufruf zur Kontextualität. So nahm die faszinierende, von Beginn an radikal ökumenische Kirchengeschichte der BG Fahrt auf.

Heute gliedert sich die weltweite „Brüder-Unität“ in 24 „Unitätsprovinzen“ und weitere fünf „Missionsprovinzen“ in den vier Regionen Europa, Afrika, Karibik und Nordamerika; einige wie in Surinam oder im Osten Nicaraguas agierten zeitweise sogar wie Staatskirchen. Die sechs Provinzen in Tansania bilden heute die größte Einheit mit über 700.000 Mitgliedern. Das Europäische Festland kommt bei acht Ländern dagegen nicht einmal auf 14.000 und ist seit dem Zweiten Weltkrieg auch nicht mehr das Zentrum; die „Unitätssynode“ findet alle zehn Jahre irgendwo anders auf der Welt statt. Die „Vielfalt und Unterschiedlichkeit theologischer Meinungen bilden heute die größte Herausforderung“ der Brüdergemeine, schreibt der Missionstheologe Peter Vogt. Als solche identifiziert er das Verständnis des Bischofsamts, den Umgang mit pfingstlich-charismatischer Erneuerung und die Bewertung von Homosexualität – interne Herausforderungen, die auch die großen kirchlichen Weltbünde umtreiben.

Insgesamt wird deutlich, dass es der BG nie darum ging, auf Kosten anderer Kirchen zu wachsen oder ein eigenständiges Bekenntnis zu haben, um sich abzugrenzen. Auch wenn das Gesangbuch oder die Osterliturgie der Herrnhuter immer wieder als ihr eigentliches Bekenntnis bezeichnet wurden. So kommt auch der Beitrag aus den amerikanischen Provinzen zu dem Schluss, dass Lehrformeln keine Einheit bilden, sondern das auf dem Buchtitel in neun Variationen verschiedener Provinzen abgebildete Symbol des Lammes: „Es ist vielmehr die Überzeugung, dass unser Lamm gesiegt hat, und der Wunsch, dem siegreichen Lamm zu folgen“, schreibt der US-Theologe Craig D. Atwood. Die ganz eigene Poesie der Herrnhuter hallt bis in die Gegenwart nach.

Martin Frank

Christian Weber: **Wie andere Kulturen die Bibel sehen.**

Ein Praxisbuch mit 70 Kunstwerken aus 33 Ländern (mit DVD).

Theologischer Verlag Zürich (TVZ) und Mission 21,
Zürich/Basel 2020, 260 Seiten, 29,90 Euro

Nimmt die Leserin Webers Praxisbuch erstmalig in die Hand, wird sie vermutlich zu Recht längere Zeit einige der 70 Kunstwerke betrachten, unbekannte Künstler*innen entdecken und biblische Motive mit den Augen anderer Kulturen sehen. Aber es lohnt sich, das Buch als Ganzes wahrzunehmen, um nicht in einer vielleicht auf Exotik ausgerichteten Betrachtung hängenzubleiben.

Christian Weber, evangelischer Theologe, sechs Jahre Dozent für biblische Exegese am theologischen Seminar der Lutherischen Kirche im Kongo und derzeit bei Mission 21 in Basel, möchte mit seinem Buch den Prozess unterstützen, christliche Theologie und außereuropäische christliche Kunst als eigenständige Erschließungswege wahrzunehmen, die der etablierten europäischen Theologie ebenbürtig sind. Er sieht die Möglichkeit, europäische Theologie, kirchliches Leben und religionspädagogische Praxis durch interkulturelle Zugänge nicht nur zu bereichern, sondern auch zu verändern und zu beleben, zu erden. Seine theoretischen, aber insbesondere praktischen Hinweise, um interkulturelle und kontextuelle Sichtweisen im kirchlichen Leben hier bei uns bewusst zu machen, scheinen gut geeignet, um mit Jugendlichen im Religionsunterricht, in der Konfirmanden- oder Gemeindearbeit die Bedeutung des Evangeliums für den Alltag, die Gesellschaft und für kirchliches Engagement neu zu entdecken.

Hilfreich für eine schnelle Orientierung ist der klar strukturierte Aufbau des Buches, das in drei Teilen jeweils knappe theoretische Hinweise und gut anwendbare Arbeitsblätter zur praktischen Erschließung kontextueller Theologie und Bibelhermeneutik bietet. Dem Buch ist eine DVD beigefügt, auf der alle Materialien und vor allem die Reproduktionen der Kunstwerke praxisfreundlich und in guter Qualität für Projektionen auch in großen Räumen vorhanden sind.

Der zentrale Teil C „Die Bibel in Kontexten weltweit“ ist eine Entdeckungsreise durch die Kommentare zur Bibel aus nicht europäischen Kontexten, die sonst selten wahrgenommen werden, und durch die christliche Kunstszene jenseits Europas. Zu zehn biblischen Texten, darunter die Berufung des Mose, die Versuchung Jesu, die Heilung des Gelähmten, die Brotvermehrung, Jesus und die Samariterin, die Fußwaschung und die Emmaus-Jünger – werden jeweils sieben Kunstwerke aus Lateinamerika, Asien und Afrika von 60 Künstlerinnen und Künstlern präsentiert.

Die Genres sind vielfältig: Gemälde, Drucke, Scherenschnitte oder Schnitzereien. Zu jedem Kunstwerk gibt es eine Einführung als „Sehhilfe“ und Informationen zu den Künstler*innen. Alle Informationen sowie die Reproduktion des jeweiligen Kunstwerks sind auf einer DIN A4-Seite zusammengefasst. Um den Kontext und die kulturellen Sichtweisen besser nachvollziehen zu können, wären jedoch auch noch weitergehende Informationen wünschenswert gewesen.

Beim Betrachten wird deutlich, dass die Kunstwerke keine einfachen Illustrationen zu einem biblischen Text sind, sondern einen eigenständigen Zugang und eigene Interpretationen zum Text, zum Kontext und zur Kultur des jeweiligen Künstlers oder der Künstlerin eröffnen. So sind spannende und den Glauben bereichernde Begegnungen mit dem biblischen Text, der Sicht des außereuropäischen Künstlers und der Sicht der europäischen Betrachterin vorprogrammiert.

Kerstin Hemker

Frieder Ludwig (Hg.): **Wendezeit Weltkrieg.**

The First World War as a Turning Point. Die Auswirkungen der Jahre 1914-1918 auf Kirche und Mission (deutsch/ englisch).

Reihe: Quellen und Beiträge zur Geschichte der Hermannsburger Mission und des Ev.-luth. Missionswerkes in Niedersachsen, Band 27.
LIT Verlag Münster 2020, 250 Seiten, 34,50 Euro

Die von dem Missionswissenschaftler Frieder Ludwig herausgegebene Dokumentation eines Symposiums „Wendezeit Weltkrieg“ an der Fachhochschule für Interkulturelle Theologie in Hermannsburg 2018 hat sich zur Aufgabe gesetzt, die Auswirkungen des Ersten Weltkrieges in unterschiedlichen Weltregionen zu untersuchen. Der Band enthält 13 deutsch- und englischsprachige Beiträge, die Entwicklungen im Nahen und Mittleren Osten, in Ostafrika, Südafrika und Äthiopien sowie in Hongkong und Indien behandeln. Daneben kommen die europäischen Dimensionen in den Blick. Der amerikanische Religionshistoriker Philip Jenkins analysiert die religiöse Aufladung des Kriegsgeschehens durch alle Kriegsparteien und spricht von einem „Heiligen Krieg“. Andere Beiträge untersuchen die Darstellung der Arbeit der deutschen Orient- und Islam-Kommission und die Veränderung im Konservatismus der Hermannsburger Mission.

Eine Konfliktlinie, die die Entwicklungen bestimmt, ist die Spannung zwischen Imperialismus und Selbstbestimmung. Zu Beginn des 20. Jahrhunderts gerieten die multiethnischen, multikulturellen und multireligiösen Imperien zunehmend unter Druck. In diesen Prozessen spielte Religion eine zentrale Rolle. Die Beiträge untersuchen zum Beispiel das Streben der äthiopischen Kirchen nach einem afrikanischen Christentum, die Bedeutung der orthodoxen Tradition in der Abwehr des europäischen Kolonialismus in Äthiopien, das Erwählungsbewusstsein des burischen Nationalismus in Südafrika und die Islamisierung der türkischen nationalen Identität in der Endphase des Osmanischen Reiches, die zu den Völkermorden an christlichen Assyrern und Armeniern führte.

In diesem Spannungsfeld verfolgten die europäischen Missionsgesellschaften keine klare Linie. Die vorherrschende Theologie der Völkerchristianisierung mit ihrer Betonung von kulturellen und linguistischen Identitäten verortete sie eher auf der Seite der Selbstbestimmungsbewegungen. Gleichzeitig verurteilten die Missionen Emanzipationsbewegungen, die die Autorität der Mission oder der kolonialen Obrigkeit in Frage stellten, scharf. In der Hermannsburger Mission führte diese Spannung in den Jahren nach dem Krieg zu einer Stärkung deutsch-nationaler Strömungen. Während für die Artikulation konservativer Interessen in Deutschland und unter deutschsprachigen Siedler*innen neue Strukturen geschaffen wurden, blieben Christinnen und Christen in den Missionsgemeinden bis zur Mitte des 20. Jahrhunderts in untergeordneten Positionen.

Dieses Buch ist ein wichtiger Beitrag zum Verständnis der globalen Auswirkungen des Ersten Weltkrieges. Allerdings ist die Perspektive an manchen Stellen durch die Beschränkungen des Materials in den deutschen Missionsarchiven begrenzt. Frieder Ludwig zitiert in seiner Einleitung die Selbstkritik des schwedischen Missionsgeschichtlers Bengt Sundkler, der im Alter den begrenzten Horizont seiner früheren Einschätzung des afrikanischen Christentums bedauerte: „We are bound by and determined by and dominated by the little horizons that we have." Es hätte dem Buch gutgetan, wenn noch mehr unterschiedliche Horizonte vor allem aus den verschiedenen Regionen selbst zu Wort gekommen wären.

Hanns Lessing

Ulrich Dehn: **Geschichte des interreligiösen Dialogs.**

EB-Verlag, Berlin 2019, 238 Seiten, 19.- Euro

Dieses Buch des Hamburger Religionswissenschaftlers Ulrich Dehn ist ein Meisterwerk der Verdichtung: Kein umfangreiches Werk, sondern ein handliches Taschenbuch, das hochkonzentriert, übersichtlich und gut lesbar beispielhafte Inszenierungen, Konzepte und Initiativen zum interreligiösen Dialog vom Mittelalter bis in die Gegenwart vorstellt. Dabei wird keine einheitliche „Messlatte" für eine Beurteilung angelegt, so als ob wir Heutigen die endgültig maßgeblichen Einsichten hätten. Kriterium für die Auswahl ist vielmehr, „dass sie im Kontext ihrer jeweiligen Zeit die Schwelle von allgemein üblichen Vorurteilen überwanden und sich intensiv mit den anderen Religionen beschäftigt haben", wie es in der Einleitung heißt.

Das ergibt eine originelle Mischung aus Klassikern des interreligiösen Dialogs und weniger allgemein Bekanntem, und zwar zeitlich geordnet als „Dialoge des Mittelalters" und „Projekte der Neuzeit". Für Erstere stehen bekannte Autoren wie Petrus Abaelard, Ramon Lull oder Nikolaus von Kues, aber auch der Mythos um Cordoba/Al Andalus als „Reich der Toleranz" wird auf seine Tragfähigkeit hin befragt und Jehuda ibn Halevi wird mit seinem Werk „Al Chazari" vorgestellt, in dem die Überlegenheit des Judentums über andere Religionen dargelegt wird. Auch Dante Aligheri mit seiner „Göttlichen Komödie" findet Berücksichtigung, weil ja der Ich-Erzähler Muhammad in der untersten Hölle antrifft. Dabei bleibt allerdings unklar, worin hier der über gängige Vorurteile hinausgehende Dialogimpuls bestehen soll.

Als Dialogimpuls der Neuzeit wird zunächst der Versuch des indischen Großmoguls Akbar im 16. Jahrhundert vorgestellt, eine neue Einheitsreligion auf Basis des Islams zu stiften. Lessings „Nathan der Weise" darf nicht fehlen, ebenso wenig Goethes „West-östlicher Divan". Dann treten Großereignisse wie das „Parlament der Religionen der Welt" in Chicago 1893 in den Blick und Vereinigungen wie der von Rudolf Otto 1920/21 gegründete „Religiöse Menschheitsbund", gefolgt von Darstellungen von Projekten und Impulsen, die bis in die heutige Zeit reichen – meines Wissens erstmalig in dieser Zusammenstellung.

Darunter sind etwa internationale Religionsdialog-Vereinigungen, die Methode des „Scriptural Reasoning“, das „Theologische Forum Christentum-Islam“ sowie der Hamburger „Religionsunterricht für alle“. Besonders erfreulich ist die ausführliche Würdigung der „Bendorfer Dialoge“, der „Ständigen Konferenz von Juden, Christen und Muslimen in Europa“ (JCM) seit 1967 und die „Internationale Jüdisch-christliche Bibelwoche“. Auch die muslimische Dialogoffensive „A common Word“ wird samt Reaktionen eigens gewürdigt.

In einem zusammenfassenden Schlusskapitel werden schließlich mit theoretisch fundierten Betrachtungen zu Ressourcen und Bedingungen des Dialogs theoretische Linien ausgezogen. Durchweg wird die Überzeugung deutlich, dass interreligiöse Begegnungen „friedensförderliche und gewaltunterbrechende Aspekte“ enthalten, von denen man Kenntnis haben sollte und die gestärkt werden können. Dieses Buch trägt dazu in beeindruckender und gut fasslicher Weise bei.

Eckhard Zemmrich

Philipp Elhaus, Tobias Kirchhof (Hg.): **Kirche sucht Mission.**
Kirchenentwicklung in missionarischer Provokation.
midiKontur(mk) Band 1, Evangelische Verlagsanstalt (EVA), Leipzig 2020, 320 Seiten, 20.- Euro

Der Band veröffentlicht die Vorträge einer Tagung von 2019 zum 100. Jubiläum des Missionarischen Dienstes der Hannoverschen Landeskirche, gemeinsam mit der neugegründeten Evangelischen Arbeitsstelle für missionarische Kirchenentwicklung und diakonische Profilbildung „midi“ mit Sitz in Berlin.

Die Beiträge der drei Autorinnen und zehn Autoren sind sehr unterschiedlich und beleuchten auf je eigene Weise jeweils einen Aspekt von Mission: Mission als Aspekt der Kirchenentwicklung, als Kommunikation des Evangeliums durch Gemeinschaften oder als Angebot für Individuen, Mission und Diakonie, Mission in einem zunehmend säkularisierten Umfeld (Schweiz), im Dialog mit sogenannten Konfessionslosen oder im Kontext der Konfessionsökumene. Es gibt etliche Bezüge zur weltweiten Mission und Ökumene in den Beiträgen, doch durch den engen Bezug auf Kirche in Deutschland und Kirchenentwicklung fokussieren sie vorranging auf die organisierte Gestalt landeskirchlicher Gemeinden.

Auch wenn einige den mündlichen Vortragsstil beibehalten, richten sich die Beiträge der Fachtagung doch erkennbar an eine gut informierte Leserschaft. Für die ist es aufschlussreich, den Autorinnen und Autoren dabei zu folgen, wie sie in der Vielfalt der Bezugsfelder und Aspekte Mission nicht als Positionierung (Kirche hat eine Mission), sondern reflexiv verwenden: Kirche sucht Mission. Wie stellt sich Mission als Verkündigung des Glaubens dar, wenn für Mitgliedschaft in Gemeinden geworben wird? Wie im Kontext von kirchenleitendem Handeln, das mit einem Schrumpfen der Kirche konfrontiert ist? In diesem Spannungsfeld stellen sich mehrere Beiträge gegen die populären Vorstellungen, dass den Herausforderungen der zunehmenden Diasporasituation vor allem durch Leitungshandeln von oben entgegengetreten werden kann.

Dagegen verstehen die beiden Herausgeber Mission als Suche der Kirche nach Präsenz und nach Ausdrucksformen auf dem Weg hin zu neuen vielfältigen und unterschiedlichen Gestalten. Der Band belegt, wie vielfältig in Bewegung der Diskurs über Mission in den Gemeinden und den Landeskirchen ist, wie groß die Herausforderungen in der deutschen Gesellschaft sind – aber auch wie weit weg diese Diskurse von denen über weltweite Mission und Ökumene verlaufen. Aus der letzten Perspektive sind vor allem der einführende Betrag zur Diskussion über Mission in den landeskirchlichen Synoden, die Beiträge zu Mission mit unterschiedlichen migrantischen und interkulturellen Gemeinden sowie zu Mission als Zeugnis und Dialog in der Begegnung mit Menschen anderen Glaubens aufschlussreich.

Michael Biehl

Susanne Götze, Annika Joeres: **Die Klimaschmutzlobby.**
Wie Politiker und Wirtschaftslenker die Zukunft unseres Planeten verkaufen.

Piper Verlag, München 2020, 304 Seiten, 20.- Euro

1988 wurde unter Vorsitz der CDU die erste Enquete-Kommission zur „Vorsorge zum Schutz der Erdatmosphäre" im deutschen Bundestag gegründet. Anfang der 90er wurden Klimaschutzmaßnahmen wie eine CO2-Steuer angemahnt, die heute von „Fridays for Future" gefordert werden. Wieso ist also in den letzten 30 Jahren trotz klarer Sachlage wenig bis gar nichts passiert? Dieser Frage gehen die beiden Journalistinnen in ihrem Buch über die „Klimaschmutzlobby" nach. Sie machen drei Gruppen aus, die eine ambitionierte Klimaschutzpolitik verhindert haben: Klima-Leugner*innen, Rechtspopulist*innen und Klimaschutz-Bremser*innen.

Die Leugner gelten als überschaubarer Kreis von überwiegend älteren Männern, die mit haarsträubenden Begründungen den Klimawandel bestreiten, für nicht menschengemacht oder ungefährlich halten. Diese Argumente werden aufgegriffen von Rechtspopulist*innen, die den Frust gegen Veränderungen mit einfachen Antworten auffangen und den Beschützer des kleinen Mannes gegen eine links-grüne Elite mimen (eine Strategie, die auch in Corona-Zeiten zu funktionieren scheint). Als einflussreichste und gefährlichste Gruppe gelten die Bremser aus dem fossilen Zeitalter, die Lobbygruppen der Auto- und Kohle-Industrie und der konventionellen Agrarwirtschaft, die über US-amerikanische und europäische Thinktanks Zweifel streuen und sich dabei der Argumente und Methoden der ersten beiden Gruppen bedienen.

Sehr detailreich legen die Autorinnen dar, wie etwa die Auto-Lobby auf EU-Ebene die Beschlüsse über Grenzwerte für den CO2-Ausstoß so beeinflussen, dass diese leicht zu erfüllen und viel zu niedrig angesetzt sind, oder wie die Luftfahrt-Lobby mit Fortschrittsversprechen, die sich nie bewahrheiten, eine Kerosinsteuer verhindert. Dass Lobbygruppen der Klimaverschmutzungsindustrie Gesetzestexte verwässern und mit politischem Spitzenpersonal kungeln, ist irgendwie bekannt. Aber das Ausmaß der geradezu vorsätzlichen Leugnung des Klimawandels und einer dreisten Immer-weiter-so-Politik ist erschreckend: Shell wusste schon in den 80er Jahren aufgrund eigener Analysen genau über den Klimawandel Bescheid, was den Konzern aber nicht davon abhielt, eine Lobbyorganisation mitzugründen, die den menschengemachten Klimawandel in Zweifel zog.

Götze und Joeres zeichnen nach, wie einzelne Branchen und Verbände die Entscheider*innen in Ministerien und im Bundestag mit Wohlfühl-Lobbyismus (alles kann so bleiben wie es ist) hofieren und ihr Eigeninteresse als Interesse aller verkaufen. „Dabei kann das Ziel für alle Menschen nach Lage der Fakten nur sein, aus dem fossilen Zeitalter auszusteigen", so die Autorinnen. Umwelt- und Naturschutzverbände oder auch die kirchlichen Advocacy-Bemühungen sind finanziell und personell weit unterlegen und haben viel unbequemere Empfehlungen parat.

Etwas zu knapp fällt das Kapitel aus, wie diese zerstörerische Einflussnahme unterbunden und eine das Klima (die Schöpfung) schützende Politik wirksam eingefordert werden könnte. Insgesamt ist dies ein aufklärerisches Buch, das allerdings das Vertrauen in die Funktionsfähigkeit unseres politischen Systems leider nicht erhöht.

Tobias Schäfer-Sell

Ortwin Renn: **Gefühlte Wahrheiten.**

Orientierung in Zeiten postfaktischer Verunsicherung.

Verlag Barbara Budrich, Opladen 2019, 206 Seiten, 19,90 Euro

Mit diesem Buch legt der Soziologe und Risikoforscher Renn eine völlig überarbeitete Auflage des zwei Jahre älteren Werkes „Zeit der Verunsicherung. Was treibt Menschen in den Populismus" vor. Schon jetzt wirkt es erneut überarbeitungsbedürftig, fehlt doch zwangsläufig jede Auseinandersetzung mit der Covid-19-Pandemie. Zum einen böte sie gute Anregungen für die Analysen und Thesen des Buches, zum anderen wirken die Beispiele fast schon aus der Zeit gefallen und man muss sich erst in Erinnerung rufen, welche anderen „Krisen" zuvor die Medien dominierten.

So ist es an den Lesenden selbst, die Brücke zur aktuellen Situation zu schlagen, was gleichwohl gut gelingen kann: Renn illustriert seine Argumentation mit zahlreichen, gut übertragbaren Beispielen. Er führt mit stringenter Gliederung von der Beobachtung zur Einordnung und schließlich zu zehn Thesen, wie es jeder und jedem gelingen kann, sich in einer täglich komplexer werdenden Welt und Medienlandschaft zurechtzufinden und vor Blender*innen, Verführer*innen und Demagog*innen zu schützen. Dabei soll zum Beispiel die Reflexion bestimmter Verhaltensweisen wie die Bevorzugung bekannter und verfestigter Meinungen und ihre bewusste Durchbrechung helfen, etwa durch das Verlassen von „Blasen", die durch Algorithmen verstärkt werden.

Inhaltlich bringt Renn weder Neues noch Überraschendes, dennoch kann eine deutliche Leseempfehlung ausgesprochen werden: In einer zumindest für Akademiker*innen verständlichen Sprache kondensiert er das Wichtigste zum Thema, gut geordnet und eingängig. Ziel ist offensichtlich, den Leser*innen ein alltagstaugliches Handwerkszeug mitzugeben, seien es private Medienkonsument*innen oder politische Entscheidungsträger*innen.

Renn erläutert dabei zunächst, wo die unvermeidliche Ursache von Verunsicherung liegt: In kaum mehr als zwei Jahrhunderten hat sich die Welt so verändert, dass eigene Erfahrungen nicht mehr verständnis- und handlungsleitend sind. Vertrauen in spezialisierte Expert*innen ist gefordert, aber zugleich wächst die Zahl konkurrierender Deutungsangebote. Je komplexer das Thema und je ehrlicher Wissenschaft, desto ungenauer ihre Prognosen. Das ist ein willkommenes Einfallstor für Skeptiker*innen und Populist*innen, die Verunsicherung nutzen, um einfachste Erklärungsmuster anzubieten, die eine Rückkehr zum uns evolutionär vertrauten Schema evidenter Plausibilität bieten.

Einem Überblickswerk entsprechend spannt Renn dabei einen Bogen vom Medienkonsum bis hin zu politischen Entscheidungsprozessen, um der Gefahr des Populismus auf allen Ebenen zu wehren und die Demokratie zu stabilisieren. Erfreulich ist, dass er dabei nicht auf das Allheilmittel „partizipativer" Demokratie zurückgreift, sondern Anforderungen an eine „deliberative" Demokratie konkretisiert. Dabei ist die Beteiligung so organisiert, dass Wissensbildung und informierte Entscheidung unter Einbeziehung verschiedener Kategorien möglich wird, von wissenschaftlichen „Fakten" bis hin zu persönlichen Erfahrungen. Ob auch diese Methodik am Ende als Wissenschaft oder doch eher als Technik begriffen werden muss, kann dahingestellt bleiben: In jedem Fall verstärkt die Lektüre gewiss nicht die Verunsicherung, sondern gibt hilfreiche Orientierung für eine kritische Auseinandersetzung mit aktuellen gesellschaftlichen Herausforderungen.

Patrick R. Schnabel

Michael Kopatz: **Schluss mit der Ökomoral.**

Wie wir die Welt retten, ohne ständig daran zu denken.

oekom Verlag (und Wuppertal Institut), München 2019,
224 Seiten, 20.- Euro

Der Titel dieses Buches und auch der Klappentext sind durchaus provokativ: „Man kann Begrenzung fordern, ohne sich selbst zu begrenzen. Moralische Appelle machen nur schlechte Stimmung, ändern aber nicht unsere Routine", erfahren der Leser und die Leserin dort als Erstes. Das Buch ist die Fortsetzung und zum Teil auch Zuspitzung der 2016 vorgelegten und 2019 in zweiter Auflage erschienen umfangreicheren Monographie „Ökoroutine. Damit wir tun, was wir für richtig halten" (vgl. *www.ökoroutine.de*). Es ist das Anliegen des promovierten Politikwissenschaftlers und Projektleiters am Wuppertal-Institut, Michael Kopatz, umweltbewegte Bürger*innen zum politischen Engagement aufzurufen, um vor Ort den politischen Widerstand zu organisieren oder sich ihm anzuschließen.

Wer sich von den Provokationen des Klappentextes nicht vom Kauf des Buches abschrecken lässt, sondern neugierig geworden ist, erhält ein lesenswertes Potpourri von vielen kleinen, sehr unterhaltsam geschriebenen Geschichten und Anekdoten, wie und wo in Deutschland und weltweit Ökoroutine gelungen ist oder gelingen kann. Michael Kopatz will von seinen Alltagserfahrungen ausgehend eine leicht zu lesende Lektüre anbieten für diejenigen, denen seine eher wissenschaftlich formulierte „Ökoroutine" zu umfangreich und zu nüchtern ist.

Das Buch beginnt mit den „Zehn Geboten zur Ökoerlösung“. Im Sprachstil der Bibel wird Erlösung versprochen, wenn die Gebote eingehalten werden. Auch Kopatz weiß, dass ohne ein ethisches Normensystem und eine individuelle Änderung des Konsum- und Lebensstils die ökologische Transformation nicht möglich sein wird.

Unter den sechs Überschriften – „Warum dauert alles so lange?“, „Unterwegs“, „Konsum“, „Essen“, „Wohnen, Wärme, Strom“ und „Arsch hoch, liebe Demokraten“ – finden sich über 160 kleine, meist eine halbe bis eineinhalb Seiten lange Geschichten aus dem Alltag gelingender Ökoroutine, häufig eingeleitet mit persönlichen Begegnungen und überraschenden politischen Beobachtungen. Unterstützt wird das durch zahlreiche veranschaulichende Bilder und einige Statistiken.

Es macht Spaß, die Geschichten zu lesen und sie eröffnen bisweilen auch überraschende Einblicke und Perspektiven. Entweder wählt man ein Themenfeld, an dem man gerade interessiert ist, oder man blättert das Buch einfach durch und bleibt da hängen, wo man sich durch Bilder und Überschriften angesprochen fühlt. Dazu kann man auf der Homepage von Michael Kopatz *www.ökomoral.de* weitere Geschichten lesen, dem Autor bei einem Vortrag zuhören oder sich in seinem Blog auf dem Laufenden halten.

Dieses Buch ist einerseits eine hilfreiche Provokation für Umweltaktive auch im kirchlichen Bereich, die nur oder vor allem auf Bewusstseinsbildung und eine Änderung des persönlichen Konsum- und Lebensstils setzen, ansonsten aber politikfern agieren, andererseits ist es ein Optimismus provozierender Fundus gelungener Geschichten auf dem Weg der ökologischen Transformation. Als Geschenk für Einsteiger und Einsteigerinnen ins Thema ist das kurzweilige Buch ebenfalls geeignet.

Volker Rotthauwe

EUROPA, NAHER OSTEN

Helga Embacher, Bernadette Edtmaier, Alexandra Preitschopf:

Antisemitismus in Europa.

Fallbeispiele eines globalen Phänomens im 21. Jahrhundert.

Böhlau-Verlag, Wien 2019, 338 Seiten, 35.- Euro

Im Zentrum des globalen Antisemitismus steht die Wahrnehmung des israelisch-palästinensischen Konflikts. Er zeigt sich weltweit und gleichermaßen in politisch linken, rechten und muslimischen Kreisen, die teilweise international vernetzt sind. Zugleich weist er jedoch erinnerungskulturell bedingte länderspezifische Unterschiede auf, wie dieses Buch von drei Salzburger Wissenschaftlerinnen belegt.

Die Wahl der drei Länder Frankreich, Großbritannien und Österreich erweist sich dabei als anregend: So verfügt Frankreich über die größte jüdische und muslimische Gemeinschaft in der EU. Viele jüdische und muslimische Franzosen sind geprägt von einer familiären Herkunft aus den ehemals französisch kolonisierten Ländern des Maghreb. Daneben wird dort seit einiger Zeit etwa die Kollaboration des Vichy-Regimes problematisiert. Antikolonialistische und antirassistische Einstellungen spielen sowohl in der politischen Linken als auch in muslimischen Gemeinschaften eine wichtige Rolle. Traditionell propalästinensische Haltungen ermöglichen aber auch der politischen Rechten die Mobilisierung gegen „Zionisten" oder Juden. Die unterschiedlich erfolgreich verlaufenden Integrations- und Aufstiegsprozesse der jüdischen und muslimischen Einwander*innen wirkten verstärkend auf die Bereitschaft zu Attentaten auf Jüdinnen und Juden.

In Großbritannien lebt neben der zweitgrößten jüdischen Gemeinschaft Europas eine bedeutende muslimische Bevölkerungsgruppe mit Wurzeln in früheren britischen Kolonien. Neben dem Kolonialismus führte die Erinnerung an die Zeit als ehemalige Mandatsmacht in Palästina dazu, dass Briten früher als andere die Legitimität des Staates Israel und die Umstände seiner Etablierung problematisierten. Die gegen die Mandatsmacht gerichtete Gewalt zionistischer

Gruppen vor der Gründung des Staates Israel gilt aus dieser Perspektive gleichsam als Blaupause für Vertreibung und Unterdrückung der arabischen Bevölkerung seither.

Österreich pflegte lange Zeit den Mythos als erstes Opfer des deutschen Nationalsozialismus. So konnten sich dort im Unterschied zu Deutschland nach 1945 antisemitische Äußerungen unverblümter artikulieren. Zugleich stieg die rechtspopulistische FPÖ zum politischen Machtfaktor auf. Die Bagatellisierung der NS-Verstrickung begünstigte antisemitische Einstellungen in der politischen Rechten, in der muslimischen Bevölkerung mobilisierten Diskriminierungserfahrungen und Solidarisierungseffekte antijüdische Ressentiments. Die demonstrative Abwehr des Antisemitismus in der Rechten ist häufig strategisch antimuslimisch motiviert.

Der Blick über den Tellerrand, den dieses Buch ermöglicht, bereichert auch deutsche Leser*innen. Sie lernen etwa, dass nationale Erinnerungskultur ein entscheidender Faktor für die Wahrnehmung und Beurteilung des israelisch-palästinensischen Konflikts ist – und weniger der Konflikt selbst. Der systematische Blick auf die politischen Einstellungen der jeweiligen jüdischen Gemeinschaft zeigt zudem, dass die Diskussion zu politischen Entwicklungen in Israel auch dort komplex verläuft und die Vorstellung widerlegt, „die Juden" hätten einen einheitlich unkritischen Blick.

Axel Töllner

Thomas Schmiedinger: **„Die Welt hat uns vergessen".**

Der Genozid des „Islamischen Staates" an den JesidInnen und die Folgen.

Mandelbaum Verlag, Wien/Berlin Juni 2019, 232 Seiten, 20.- Euro

Im Frühjahr 2019 veröffentlichte der Politikwissenschaftler, Ethno- und Soziologe Thomas Schmidinger seine neue, aufgrund von Literaturarbeit und Feldforschung erstellte Arbeit: Es ist eine umfangreiche Recherche zu den Kriegshandlungen, die 2014 im Massaker von Sindschar im Nordirak durch die islamische Terrormiliz Islamischer Staat (IS) gipfelten sowie eine schonungslose Aufarbeitung der darauf folgenden politischen Situation.

Durch eine sorgfältige Untersuchung der Ereignisse gelingt es Schmidinger, die Basis für ein breites Verständnis der Gesamtlage im Krisenherd Irak herzustellen. Hilfreich sind ein Abkürzungsverzeichnis mit kurzen Erläuterungen der verschiedenen Parteien, Organisatoren und Militärbündnisse sowie vier handgezeichnete Landkarten im Einband, die die politisch-militärische Entwicklung aufzeigen – zu ihrer Interpretation allerdings benötigt man eine Lupe. Schwarz-weiß-Fotos im zweiten Teil und besonders die Interviews im dritten Teil des Buches ermöglichen es aufgeschlossenen Lesenden, Betroffenheit und Nähe zu Land und Menschen herzustellen.

Bemerkenswerterweise beginnt Schmidinger seine Ausführungen mit einem Exkurs in die Früh- und Vorgeschichte des Lebensraums der Jesiden und stellt ihren mündlich tradierten Glauben in Grundzügen vor. Dabei legt er besonderen Wert auf die Vorstellung der jesidisch-tribalistischen Gesellschaftsordnung. Hier schlägt das Herz des Ethnologen: Er erläutert die politische Funktion der Stammesgesellschaft, deren Mitglieder „gewissermaßen überkonfessionell“ seien und ihre Aufteilung in „Kasten“. Dieses hochpolitische Buch ist mehr als nur eine Schilderung über den Genozid an den Jesid*innen: Schmidinger schafft es, die verworrene Geschichte wechselnder Bündnisse aufzuarbeiten und auch für Laien verständlich darzustellen.

Im letzten Teil vertieft er seine Ausführungen durch Interviews, wodurch er eine multiperspektivische Darstellung der zeitlichen Abfolge der Kriegshandlungen inkludiert und gleichzeitig individuelle Schicksale vorstellt. Unmissverständlich legt er die brutale Wahrheit hinter den Ereignissen offen und entlarvt das fundamentale Versagen der internationalen Politik.

Mich hat dieses Buch nicht mehr losgelassen, zu tiefgreifend sind die Schilderungen der Betroffenen, zu folgenschwer die humanitären und politischen Bedingungen, unter denen dieses Volk lebt, zu erschreckend vor allem die von Schmidinger offen gelegten Wahrheiten, warum über 50.000 Menschen nach Europa flüchten mussten und Hunderttausende seither in Camps und unbefestigten Siedlungen in Syrien, im Irak und der Türkei leben.

Spürbar ist die sachkundige und sensible Verbundenheit des Autors zu den Kurden jesidischen Glaubens. Meine jesidische Freundin sagte spontan zum Titel dieses Buches: „Die Welt hat uns vergessen – das ist mir aus dem Herzen gesprochen!" Allen, denen an einer differenzierten Wahrnehmung des Konflikts liegt und die den Mut haben, sich auf eine präzise Auseinandersetzung einzulassen, sei dieses Buch ausdrücklich empfohlen.

Ilse Garner

Rainer Stuhlmann: **Wir weigern uns, Feinde zu sein.**

Hoffnungsgeschichten aus einem zerrissenen Land.

Neukirchener Verlag, Neukirchen-Vluyn 2020, 240 Seiten, 14,99 Euro

Die christlich-palästinensische Familie Nasser besitzt einen Weinberg in der Nähe von Bethlehem. Er ist umgeben von jüdischen Siedlungen. Immer wieder haben Israelis versucht, die Nassers zum Verlassen ihrer Farm zu bewegen, mit legalen und illegalen Methoden. Doch sie blieben. „Tent of Nations" nennen sie diesen Ort. Es ist eine Farm ohne Gebäude, denn sie bekommen noch nicht einmal für ein Toilettenhäuschen eine Baugenehmigung. Sie und die Freiwilligen aus aller Welt, die aus dieser Farm einen internationalen und interkulturellen Begegnungsort machen, übernachten in Höhlen, die schon den Großeltern von Daoud Nasser Schutz vor Wind und Wetter boten.

„Wir weigern uns, Feinde zu sein", ist das Motto der Nassers und der Titel des zweiten Buches von Rainer Stuhlmann über seine langjährigen Erfahrungen als evangelischer Theologe in Israel und Palästina. Dieser Satz beschreibt die dritte Alternative, die scheinbar unmögliche Möglichkeit. „Wir hätten hasserfüllt zurückschlagen oder uns gleich dem Druck beugen und klein beigeben können. Beides war für uns keine Option", sagt der Palästinenser Daoud Nasser. Stattdessen verfolgt er das Konzept des friedlichen Widerstands. Bestärkt fühlt er sich dabei durch die Bergpredigt und viele andere biblische Texte, die dazu ermutigen, einen „dritten Weg" zu suchen.

Stuhlmann erzählt viele Beispiele von mutigen Menschen und Initiativen, die beharrlich auf die Kraft des Friedens in diesem zerrissenen Land setzen. Er ergreift Partei für Friedensstifter*innen auf beiden

Seiten und erzählt Hoffnungsgeschichten, etwa von der israelischen Initiative „Gun Free Kitchen Tables“, die zeigt, was jenseits von gewaltsamen Lösungsversuchen nötig und möglich ist.

Was alle Initiativen antreibt, beharrlich gegen vereinnahmende Feindbilder, gegen die Allgegenwart der Waffen, gegen eine Politik der Polarisierung anzutreten, ist „die Kraft des verwandelten Zorns“. Eindrücklich erzählt der Autor von Menschen, die in der intensiven Begegnung mit anderen nachdenklich wurden und ihre bisherige Meinung infrage stellten. Immer wieder konfrontiert er seine Erlebnisse mit biblischen Geschichten und bürstet sie gegen den Strich, etwa David und Goliath, Gideon oder die namenlose Heldin aus Richter 9. Das Gebot der Feindesliebe ist für Stuhlmann zuallererst ein jüdisches Gebot. Und auch Muslime kennen es.

Diese theologische Reflexion machen für mich den Reiz des Buches aus. Es knüpft an die 2015 unter dem Titel „Zwischen den Stühlen“ veröffentlichten „Alltagsnotizen aus Israel und Palästina“ an und geht doch einen entscheidenden Schritt weiter. Rainer Stuhlmann reflektiert, ordnet ein, wertet aus und bezieht Stellung als protestantischer Theologe, der sein langjähriges Engagement im christlich-jüdischen Dialog mit seinem Eintreten für Gerechtigkeit, Frieden und Menschenrechte in Einklang zu bringen versucht.

An Israel und Palästina scheiden sich in der deutschen Debatte oft die Geister. Stuhlmann versucht sie für sich zusammenzuhalten, auch wenn er die Härte der gegenseitigen Vorwürfe selbst zu spüren bekommt. Er hält daran fest, dass es einen dritten Weg gibt, den Weg des verwandelten Zorns. Das gibt Hoffnung, und das macht dieses Buch so lesenswert!

Annette Muhr-Nelson

Gilles Kepel: **Chaos.**

Die Krisen in Nordafrika und im Nahen Osten verstehen.

Verlag Antje Kunstmann, München 2019, 496 Seiten, 28.- Euro

Der französische Soziologe Gilles Kepel ist besonders für seine Expertise auf dem Gebiet des Dschihadismus bekannt, der militanten extremistischen Strömung des sunnitischen Islamismus. In seinem neuen Buch „Chaos“ kommt er zu dem Schluss, dass Europa eine tragende Rolle beim Wiederaufbau der krisengeschüttelten Länder im Nahen Osten spielen muss, will es verhindern, dass der Dschihadismus einen weiteren Aufschwung erlebt.

Wann hat das Chaos, das derzeit im Nahen Osten herrscht, eigentlich begonnen? Darauf gibt es unterschiedliche Antworten. Einmal wird das Ende des Osmanischen Reiches Anfang des 20. Jahrhundert genannt, ein andermal die Staatsgründung Israels 1948 oder aber der Sechs-Tage-Krieg von 1967. Der französische Soziologe Gilles Kepel dagegen wählt für seine Analyse ein anderes Jahr: 1973.

Zum einen, weil die arabischen Staaten damals im sogenannten Jom-Kippur-Krieg bei der Rückeroberung der von Israel besetzten Golanhöhen und des Sinai krachend scheiterten – für sie war es nicht nur eine militärische Niederlage, sondern auch ein schwerer Schlag gegen das Selbstbewusstsein. Zum anderen beschlossen die ölfördernden Länder in jenem Jahr, die Rohölpreise um 70 Prozent zu erhöhen. Mit der folgenden Dollarschwemme konnten Länder wie Saudi-Arabien oder Katar nicht nur ihre geopolitische Dominanz in der Region festigen, sondern langfristig auch ihrer sunnitisch-konservativen Lesart des Koran eine Vorrangstellung in der gesamten islamischen Welt verschaffen.

Kepel zeichnet die Wellen nach, in denen der Dschihadismus die Welt immer wieder in Atem hielt. In den 1990er Jahren scheiterte er in Algerien und Ägypten. In den 2000er Jahren schaffte es Al-Qaida auf die Weltbühne, scheiterte aber ebenfalls nach wenigen Jahren und ebnete so den Weg für den Islamischen Staat (IS); aber auch der ist mittlerweile Vergangenheit.

Kepel stellt die Frage, wie sich die dschihadistische Bewegung wohl entwickeln wird, wenn die Geldflüsse aus der Ölförderung geringer werden. Wird er aussterben oder findet er in den verarmten Massen Syriens, Iraks, Jemens oder Libyens den Nährboden, der zu einer vierten Phase des Dschihadismus führen kann? Um dies zu verhindern, meint Kepel, müsse sich der Westen, gemeint ist damit die Europäische Union, als Partner an die Seite der arabischen Welt stellen und sich aktiv am Wiederaufbau im Nahen Osten beteiligen.

Zu großen Teilen liest sich „Chaos" wie eine Chronik des Nahen Ostens der letzten 45 Jahre. Das Buch besticht durch detailliertes Wissen, das Kepel gerne vor seinen Leser*innen ausbreitet. Diese müssen allerdings ein gehöriges Quantum an Vorwissen über die Region mitbringen, um den Gedankengängen des Wissenschaftlers folgen zu können. Laien, die sich erstmals über diese Weltregion informieren möchten, könnte dies schnell überfordern.

Katja Dorothea Buck

Wolfgang W. Müller, Franc Wagner (Hg.):

In der Sprache gefangen.

Migration und Diskriminierung.

Schriften Ökumenisches Institut Luzern Band 12, Theologischer Verlag Zürich (TVZ), Zürich 2020, 2018 Seiten, 28,90 Euro

Schon im Jahr 2016 fand die Tagung „Migration und Diskriminierung" statt, auf die sich der vorliegende Band des Ökumenischen Instituts Luzern bezieht. Die Vorträge der Tagung wurden nun zusammen mit einigen ergänzenden Beiträgen veröffentlicht. Die Autor*innen kommen aus Deutschland und der Schweiz und beleuchten das Thema aus migrationswissenschaftlicher, journalistischer und sprachphilosophischer Perspektive. Die Kernfrage „Wann entwickelt Sprache eine kritische und emanzipatorische Kraft?" führt in eine lesenswerte Sammlung von Artikeln ein.

Nur einige Beiträge können an dieser Stelle besonders gewürdigt werden. So untersucht etwa die Sozialwissenschaftlerin Gülcan Akkaya den Diskurs über Migration in der Schweizer Medienberichterstattung und kommt zum Schluss: „Stigmatisierung und Diskriminierung der Migrantinnen und Migranten sind mitten in der Gesellschaft angekommen." Udo Lehmann, Sozialethiker aus dem Saarland, beschreibt einen öffentlichen Diskurs, in dem eigene Narrative und Zielsetzungen bestimmen, ob Empathie, Solidarität oder Ablehnung geweckt werden soll. Seine Beobachtung: „Solidaritätsräume können demnach durch Sprache geöffnet oder geschlossen werden."

Zu einem qualitätsbewussten Journalismus gehören dann ganz praktisch auch abgeschaltete Kommentarfunktionen und divers besetzte

Redaktionsteams, meint der Journalist Matthias Drobinski. Die Medien- und Kommunikationswissenschaftlerin Liriam Sponholz weist darauf hin, dass in der Logik medialer Diskriminierung Menschen oder Menschengruppen unsichtbar oder aber gerade sichtbar gemacht werden könnten. Und in einem Beitrag mit Dresdener Bezügen beschreibt Hans Vorländer, Politikwissenschaftler und ausgewiesener Experte für Demokratieforschung, eine populistische Transformation der deutschen Gesellschaft, für die er eine Reihe unterschiedlicher Gründe ausmacht.

Im Zentrum des Aufsatzes von Robert Vorholt, Professor für katholische Theologie in Luzern und Bochum, steht die Fluchtgeschichte der Heiligen Familie, fokussiert auf die Rolle von Josef: Es ist eine bemerkenswerte und spannend zu lesende Auslegung der ersten Kapitel des Matthäusevangeliums. Vorhalt verortet das „Kindheitsevangelium" im urchristlichen Flüchtlingsmilieu und konstatiert: „Von ihren Ursprüngen her handelt es sich um Flüchtlingsliteratur, die den Geist buchstäblicher innerweltlicher Heimatlosigkeit atmet."

Insgesamt machen die unterschiedlichen Zugänge zum Themenkomplex Sprache, Migration und Diskriminierung die Relevanz dieses Buches aus, auch wenn die seit Juni 2020 durch die Black Lives Matter-Bewegung aktuell initiierte Diskussion um Rassismus und Diskriminierung noch nicht in den Blick genommen werden konnte. Mich haben auch die vielen Literaturhinweise gefreut. Sie ergänzen die Artikel und verweisen auf die vielen Möglichkeiten vertiefender Lektüre.

Beate Heßler

Eberhard Troeger: **Kirche und Mission in Syrien im 19. und 20. Jahrhundert.**

Brunnen Verlag, Gießen 2020, 544 Seiten, 45.- Euro

Dem evangelischen Theologen und Islamwissenschaftler Eberhard Troeger ist mit diesem reifen und umfangreichen Alterswerk etwas Bedeutendes gelungen, das nur ihm als ausgewiesenen christlichen Experten des Nahen und Mittleren Ostens möglich war: Die Darstellung einer umfassenden neueren Kirchen- und Missionsgeschichte

Syriens. Dabei bemüht er sich, die Geschichte, Entwicklung und gegenwärtige Lage aller Kirchen und christlichen Bewegungen in diesem mehrheitlich muslimischen Land zu erfassen. Das ist deshalb wichtig, weil die hier gezeigte gesellschaftliche und religiöse Situation durch den verheerenden Bürgerkrieg in Syrien vermutlich weitgehend untergegangen und verloren ist. Keiner weiß, wie eine zukünftige Gesellschaft in Syrien aussehen wird.

In einem ersten Teil widmet sich der Verfasser der Geschichte und politischen Entwicklung des syrischen Großraumes im alten Osmanischen Reich, der auch den Libanon umfasste. Deshalb schließt er den Libanon in seine Untersuchung mit ein, die heutigen Grenzen entsprechen nicht den kulturellen und ethnischen Realitäten. Troeger beschränkt sich dabei auf die jüngere Geschichte des 19. Jahrhunderts bis zur Gegenwart.

In einem zweiten Schritt stellt er die verschiedenen religiösen Gemeinschaften dar, wobei natürlich ein Schwerpunkt auf den alten orientalischen Kirchen liegt. Dabei erstaunt es den deutschen Leser, wie vielfältig, zerklüftet, aber auch zerstritten sich diese alte Christenheit bis heute darstellt, die doch ursprünglich unter dem frühchristlichen Patriarchat von Antiochien stand und deren aramäische Teilkirchen bis in die Frühzeit des Christentums zurückreichen.

Ausführlich geht Troeger dann auf die Missionsbemühungen der katholischen Missionsorden ein, die zu fünf abgespalteten, heute mit Rom verbundenen Unionskirchen führten. Einen Schwerpunkt setzt er naturgemäß auf die evangelische Missionstätigkeit und die Gemeindebildungen des 19. und 20. Jahrhunderts. Hier besticht der Verfasser durch eine unübertroffene Vollständigkeit: Es werden nicht nur die großen amerikanischen Missionen berücksichtigt, sondern er geht auch kleinsten und gescheiterten Missionsversuchen nach und schildert sie. Es fällt auf, wie sehr der Verfasser an Erneuerung und Erweckung interessiert ist, egal ob sie in den alten Kirchen oder den neuen christlichen Bewegungen sichtbar wurden.

Am Ende seiner umfassenden Arbeit finden sich ausgewogene und vorsichtige Bewertungen dessen, was heute geworden ist, z.B. kritisiert er die Abschottung, das „Clubdenken“ der sich als Minderheiten wahrnehmenden christlichen Gemeinden und ihr mangelndes missionarisches Bewusstsein. Wohltuend ist es, dass der Verfasser sich nicht an pauschalen Verurteilungen von Mission beteiligt, sondern ein differenziertes Gesamtbild bietet. Dabei spart er nicht an Kritik, wenn er sie für angebracht hält. Angesichts der fürchterlichen Tragödie des anhaltenden syrischen Bürgerkrieges ist dies ein mutiges und wichtiges Buch, das dazu beiträgt, diesen Teil des Nahen Ostens besser zu verstehen.

Bernd Brandl

Mirko Heinemann: **Die letzten Byzantiner.**

Die Vertreibung der Griechen vom Schwarzen Meer. Eine Spurensuche.

Ch. Links Verlag, Berlin 2019, 264 Seiten, 25.- Euro

Für „Die letzten Byzantiner" hat sich der Berliner Journalist auf die Spuren seiner eigenen pontos-griechischen Familie gemacht. 2017 ist der Sohn eines deutschen Vaters und einer griechischen Mutter an die türkische Schwarzmeerküste und ins dortige Pontos-Gebirge gereist. Hundert Jahre zuvor war seine Großmutter wie viele andere Griechen Kleinasiens auf grausame Weise vertrieben worden. Davon erzählt dieses Buch.

Hätten die Alliierten nach dem ersten Weltkrieg den Nahen Osten anders geordnet, würde es heute vielleicht ein Land mit dem Namen Pontische Republik geben. Pläne dazu gab es, und die Idee war auch nicht völlig aus der Luft gegriffen. Bis ins achte vorchristliche Jahrhundert lassen sich Spuren pontos-griechischer Besiedlung an der Schwarzmeerküste nachweisen. Und von 1204 bis 1461 gab es dort ein Staatsgebilde: das Kaiserreich Trapezunt, benannt nach seiner Hauptstadt, dem heutigen Trabzon. Die Region blieb auch nach der Osmanischen Eroberung Siedlungsgebiet byzantinischer Christen.

Die Alliierten machten sich aber nicht für die Interessen der Pontos-Griechen stark. Vielmehr legten sie im Lausanner Vertrag 1923 einen „Bevölkerungsaustausch" zwischen Griechenland und der jungen Türkei fest. 1,2 Millionen Pontos-Griechen mussten ihre Städte und Dörfer an der Schwarzmeerküste Richtung Griechenland verlassen, während 400.000 muslimische Türken von Griechenland in die Türkei umgesiedelt wurden. Was wie ein administrativer Akt klingt, war tatsächlich der Schlussstrich unter brutalen Vertreibungen, die bereits Jahre zuvor begonnen hatten.

Um diese grausame Geschichte erzählen zu können, stellt Heinemann Topal Osman in den Fokus. Der osmanische Offizier hatte mit seinen Truppen zuvor die armenische Bevölkerung in die Todesmärsche geschickt und dann ab 1917 an der Auslöschung der Pontos-Griechen gearbeitet. Dass türkische Nationalisten Topal Osman heute noch als Volkshelden verehren, ist ein Faktum, das bei westlichen Politiker*innen, die mit der Türkei verhandeln, zumindest Unruhe auslösen sollte.

Als 15-jähriges Mädchen entging Heinemanns Großmutter Alexandra 1917 den Massakern in ihrer Heimatstadt Ordu und konnte mit einem russischen Kriegsschiff nach Georgien flüchten. Später lebte sie im griechischen Kavala. Eingängig beschreibt Heinemann seine Besuche als Kind bei ihr, wie er immer irgendwie etwas Geheimnisvolles wahrnahm, über das aber nie gesprochen wurde. Erst als Erwachsener, als seine Großmutter längst gestorben war, wird ihm die Tragik ihres Lebens bewusst und die Tragweite des Geschehens vor gut 100 Jahren für seine eigene Familiengeschichte.

Doch nicht nur diese biografischen Bezüge und die persönliche Betroffenheit, die nie aufdringlich wird, machen das Buch lesenswert. Heinemann ist vor allem hoch anzurechnen, dass er ein Kapitel Weltgeschichte beleuchtet, das in Deutschland nahezu unbekannt ist. Dabei leben hierzulande zahlreiche Nachkommen der Pontos-Griechen, die sich ihrer Geschichte sehr wohl bewusst sind, von der ihre deutschen Nachbarn aber so gut wie nichts wissen.

Katja Dorothea Buck

AFRIKA, ASIEN, LATEINAMERIKA

Bernward Mankau: **Blindflug.**
Meine Zeit als Missionar im Kongo.
Herder Verlag, Freiburg 2020, 208 Seiten, 14.- Euro

Geschrieben wurde dieses Buch „nach Sonnenuntergang, drei Grad südlich vom Äquator ..., neben einer stinkenden und zischenden Petroleumlampe vor dem feinen Drahtgeflecht meines Fensters, das Mücken, fliegende Ameisen und Kakerlaken abhalten soll“, wie der Autor schreibt, und zwar schon Anfang der 1970er Jahre im Kongo. Dort war Bernward Mankau (Jahrgang 1937) als Priester, Angehöriger des Steyler Missionsordens und Sekretär des Bischofs von Kenge seit 1964 im Einsatz, also kurz nach der Unabhängigkeit des Landes. Dieses Buch erzählt die Geschichte seiner Mission, die er 1971 nach sieben Jahren aus Mangel an innerer Überzeugung über das Wirken der Kirche im Kongo beendete.

Der „Père Pilote“ – so sein Spitzname – hatte zuvor einen Flugschein gemacht, denn im Bistum Kenge im Bandundu war das Flugzeug häufig das einzig mögliche Transportmittel. Mankau transportierte Bargeld, mit dem die Lehrerinnen und Lehrer bezahlt wurden und flog Ordensschwestern zu ihren Einsatzorten – oft war das Flugzeug die einzige Rettung, wenn Menschen schnell ins Krankenhaus gebracht werden mussten.

Der Autor genießt das Abenteuer, schlägt sich beim Fliegen mit einer Landkarte aus der Kolonialzeit auf den Knien durch Wolken und Unwetter, orientiert sich an den Flüssen und verpasst auch schon mal eine im „Busch“ versteckte Landepiste. Er ärgert sich über die allgegenwärtige Korruption und die Bereicherung der Eliten auf Kosten der im Elend lebenden Bevölkerung. Das Land wird von Diktator Mobutu geknechtet. Die Kirche opponiert nicht. Sie arrangiert sich mit dem Regime und macht sich aus Sicht des Priesters mitschuldig, wenn sie aus materiellem Interesse zu Unrecht und Ausbeutung schweigt.

Eindringlich wird das Leben des Missionars geschildert – mit einigen Angestellten allein auf einer Station im afrikanischen „Busch“. Kleine Szenen bleiben im Gedächtnis: wie der Autor auf einer traditionellen Beerdigung für den Verstorbenen Palmwein ausgießt und ihm eine gute Reise wünscht – damit aber bei „christlichen" Kollegen aneckt; oder wie er in einer Missionsstation der Baptisten den Missionar um die Selbstverständlichkeit seines Familienlebens beneidet; ein andermal veranstaltet er ganz ohne ersichtlichen Grund für alle Missionarskollegen ein Fest, bei dem sie für kurze Zeit unbeschwert feiern können.

Immer mehr aber fühlt Bernward Mankau sich im Laufe der Jahre wie ein Eindringling, der den Kongolesinnen und Kongolesen unter Abwertung ihrer ureigenen Kultur und Religion letztlich nichts Besseres anzubieten hat: „Ich hatte das Gefühl, ihre ursprünglichen Beziehungen zu Gott zu stören, so dass mir mein Einsatz im Kongo wie ein Blindflug ohne Sinn und ohne Ziel vorkam." Daraus zieht er schließlich die Konsequenz, den Kongo und seinen Orden zu verlassen, um sich in Deutschland ein neues Leben aufzubauen; er wurde Leiter des Bildungszentrum Murnau in Bayern.

Ich kann das nachvollziehen, habe aber auch den Eindruck, dass sich die Situation im Kongo geändert hat und unter den heutigen Möglichkeiten der afrikanischen Theologie, der Inkulturation und des Dialogs zwischen Christentum und afrikanischen Religionen ein anderer missionarischer Weg gangbar ist.

Marco Moerschbacher

Chinelo Okparanta: **Unter den Udala Bäumen (Roman).**

Aus dem nigerianischen Englisch von Sonja Finck und Maria Hummitzsch.

Wunderhorn Verlag, Heidelberg 2018, 347 Seiten, 25,80 Euro

Die Autorin versteht ihr Buch als Zeichen der Hoffnung auf eine bessere Zukunft, auf eine Wirklichkeit, die längst selbstverständlich sein sollte, es aber leider immer noch nicht ist. Es geht um den Umgang mit homosexuellen Menschen in Afrika, genauer in Nigeria, wo erst 2014 ein Gesetz in Kraft trat, das gleichgeschlechtliche Beziehungen kriminalisiert und mit bis zu 14 Jahren Gefängnis bestraft.

Dem gegenüber steht eine Vision, die die Autorin mit ihren Romanfiguren so beschreibt: „Manchmal, wenn Ndidi und ich nachts nebeneinanderliegen, schlingt Ndidi die Arme um mich. Sie schmiegt sich ganz fest an mich und flüstert mir ins Ohr. Sie erzählt von einer Stadt, in der alle Formen der Liebe erlaubt sind, zwischen Männern und Frauen, Männern und Männern, Frauen und Frauen, aber auch zwischen Yoruba und Igbo oder Hausa und Fulani." Und diese Stadt heißt Aba, Umuahia, Ojoto, Nnewi, Onitsha, Nsukka, Port Harcourt, Lagos, Uyo, Oba, Kaduna, Sokoto – „irgendwann wird ganz Nigeria diese Stadt sein".

Dieser Roman erzählt die Geschichte von Ijeoma, die im Biafra-Krieg der 1960er Jahre erst ihren Vater verliert – an dem Tag, „an dem die Nacht schon am Nachmittag anbrach". Danach wird sie von der Mutter als Hausmädchen zu einem weit entfernten Lehrerehepaar gegeben. In dieser Zeit lernt sie, das christliche Igbo-Mädchen, die gleichaltrige Amina kennen und lieben, ein Hausa-Mädchen, das Muslima ist. Als der Lehrer die beiden nackt erwischt, schickt er die Protagonistin zurück zu ihrer Mutter, die versucht, ihr in langen „Lektionen" des Bibellesens die gleichgeschlechtliche Liebe auszutreiben, in Gottes Augen ein „Gräuel".

Die weiteren Stationen sind: ein christliches Mädchenpensionat, eine weitere Zeit bei ihrer Mutter im Laden, wo sie in der Lehrerin Ndidi die Liebe ihres Lebens findet, die sie geheim halten muss. Und schließlich die Ehe mit einem Jugendfreund, zu der ihre Mutter sie drängt. Aber Ijeoma wird nicht glücklich und bricht schließlich mit ihrer kleinen Tochter aus der Ehe aus – zurück zur Mutter: „'Mama, ich kann nicht mehr', wiederholte ich. ‚Also gut', sagte sie. ‚Also gut.' Es war Verständnis. Einsicht. Schwach wie ein schummeriges Licht, aber trotzdem Verständnis: Leise sagte Mama zu sich selbst: ‚Gott hat dich erschaffen. Er muss gewusst haben, was er tut.' Wer weiß, wie lange sie diesen Gedanken schon mit sich herumgetragen hatte."

Spannend erzählt wird aus der Sicht von Ijeoma, die sich in einem von Krieg, Hunger und Gewalt belasteten Umfeld behauptet. Sie ist hin- und hergerissen zwischen ihren Gefühlen und der Tradition, in der diese nicht sein dürfen – verkörpert von ihrem Vater, der allzu früh geht, und ihrer Mutter, die ihr Weltbild fest auf Gott und die Bibel gegründet hat. Diese Tradition umfasst afrikanische Sprichwörter und Lieder und die biblischen Geschichten. Beides schillert in diesem Roman – einerseits als Last und Gewicht, das ihre Liebe zu erdrücken droht, andererseits als Hafen und Schutz, der Leben ermöglicht und – so liest sie selber die Bibel – die den Keim der Veränderung zum Besseren enthält.

Marco Moerschbacher

Katja Maurer, Andrea Pollmeier: **Haitianische Renaissance.**
Der lange Kampf um postkoloniale Emanzipation.
Brandes&Apsel Verlag, Frankfurt am Main 2020, 228 Seiten, 19,90 Euro

Der Titel dieses spannenden Buches deutet die Hoffnung an, dass sich das Geschick Haitis zum Positiven wenden kann. Vor allem im letzten Kapitel werden Beispiele genannt, wie sich Menschen in Haiti gegen die Negativspirale der Armut stemmen. Deutlich wird aber auch, dass die Situation auf der Karibikinsel mit weltpolitischen Machtspielen zusammenhängt, die entlarvt und verändert werden müssen, damit wirkliche Gerechtigkeit entsteht.

Die beiden Autorinnen und Haiti-Kennerinnen Katja Maurer, Journalistin und Mitarbeiterin der Hilfsorganisation medico international, sowie die Kulturjournalistin Andrea Pollmeier haben hier wesentliche und erhellende Beiträge zur Geschichte und Entwicklung des Inselstaates zusammengetragen: Interviews, Reden und kurze Essays mit und von Menschen, die mit der Geschichte und der aktuellen Entwicklung Haitis mehr als vertraut sind. In sieben Kapiteln erhält man umfassende und profunde Einblicke zum Beispiel in den langen Kampf der ehemaligen französischen Kolonie zur postkolonialen Emanzipation, zu den Aufständen der letzten Jahre, zur Ausbeutung haitianischer Arbeitskräfte in der benachbarten Dominikanischen Republik, zur verunglückten weltweiten Hilfe nach dem schweren Erdbeben im Januar 2010, zum machtpolitisch geleiteten Agieren der UNO und besonders der USA, die auch vor einem Putschversuch im November 2010 nicht zurückschreckten.

All diese Informationen werden nicht auf einer rationalen Metaebene geboten, sondern sehr geerdet, dargelegt von Betroffenen und kritischen Expert*innen, im Hinblick auf konkrete Aktionen und Situationen in Haiti. Zur Sprache kommen zum Beispiel der Filmemacher Raoul Peck („Der Hilfe ist nicht mehr zu helfen"), der Schriftsteller Gary Victor („Gefährliche Hampelmänner"), die Historikerin Suzy Castor („Zwischen den Mahlsteinen der Geschichte"), die Schriftstellerin Yanick Lahens („Exotisierung des Unglücks") und der ehemalige Vertreter der Organisation Amerikanischer Staaten, Ricardo Seitenfus („Kronzeuge ohne Anklage").

Auf den gut 200 Seiten vermisst man lediglich ein Kapitel über die Rolle von Religionen und Kirchen in der Entwicklung Haitis bis heute. Überaus deutlich wird aber, dass die negative Entwicklung des Landes seit der Eroberung „Hispaniolas" durch Kolumbus und besonders nach der frühen Ausrufung seiner Unabhängigkeit schon 1804 vielfältige Wurzeln hat: vor allem globale Abhängigkeiten und ungelöste interne Probleme.

Beunruhigt stellt man nach der Lektüre des Buches fest, dass auch die beste Absicht des Helfens negative Auswirkungen hat, wenn man sich nicht über die eigenen Motive Rechenschaft ablegt und die Betroffenen nicht bewusst in den Akt des Helfens einbezieht. So erhält man mit diesem Buch nicht nur gute Informationen zu Haiti, sondern bekommt auch eine Ahnung davon, wie interessengeleitet und kurzsichtig humanitäre Hilfsmaßnahmen weltweit sind und postkoloniale Machtverhältnisse den negativen Status quo in Haiti und andernorts zementieren. Dies ist ein aufrüttelndes Buch – das doch auch Wege aus der Armutsfalle aufzeigt, die sowohl die Haitianer*innen selbst als auch die internationale Gemeinschaft gehen müssen.

Michael Kißkalt

Óscar Martínez, Juan José Martínez:

Man nannte ihn El Niño de Hollywood.

Leben und Sterben eines Killers der Mara Salvatrucha.

Verlag Antje Kunstmann, München 2019, 316 Seiten, 25.- Euro

El Salvador in Zentralamerika ist in den letzten Jahren wegen der hohen Mordraten weltweit bekannt geworden. Wer die Hintergründe der Gewalt dort annähernd verstehen möchte, bekommt in diesem

Buch der beiden Brüder Óscar und Juan José Martinez, der eine Journalist, der andere Anthropologe, viele Informationen über die Ursachen und historischen Wurzeln der kriminellen Banden, vor Ort „Maras“ genannt.

Im ersten Teil wird die Hauptgestalt der Reportage in den Mittelpunkt gerückt. Dort geht es um die Beerdigung des 30-jährigen Bandenmitglieds Miguel Ángel Tobar, genannt El Niño de Hollywood, der Mara Salvatrucha 13 (MS 13), auf dem Friedhof in Atiquizayas, im Department Ahuachapán, nahe der guatemaltekischen Grenze. Wie MS 13 zu einer der gefährlichsten Verbrecherbanden der Welt werden konnte, wird auf dem Hintergrund des Bürgerkrieges in El Salvador von 1980 bis 1992 beschrieben. Die Lesenden werden hineingenommen in die Situation der auf der Straße aufwachsenden Kinder und Jugendlichen während des Bürgerkrieges, der rund 70.000 Tote forderte. In einem Ausblick auf die Geschehnisse im kalifornischen Los Angeles wird der Ursprung für die Organisation der Verbrecherbanden dargestellt.

Am Beispiel von José Antonio Terán, genannt Chepe Furia, einst Mitglied der gefürchteten Militärpolizei in El Salvador, bekommt man einen Einblick, wie die späteren Bandenchefs in den USA ihr mörderisches Handwerk gelernt haben. Die Autoren stellen dar, wie der ausgebildete Bandenchef und angesehene Unternehmer Terán, alias Chepe Furia, die Heranwachsenden für die Jugendbanden gewinnt und Schritt für Schritt zum Morden heranführt.

Hineingewoben in diese Schilderungen werden in 13 Parzellen, im zweiten Teil, die Interviews mit der Hauptfigur der Reportage, Miguel Ángel Tobar. Sein Werdegang vom kleinen Straßenräuber namens Payaso (Clown) zum gefährlichen Mörder El Niño de Hollywood wird aufgezeigt. Stellenweise werden die verübten Morde detailliert beschrieben, so dass sie schwer auszuhalten sind. Die Interviews beschreiben darüber hinaus Einzelheiten über die Bandenkämpfe zwischen der Mara Salvatrucha 13 und der Mara Barrio 18, die beide ihre Wurzeln in Los Angeles haben.

Bis ins Detail wird geschildert, was in den Haftanstalten passiert, wie verschiedene politische Richtungen auf die Gewalttaten reagieren, wie hilflos der Justizapparat der Gewalt gegenübersteht und somit die Bandenkriege ihre Opfer finden (dritter Teil), was an einem der grausamsten Täter, El Niño de Hollywood, dargestellt wird.

Dies ist ein Buch, das sehr hilfreich ist, um zu verstehen, warum El Salvador zum gewalttätigsten Land der Welt geworden ist. Es zeigt mit José Antonio Terán und der Hauptfigur Miguel Ángel Tobar die Hintergründe, die Wurzeln der Entstehung und die Brutalität der Bandenkriminalität eindrücklich auf. Aber es ist nicht einfach zu lesen, da immer wieder historische Ereignisse eingestreut werden; ein Basiswissen der Geschichte Mittelamerikas erleichtert das Lesen. Allen Interessierten an der Situation in El Salvador ist dieses Buch jedoch zu empfehlen.

Hans Zeller

Anna Fifield: **Kim.**
Nordkoreas Diktator aus der Nähe (Biografie).
Aus dem Englischen von Gabriele Gockel und Thomas Wollmann.
Edition Körber, Hamburg 2020, 416 Seiten, 24.- Euro

Die neuseeländische Journalistin Anna Fifield hat seit 2004 aus Ostasien berichtet und zahlreiche Reisen auch nach Nordkorea unternommen; zuletzt war sie Büroleitern der Washington Post in Peking. Für ihr Buch über KIM Jong-un hat sie intensiv recherchiert und Gespräche mit Flüchtlingen, mit Diplomaten, mit dem langjährigen japanischen Koch der Familie KIM und auch mit seinen Verwandten im Exil geführt.

In drei Teilen, die mit „Lehrjahre", „Konsolidierung" und „Selbstbewusstsein" überschrieben sind, beschreibt sie den Weg von KIM Jong-un: die Lehrjahre, bis er nach dem Tod seines Vaters 2011 im Alter von 28 Jahren an die Macht kam; die Jahre bis 2016, in denen er seine Macht konsolidierte; und schließlich die Gegenwart, in der er gezeigt hat, dass er selbstbewusst auch in der internationalen Politik seinen Mann stehen kann. Dabei eröffnet die Autorin durchaus auch erstaunliche Einblicke in die nordkoreanische Wirklichkeit wie etwa in dem Kapitel über „Eliten in Pjönghattan".

Es ist das Verdienst von Anna Fifield aufzuzeigen, dass KIM Jong-un keine Witzfigur ist, sondern ein Machtmensch, der zielstrebig seine Interessen zu verfolgen und teils auch brutal durchzusetzen weiß. Von Anfang an verfolgte er eine Politik des sogenannten „Byungjin“, die Fortschritte sowohl im Blick auf die militärische Stärke als auch auf die wirtschaftliche Entwicklung zum Ziel hat. Erfolgreiche Tests von Atombomben und Langstreckenraketen sind nicht etwa nur eine „Überlebensgarantie“ für das Regime, sondern sie haben ihre Wirkung nach innen („wir sind stark!“) ebenso entfaltet wie nach außen („Nordkorea, eine ernstzunehmende Größe“). Sie haben mit dazu beigetragen, dass es ab 2018 mehrere internationale Gipfeltreffen gab. Gleichzeitig ist sich KIM nach Ansicht Fifields dessen bewusst, dass wirtschaftlicher Fortschritt und bessere Lebensbedingungen unerlässlich für ihn sind, um an der Macht zu bleiben.

Eine Schwäche hat das Buch jedoch, die es mit vielen anderen Publikationen teilt: Eigentlich müsste im Vorwort stehen, dass Nordkorea bis heute das am meisten abgeschottete Land der Welt ist und gesicherte Informationen schwer zu erhalten sind. Darüber hinaus wäre es gut gewesen, noch stärker darauf hinzuweisen, dass die Quellenlage relativ dünn ist. Da sind zum einen Informant*innen, die aus Nordkorea geflüchtet sind und damit – ob sie wollen oder nicht – das Land aus dieser Perspektive beschreiben. Zum anderen gibt es nordkoreanische Quellen, die das Land als Paradies beschreiben, das allenfalls auf Grund amerikanischer Sanktionen nicht so gut dasteht, wie es eigentlich könnte. Und wenn es um KIM Jong-un geht, so wird seine Gestalt bereits jetzt mythisch überhöht.

All dies schwingt mit, wenn Anna Fifield ihrem Buch in der englischen Originalausgabe ironisch – selbstironisch den genialen Titel gibt: „The Great Successor: The Divinely Perfect Destiny of Brilliant Comrade Kim Jong-un“. Dagegen ist der deutsche Titel „Kim – Nordkoreas Diktator aus der Nähe“ fast ein wenig langweilig. Vor allem suggeriert er etwas, das auch dieses exzellent recherchierte und geschriebene Buch nicht einlösen kann, nämlich KIM Jong-un wirklich nahe kommen zu können.

Lutz Drescher

Albert Londres: **Afrika in Ketten.**
Reportagen aus den Kolonien.
Aus dem Französischen von Petra Bail und Yvan Goll, Nachwort von Irene Albers und Wolfgang Struck.
Die Andere Bibliothek, Band 424, Berlin 2020, 300 Seiten, 44.- Euro

Der französische Journalist Albert Londres (1884-1932) war schon in den 1920er Jahren durch seine Reiseberichte aus den französischen Kolonien in West- und Zentralafrika berühmt. In diesem Buch mit den beiden Berichten „Schwarz und Weiß" (1928) und „Hätte Dante das gesehen" (1924) erzählt er von der weißen Herrschaft in den afrikanischen Kolonien und der alltäglichen Gewalt. Mit seinem kritischen, literarischen Journalismus wollte Londres Frankreich aus Unwissenheit und Gleichgültigkeit gegenüber dem Leid der Menschen herausführen und zu einem Wandel der französischen Politik beitragen.

Londres landete in Dakar (Senegal), dem „Tor zum Reich" der französischen Kolonien, ein riesiges Gebiet von fünf Millionen Quadratkilometern, das sich bis zum Kongobecken erstreckte. Die menschlichen und natürlichen Ressourcen wurden rücksichtslos ausgebeutet, denn Afrika war für Frankreich „ein Reservoir von Menschen", denen man alles abverlangen konnte. Der Journalist beschreibt Afrika als „Zelt Frankreichs" und als „Fußballfeld", auf dem Verwaltungsbeamte gegen weiße Geschäftsleute antraten.

Mit starken Worten und beunruhigendem Humor kritisiert er die schlechte Infrastruktur, Straßen und Eisenbahnen, die nur durch Zwangsarbeit entstanden. Die einheimische Bevölkerung wurde auf die Rolle von Maschinen reduziert, ohne Rechte oder Versorgung. Im Zuge der Eroberung setzen die Kolonisten auch afrikanische Hilfstruppen ein, die nach Worten Londres ihre Macht missbrauchten „wie Hütehunde"; einige trugen die Namen von wilden Tieren, um ihre Brutalität zu unterstreichen. Ein tragisches Beispiel im Kongo ist etwa der Bau der gut 500 Kilometer langen Eisenbahnstrecke zwischen dem Hafen von Pointe-Noire und Brazzaville. Dieses Projekt der Firma Batignolles war ein Massaker, allein der Bau der ersten 140 Kilometer soll rund 17.000 Tote gefordert haben, die Menschen flohen aus der Region.

In „Hätte Dante das gesehen“ beschreibt Londes die Grausamkeit der Gefängnisverwaltungen gegenüber Gefangenen in Marokko, Algerien und Tunesien. Es gab langjährige Haftstrafen oder Todesurteile, mit einem scharfen Löffel abgeschnittene Finger und andere Folter, Zwangsarbeit selbst für Kranke bis zum Tode.

Die Übersetzung dieser Texte ins Deutsche fast ein Jahrhundert nach ihrer Entstehung kommt genau zur richtigen Zeit. Sie informiert über die Qualen der damaligen unmenschlichen Haftbedingungen sowie des Alltagslebens und gibt der Debatte über das koloniale Erbe damit weitere Nahrung. So wie auch die Black Lives Matter-Bewegung den Finger auf die Wunden der Menschheit gelegt hat, die durch Sklaverei, Menschenhandel, Kolonisierung, Rassismus, Extremismus, Antisemitismus oder Kinderarbeit entstanden sind.

In diesem Buch wird die Ausbeutung der menschlichen und natürlichen Ressourcen Afrikas unter Verletzung der Menschenrechte und des Umweltschutzes thematisiert, so wie es aktuell etwa auch die Initiative Lieferkettengesetz tut. Durch „Afrika in Ketten“ entsteht der Wunsch nach einer neuen Beziehung zu Afrika, unter Achtung der Menschenrechte und der Selbstbestimmung, damit es seine Ressourcen für die nachhaltige Entwicklung der Menschen und zum Schutz der Umwelt einsetzen kann – ein lesenswertes Buch.

Jean-Gottfried Mutombo

Adressen aus Mission und Ökumene

Das Adressverzeichnis aus dem Jahrbuch Mission stellen wir Ihnen künftig digital zur Verfügung. Sie finden die Adressen aus Mission und Ökumene auf der EMW-Website im Bereich Service: **https://mission-weltweit.de/de/adressen-aus-mission-und-oekumene/**